微博平台 科学传播 多维数据研究

王艳丽　钟琦◎著

九 州 出 版 社
JIUZHOUPRESS

图书在版编目（CIP）数据

微博平台科学传播多维数据研究 / 王艳丽, 钟
琦著. —北京：九州出版社，2022.8
ISBN 978-7-5225-1077-4

Ⅰ.①微… Ⅱ.①王… ②钟… Ⅲ.①互联网络—传
播媒介—研究报告 Ⅳ.①G206.2

中国版本图书馆CIP数据核字（2022）第131578号

微博平台科学传播多维数据研究

作　　者　王艳丽　钟　琦　著

责任编辑　刘　嘉

出版发行　九州出版社

地　　址　北京市西城区阜外大街甲35号（100037）

发行电话　（010）68992190/3/5/6

网　　址　www.jiuzhoupress.com

印　　刷　炫彩（天津）印刷有限责任公司

开　　本　710毫米×1000毫米　16开

印　　张　15.5

字　　数　229千字

版　　次　2022年8月第1版

印　　次　2022年8月第1次印刷

书　　号　ISBN 978-7-5225-1077-4

定　　价　78.00元

作为新媒体时代的重要传播媒介，微博在科学传播中发挥了重要作用。独特的传播模式、便捷的互动机制、多元的参与主体、"草根"式内容生产、"自媒体"式传播属性等优势使微博在十余年间成长为社交媒体的生力军。近年来许多重大事件媒体传播中都可以看到微博的影子，它已经成了科学传播的重要平台、途径和手段，特别是在许多突发性热点事件和应急科普方面发挥了重要而独特的媒介作用。

为全面了解微博平台在科学传播中的地位和作用，2019年12月，中国科普研究所微博研究团队提出研究构想，尝试对微博平台上的科学传播相关内容多维数据开展全景式的抓取与分析，并通过公开招标的方式，联合北京市科学技术情报研究所开展相关研究。

研究发现，在当前的科学传播领域，政府部门、媒体、科研机构、社团组织以及科研专家、科学传播爱好者、企业等多样化的传播主体，都在积极利用微博进行科学传播，极大地促进了科学传播生态的活跃，也形成了多元互动的微博科学传播格局。作为社交媒体的微博对科学传播的积极参与已成为当代科学传播值得研究的传播景观。

本书从基础研究的角度，对微博科学传播相关内容进行了全景式分析，运用大数据方法，对微博平台长时间跨度和全数据样本的科学传播内容进行抓取、归类和分析，从时间维、地域维、主体维（用户维）、内容维、效果维等多个维度建立研究框架，对采集到的微博科学传播数据进行加工和整体梳理，并开展可视化分析，通过这样的研究方式，总结出相对完整的数据基础，对用户和用户关系、热点话题、微博科学传播特点等开展深入思考研究，提炼出相关问题，提出对策建议。

　　本书共分为七章：第一章首先对研究涉及的几个重要概念进行界定，包括微博平台、科学传播、多维数据等，再基于概念对研究涉及的数据采集标准及范围进行界定，最后对采集的数据进行加工和可视化分析处理，为后续研究提供数据基础。第二章对微博平台科学传播历史发展脉络进行分析，结合我国互联网科学传播的发展历程和微博本身的发展阶段，分析近十年微博平台科学传播数据，从时间脉络上梳理微博科学传播的发展变化。第三章主要对微博平台科学传播主体（用户）开展研究，分析政府、媒体、科研机构、社会组织、企业、科学传播工作者等各类主体在微博平台科学传播方面的特点，分析不同类型主体之间的互动关系。第四章对微博平台科学传播话题和内容进行分析，通过分别对比不同类型话题的传播主体、传播内容、传播时间、传播地域等，发现不同类型话题的科学传播特点。第五章对微博平台超话社区运营机制进行研究，分析微博超话社区的特点，对明星影音热门微博超话社区的运营机制进行案例研究，为改进健全科普类超话社区运营机制提出对策建议。第六章基于前几章的研究成果，总结分析微博平台科学传播的特点。第七章对微博科学传播效果优化策略进行分析，提出了一些建议。

　　本书在撰写过程中得到很多专家、学者的热心指导，在此表示衷心的感谢。我们尽可能将研究内容框架设计得系统和规范，但由于第一次通过大数据方式开展全平台的内容研究，实际操作过程中难免有不足或疏漏，如有不当之处，恳请读者予以批评指正。

目　录

一、研究目的与意义

（一）通过大数据技术对微博平台上的科学传播多维数据进行采集、汇总、提炼与分析，研究微博平台科学传播的特点、存在的问题及其原因，为进一步有效利用微博平台开展科学传播提供思考。

（二）本研究以数据回溯抓取的方式，探索了较长时间跨度内的微博平台科学传播不同维度内容，总结分析其特点，从理论研究角度来说，对丰富新媒体科学传播理论具有一定的作用。

（三）通过研究提出微博超话社区科学传播活动改进的对策建议，对于微博平台更好地开展科学传播具有一定的现实意义。

二、研究情况概述

（一）数据来源及获取方式

1. 数据来源

通过对以往研究的回顾可以发现，基于微博的研究，国内研究数据多来源于新浪微博。通过归纳分析，可以发现研究者选取新浪微博进行研究的原因主要有两个：a. 用户数量多，活跃度高；b. 提供开放 API（Application Programming Interface，应用程序接口），数据获取便利。本研究的数据来源渠道也是新浪微博。

2. 微博科学传播数据的筛选

在以往的基于微博数据的科学传播研究中，研究者一般以三种方式进行科学传播数据的筛选：a. 根据微博标签关键字搜索"科学"、"科学传播"和"科普"，筛选科学传播微博用户；b. 直接选择知名科普微博用户；c. 选取微博榜单中科学榜前几名用户。本研究主要采用 a 项进行科学传播类微博用户抓取，同时结合 b 项和 c 项的方法进行人工筛选和确认，最终选定相对准确的科学传播类微博用户库。

3. 微博科学传播信息数据分析的研究方法

微博科学传播信息数据分析分为两个阶段：数据获取和数据分析。

微博数据主要采用三种方法获取。在数据分析阶段，主要任务是对微博数据进行特征提取和分析，挖掘出其中的关键特征，采用的主要方法包括统计学数据分析方法、复杂网络分析方法、数据分类及挖掘方法等。

（二）基于微博平台数据分析的科学传播研究梳理

1. 相关研究文献概况

通过用"微博 + 科学传播"在知网进行检索，发现 2010 年 1 月份至 2020 年 4 月份，与微博科学传播紧密相关的学术论文一共 265 篇，其中，2010 年 1 篇，2011 年 6 篇，2012 年 18 篇，2013 年 23 篇，2014 年 34 篇，2015 年 41 篇，2016 年 49 篇，2017 年 24 篇，2018 年 37 篇，2019 年 25 篇，2020 年（截至 4 月份）7 篇。可见，从 2009 年微博诞生以来，我国学者始终对微博科学传播领域有所关注并开展相关研究，侧面说明了微博作为重要的新媒体平台在科学传播领域具有较为重要的价值。

2. 文献研究重点

微博信息数据是指微博数据中心存储的各类数据，主要包括：微博用户档案、微博用户关系、微博消息、微博热点话题等。2009 年以来，微博的信息数据特征是科学传播领域研究关注的重点。相关研究大都以微博信息数据中的科学传播要素为研究对象，以微博用户（科学传播主体）、微博信息（科学传播内容及形式）、微博发布时间（科学传播时间）、微博信息的点赞评论和转发情况（科学传播效果）为主要研究内容，基于网络信息数据测量分析展开，目的在于发现微博科学传播主体、传播内容及形式、传播效果等方面的特点。概括起来，研究的主要问题如下：

（1）基于微博用户数据的科学传播主体研究。主要描述科学传播主体的微博背景特征（粉丝数、关注数、区域、类型、性别等）以及微博用户行为（关注、发表、评论与转发等），研究对象涵盖了大学、科研单位、政府科技部门、民间科普团体、媒体、科普期刊、科学家群体和环保主义者、企业等。此外，个别研究试图考察微博用户背景变量与微博用户行为的关联。

（2）基于微博平台的科学传播内容研究。传播内容相关研究一般对科技议题相关微博内容进行统计描述，包括微博的形式特征、时间分布、地理分布和主题分布。有些研究还运用语义分析，考察微博用户对特定科技议题、事件或科技组织的情绪和态度。其他还有研究传播内容质量、微博语言等问题。

（3）基于微博传播网络及互动情况的科学传播效果研究。主要研究微博科学传播效果、科学传播中的微博影响力等。

（4）基于微博所有信息的科学传播综合性研究。主要研究微博科学传播的发展现状、存在问题及其对策，微博科学传播机制研究。

（5）此外，由于微博在一些与科技相关的突发事件或议题中所起的作用，微博舆情应对研究成为一个重要的研究课题，它旨在解决预测和控制突发事件或议题在微博中出现和扩散的问题，研究内容主要包括微博舆情响应、真伪消息甄别、核心人员关联挖掘等。

（三）既往文献的主要研究成果

基于微博科学传播信息数据分析的研究，近年来在国内外都取得了很多成果，提炼了微博科学传播中的大量特征。以下将从微博科学传播要素的维度入手，对已有研究中提及的微博科学传播特征进行梳理，为本研究内容提供基础。

1. 微博科学传播发展现状研究

2018 年，戴歆紫和郁志珍在《科普微博的发展现状及传播特点分析——基于 14 个主流科普博主数据的实证研究》一文中提出：科普微博呈上升态势发展，不同博主间的发展差异大，后起之秀层出不穷；科普微博的传播依托于博主与粉丝、博主与博主之间的社会网络关系；微博类型、表现形式、博文内容、行文风格、交互形式等可能是影响科学传播有效性的重要因素。最后，针对科普微博如何有效发挥科学传播的作用提出了建议。

2018 年，刘丹在《新浪微博中的科学传播研究》一文中通过对新浪微博科学传播现状的研究发现，新媒体环境下的科学传播呈现出新的特征和优势。（1）内容特点：丰富多元化；媒体形式多维创新（文字、文字＋图片、文字＋视频、文字＋链接＋图片、文字＋链接＋视频、微访谈等）；选材多样，涉及面广（科学常识、最新科研成果、科学家及科研精神、趣味性科学知识等）；热点科普扩散效应。（2）过程特点：实时互动性，传受一体，增加向度；互动性强，扩大参与度；整合传播，拓展广度。同时也面临着新的问题和发展困境，比如专业科学家缺席，传播主体能力不足，科学传播技巧缺失，传播内容缺少原创性、贴近性、生动性、科学性，传播正效果不够强大，传播负效果时有显现，等等。这些问题将阻碍公众更好地理解科学、运用科学知识指导生产生活实践，也不利于国内科学文化水平的提高。

2. 微博科学传播主体特征

传播主体的多元化是微博科学传播的优势所在，微博科学传播的主体包括个人、机构以及一些组织，主体的多元化有助于拓宽和深化科学传播网络，微博的传播主体相较于传统科普表现出更强的多元化特征。

（1）科学家

2017 年，金兼斌和徐雅兰在《科学家网络公共参与行为模式及其公共协商程度》一文中认为，科学家并不是一个高度同质化的整体。从专业专长和媒体使用方式而言，都存在着多种类型。参考黄楚新在《新媒介素养》（2012）一文中的微博用户分类，将科学家微博用户分为四类，第一类为"自我表达型"科学家，这部分科学家占将近一半，特点是关注用户少，但发布内容频率较高、发布量较大。他们并不追求微博质量，微博多采用简单转发或"转发＋评论"的形式，不断更新内容，表达自身观点、抒发情绪，而与其他人互动较少。第二类为"社交活跃型"科学家，这部分科学家占 1/5，特点是广泛关注其他用户，且拥有较多粉丝群体，微博发布比较活跃，大部分微博采用转发或"转发＋评论"的简单发布形式，同时其影响力较大，该类型科学家微博的转发数量、评论数量以及点赞数量较高。第三类为"专业参与型"科学家，这部分科学家占比较少，特点是关注用户数和发布微博数量都不多，但比较聚焦，对于专业相关的内容充满兴趣，多发布与其自身学科专业相关议题。这一类科学家的微博内容专业性信息比例较高，参与公共事件讨论较多，讨论质量较高。第四类为"八卦潜水型"科学家，这部分科学家占比较少，他们关注了较多微博用户，但自己很少发布公共议题相关内容。在讨论公共议题时，近 30% 的发布采用原创微博或原创长微博／博客链接的方式进行。

——科学家通过微博开展科学传播的意愿与积极性。

王大鹏、贾鹤鹏等在《网络自媒体时代的科学传播新动能——以"网红"科学家为例》（2018）中对科学家通过微博开展科学传播的意愿与积极性进行了研究，并得出了相关结论。研究认为，首先，"网红"科学家认为应该通过微博开展科学传播的原因有三方面：一是响应我国提升公民科学素养的政策；二是有收获，包括更多跨学科合作，增加个人收入以及提升社会认可度；三是可以摆脱所在机构不合时宜的宣传模式等。微博能帮助科学家绕过传统媒体平台和大众直接接触，创造和发展与同行的新联系，帮助他们交流观点、产生新研究课题，并获得跨学科、跨领域的视角，紧跟领域内的最新发展趋势和研究动向。微博的出现，将传统的通过向管理部门提供公共政策科学建议的这种影响政策制定的上游参与模式，转换为向下游传递影响力的对话模式，公众参与方式的便捷性和参与成本的降低，让多观点、多视角的科学知识在更大范围内得到传播和扩散，不仅丰富了科学家参与公共事务的渠道方式，而且使更多科学家有机会和能力参与到对公共事务的协商中。社交媒体使中国科学家可以获得个性化的科学传播渠道，并参与具有争议性议题的公众讨论，提供展示公民科学的潜在可能。

其次，科学家微博不愿意、不积极、不善于开展科学传播。①由于微博平台开放程度不可控，任何人都可以浏览和表达意见，因此许多科学家不愿意、不喜欢通过微博与公众互动对话。即便是最为热心传播的科学家，大部分也不善于或不愿意积极与公众互动，介入公共空间进行积极讨论。尽管科学家在微博平台上，基本满足了参与公共对话的要求，能够提供理性、客观且易于接受的信息，尤其是在与科学家专业背景相关的公共事务协商中，其公共协商能力尤为凸显。然而，科学家群体在面对冲突性意见时很少与其他用户交流。科学家的职称、学科背景、微博发布的方式等因素都会影响科学家网络公共参与的公共协商程度。②科学家微博公共参与的积极性整体不高，参与的频率和概率较小，很少会就某个问题进行深入钻研，也很少与其他用户互动交流，尤其是当其他微博用户与科学家意见相左时，他们几乎不会正面回应。网红科学家并没有利用好新媒体平台赋予他们的互动性、参与性，反而更加看重如何控制互动参与。③科学家微博公共参与形式多为转发或简单评论，发布形式单一、语言单调，公众吸引力不强，很难成为微博中"一呼百应"的意见领袖。

最后，在公共舆论环境下，科学家通过社交媒体参与公众对话，也出于各种原因心存顾忌，很难畅所欲言。在有争议的公共议题出现时，科学家尽量避免公开表达态度，以免冒犯其他同行。

——科学家微博公共参与模式及内容创作特点。

2017年，金兼斌和徐雅兰在《科学家网络公共参与行为模式及其公共协商程度》一文中分析发现，科学家群体在微博公共参与方面并未呈现出明确的统一特点和规范。相反，在不同公共事务中，不同类型的科学家，其公共参与的方式与公共协商程度都存在着诸多差异。一方面，科学家在自身专业领域以外的公共议题中，无法提供权威信息和知识，只是简单地转发和围观，影响力有限。另一方面，在涉及自身专业领域的公共议题中，则可以提供专业的、客观理性的信息和观点，承担起意见领袖的任务，往往具有较高的参与影响力和传播力。

贾鹤鹏和王大鹏在《作为建设性新闻的科学报道——以网红科学家的科普实践为例》（2020）中提出，网红科学家自媒体科学传播内容具有如下特点：①回避冲突，以科学知识及科学思维普及为诉求。网红科学家和源自科学界的科普自媒体创作者，普遍采纳了中国传统科学新闻的以科研进展和重大科学问题为主要内容的叙事策略。同时，他们比传统纸媒更加刻意回避转基因等争议性科技问题，或者只对这些争议性科技问题的基本科学内容进行发声，而回避各种当下的冲突性问题。几乎所有网红科学家都是以科学知识及科学思维的普及为最大诉求。在解决问题导向方面，他们采用了传统媒体在报道科学时注重科学对社会的影响及相关解决方案这一特点，但更加生动。②在公众易于理解的语境下传播科学。网红科学家用通俗的语言向科学界之外的受众呈现具体科学问题，他们的专业知识和对科学运行规律的理解为他们的科学传播内容创作提供了生动语境。③呈现不同观点，具有包容性。网红科学家在提供科学知识的多元构成方面超过传统媒体。他们在其科普文章写作中，往往会呈现或梳理不同的观点，在很大程度上修正了传统媒体对科学"高大上"的单维度报道。网红科学家个人及其作品也更愿意包容各种不同的声音。值得指出的是，几乎所有受访网红科学家在其科学写作中，都会回避报道其个人的成果。

　　——科学家和非科学领域的社会主体之间的交流。

　　德国不来梅大学传播和信息研究中心高级研究员斯蒂芬妮·沃尔特（Stefanie Walter）、伊内斯·勒切尔（Ines Lörcher）和迈克尔·布鲁格曼（Michael Brüggemann）三位学者共同发表的论文《推特上的科学网络：分析科学家在气候变化辩论中的互动情况》（Scientific networks on Twitter：Analyzing scientists' interactions in the climate change debate），以气候变化议题为例，采用网络分析和内容分析的方式，探讨科学家在推特上的互动对象。研究发现，科学家与科学界同行之间的互动最为频繁，更多地采用中立的语言来交流。当面对非科学领域的社会主体时，比如记者、政治家和国内公众，科学家往往会使用相对负面消极的语言。而且，面对政治家时，科学家会更加强调事件的确定性。因此，可以看出，科学家在推特上的语言使用是有策略和有针对性的。科学家在推特上的互动交流行为完全背离了公众心中传统的"纯粹科学家"的形象。研究发现，科学家与其他社会群体之间的交流也很频繁，尤其是科学家与媒体之间的互动。在所有的网络中，科学家的出度中心性要高于其入度中心性，这意味着科学家群体是积极的信息发送者而不是被动的信息接收者。在与非科学界交流互动时，科学家会使用更多的表达负面消极情绪的文字。这表明科学家可能会调整自己的表达以适应新闻媒体的表达方式，或是戏剧化呈现科学发现，从而更好地推动其应用。同时，研究还进一步证实了先前研究的结论，表明科学家在与非科学界交流时，会更少地提及气候变化问题中的不确定性。对于今后有关该主题的研究，该研究给出了以下建议：今后的研究可以关注"跨界"的主体，即同时隶属于科学界和政治界的主体，例如美国航空航天局（NASA）。另外，今后的研究可以进一步分析推文的内容，探究在面对不同的群体时，科学家发送的推文的主题和框架是否存在差异。在面对其他科学家时，科学家可能会交流具体的研究细节，但面对公众时，科学家可能会与其交流更加基础的、达成一致的、确定的研究发现或解释原因。

（2）科研机构

既往文献对科研机构通过微博等平台做科学传播的实践与效果也多有研究和分析阐述。宋同舟在《科研机构新媒体科学传播工作效果评价研究——以中国科学院为例》（2021）中提出，截至2021年3月，中科院下属100多家单位在新浪微博共开设69个官方认证账号。微博等新媒体已成为中科院各级各类机构面向公众进行科学传播工作的重要手段。中科院院属机构在微博等新媒体平台所发布的信息总结起来主要可分为科普信息、招生招聘信息、科研进展信息、工作动态信息四个类型。文章对中国科学院新媒体科学传播工作效果评价进行了研究。袁志彬和李猛在《中国国立科研机构网络传播力的实证研究——以中国科学院北京分院所属研究院所例》（2020）中通过大数据方法对中国科学院北京分院所属的43家国立科研机构的网络存量数据进行了挖掘分析，对网络传播力的有关情况进行了系统定量分析。研究发现我国国立科研机构对网络传播普遍重视不足，基本上处于网络传播的初级阶段（即以网页和网上论坛等形式为主），对以"两微一端"（微博、微信和客户端）为代表的新媒体的运用尚少。作者根据网络发展现状和未来趋势，为科研机构提出了若干建议，包括：构建科研机构网络传播体系，提升中国科研机构的网络传播能力，要学会讲好"科学故事"。

（3）媒体

在对媒体微博的相关研究文献中，对期刊类微博的研究内容较多。期刊类微博的主要特点是：微博作为新媒体形式与作为传统媒体的期刊形成线上传播与线下传播的有效互补，从而可以推动科学期刊更好地发展。

2015年，柴玥、金保德和杨中楷在《〈中国国家地理〉新浪微博传播效应分析》一文中统计分析《中国国家地理》新浪官方微博四年间（2009年9月22日—2013年9月21日）的6882条微博内容及相关信息，并使用北大PKUVIS软件对微博传播个案进行可视化分析。研究发现，《中国国家地理》微博出版已形成一定规模，具备相对稳定的格局和固定的受众群体；传播呈现出多元中心效应，实现多层级深度长效传播；微博链接产生信息自我增强效应，并逐渐脱胎于网站内容移植，形成独立出版机制；微博集成资源推动了期刊品牌一体化发展。科普期刊与微博新媒体的融合可以提升科学传播效应，微博在传播范围、传播效果、品牌扩散方面具有媒介优势，能促进科普期刊的良性发展。

2018年，黎星佩在《浅析〈博物〉杂志新浪微博传播策略》一文中对《博物》杂志微博传播内容、传播途径、传播方式进行分析，结论是：科学期刊可以有效利用新媒体提高科学传播的效应，微博可以促进科学期刊扩大传播范围、增强传播效果、促进品牌推广，推动科学期刊的良性发展。

2019年，侯斯玮在其硕士学位论文《科学传播视野下〈博物杂志〉官方微博研究》中选取《博物》杂志官方微博作为典型案例，将其微博科普行为置于科学传播视野下，研究发现，《博物》杂志官方微博能够形成线上线下良好互动。在社会关系网络下，该微博重视科普圈的互动，形成了良性科学传播网络，并且适应"互联网+"传播，依靠"微叙事"平衡了微博科普中的娱乐性与科学性。

（4）政府和民间组织

关于政府和民间组织作为微博科学传播主体的研究较少。2014年，王玉华和汤书昆在《政府与民间科普组织微博科学传播的比较研究——以"@上海科普"与"@科学松鼠会"为例"》一文中将"@上海科普"与"@科学松鼠会"进行对比分析发现：①与部分民间科普组织动辄几十万、上百万的粉丝相比，大部分政府科普组织的微博粉丝量均在几万左右，粉丝量在千位或百位的也不在少数。粉丝数少意味着关注度不高，科普功能也就大打折扣。②微博的标题风格不同。"@科学松鼠会"常用问句做标题，让粉丝一看到标题就有阅读正文的兴趣；"@上海科普"的标题一般是陈述句，中规中矩，给人一种平铺直叙的感觉，往往很难引起粉丝的阅读兴趣。③微博内容关注的侧重点不同。"@科学松鼠会"的微博内容更加贴近日常生活；"@上海科普"的内容更多地侧重于科技史和科技新闻，生活类的信息也有但不多。④微博内容的深度不同。"@科学松鼠会"经常会围绕某个话题持续发布微博来阐释，把一个话题说全说深说透；"@上海科普"在话题的延伸、补充和深度挖掘方面显得比较欠缺，前后微博之间的关联度很小。⑤微博内容的表现形式有所不同。"@上海科普"的表现形式比较固定，有点千篇一律的感觉；"@科学松鼠会"的表现形式比较多样和灵活，微博中引用的网址和引用的粉丝的微博的名字一般都是用红色字体，比较醒目地区别于微博正文。⑥与粉丝的互动方面也有不同。"@科学松鼠会"在与粉丝的互动方面非常积极主动且频率较高；"@上海科普"的微博，很少与粉丝互动，也几乎没有粉丝的精彩评论和原创内容。

（5）企业

美国北卡罗莱纳州立大学传播系助理教授妮可·M.李等人共同发表的文章《科学传播与消费者关系：一项关于23andMe在推特上的使用分析》（Science Communication Meets Consumer Relations：An Analysis of Twitter Use by 23andMe）[1]通过对推特帖子（N=1000）进行内容分析，探究23andMe如何平衡传统促销、表达产品诉求和共享科学研究。结果表明，所有帖子中分享科学新闻的约占半数，但时间越久分享内容的数量越少；关于产品或其优点的帖子要少得多，但是这些帖子却获得了更多的转发和回复。对于组织而

---

[1] 23andMe是美国一家基因技术企业，其名称源于人类的23对染色体。它提供已知的直接面对消费者（DTC, direct-to-consumer）的基因检测服务，其推出的基于唾液的个人基因组检测曾被《时代》杂志评为2008年的"年度发明"。

言，就复杂的话题进行公众交流一直是一个挑战。受众可能会对所传达的信息不知所措，并且组织难以以简洁明了的方式表达信息。在科学界，这尤其令人担忧。现有的研究已经探索了科学组织如何与其主要成员进行沟通，但我们很少看到企业对科学传播实践方面的关注，尤其是在传播产品细节之外。从科学传播的角度来看，结果表明，尽管新闻共享功能随着时间的推移而下降，但企业的确分享了科学信息，而不仅仅是使用产品所必需的信息。这可能与消费者与企业互动后如何看待科学主题有关。随着与基因编辑和基因修饰相关的新技术的出现，公众对基因科学的认识将影响政策和个人决策。这项研究也指出，直接分享的科学新闻可能不会像其他类型的内容那样获得更多的在线参与，但是，这并不意味着企业不应共享科学信息。这可能意味着科学信息应该以与消费者明显相关或与行业相关的方式进行打包，因为共享与基因相关的研究往往比共享其他科学新闻获得更大的参与度。企业就与健康和环境有关的各种主题进行传播和交流，这些主题可能对个人和社会产生重大影响。DTC 基因测试行业为研究人员提供了一个机会，可以调查盈利企业为与普通消费者交流科学知识所做的努力。

3. 微博科学传播内容、形式及语言特征

（1）微博科学传播内容

2013 年，谢雨在《基于微博平台的科学传播研究——以新浪微博为例》一文中提出，基于微博用户的兴趣和特征，微博的科学传播较之于其他科学传播方式，在传播内容方面具有较强的流行性、娱乐性、趣味性。除此之外，与公众日常生活、热门公共事件紧密联系的科学信息也是基于微博的科学传播的主要内容。受众的需求和兴趣，是决定基于微博的科学传播内容的一个重要因素。基于微博的科学传播往往与社会热点科学事件相联系，热点事件更容易引起公众的关注，在公众有了解相关信息愿望的时候，迎合其需求能够取得良好的传播效果。

2018 年，李凯在《新媒体下的科学传播效果研究——以新浪微博为例》一文中认为，微博科学传播的内容包括科学辟谣、科学知识以及新的科学发现等，内容比较前沿也受到受众的欢迎。刘娟，朱慧英在《新浪微博平台下科学传播内容与媒体显著性研究——基于"人民日报"和"头条新闻"号的内容分析》一文中，将微博科学传播内容类目划分为5项：科学主题、传播主线、主要消息来源、科学议题发生国家和地区、微博来源。①科学主题类目划分为7项：a.医药健康与卫生；b.农业与食品科学；c.工程、科技、能源、材料；d.地球航太科学；e.生命科学；f.基础科学；g.其他。②科学传播主线划分为5项：a.科学知识；b.科学成果与新发现；c.科学政策；d.科学事件；e.其他。③主要消息来源划分为6项：a.科学家及机构；b.主流媒体；c.专业媒体；d.专业人员及机构；e.商业媒体；f.其他。④科学议题发生国家和地区划分为5项：a.中国；b.北美国家；c.亚洲国家；d.欧洲国家；e.其他。⑤微博来源根据微博属性来源划分为2项：a.原创；b.转载。

此外，还有学者对微博科学传播的不确定性这一特征开展了专门研究。2018年侯庆玮在硕士学位论文《微博科学传播中的不确定性研究》中提出，由于科学信息、科学传播者、科学传播受众等之间都存在不确定性因素，因此微博科学传播中的不确定性是信息传播与互动过程中不可避免的。微博科学传播不确定性问题促进了公众对科学信息的关注和思考，促进了微博科学传播方式的多元化发展，加快了科学信息的传播速度。然而，微博科学传播的不确定性问题可能会使受众对科学信息的选择和判断产生理解偏差，扩大不确定性带来的负面影响。从当前微博科学传播不确定性的实际情况来看，科学自身的不确定性、信息耗散、信任危机、信息通道可信度等都有可能引起不确定性问题的出现。

（2）微博科学传播形式

李凯在《新媒体下的科学传播效果研究——以新浪微博为例》一文中认为，在载体方面，微博科学传播内容的载体包括图片、文字以及视频，形式多样，这在一定程度上决定了科学传播网络的效果。

2018年，张霄飞、殷向荣等在《科学传播中微博图片优秀案例及数据分析》一文中对@科普君Xue Shu、@中国数字科技馆、@中科院之声、@中国气象科普发布的微博图片进行了数量统计，将图片微博中的图片形式分为表情包、动图、科研成果图片、漫画、人物图片、实物图片、贴士类图片,并根据这样的分类对每一类的微博传播量进行统计。研究结论是:首先,科普主题图片微博的传播量和影响力与博主粉丝数量、微博内容属性及图片质量等多个因素有关;学术前沿成果分享的微博因本身内容性质决定其受众面较小,传播量受到限制,通常达不到知识内容更为日常或更加浅显的科普微博的传播效果;通过加入合适的图片或动图代替或辅助文案叙述,以前沿学术成果为内容的微博传播量能够有所增长。从数据图来看,目前以动图形式和表情包形式发布的图片微博传播度最广。GIF 动图作品有着文件小、制作简易、兼容性较强以及清晰度高等特点,在互联网传播上具有较强的传播优势。与此同时,表情包是当下人们热衷于表达情绪的图片形式,使用表情包能够有效地促进科学内容的传播度。再者,以实物图片或科研成果图片为主的图片微博传播效果较差,试分析原因如下:第一,实物图片不甚美观,无法吸引受众的注意力,达到促进微博传播的作用。第二,部分科研成果图过于复杂,图片所包含的信息无法被读者理解,这可能会影响图片微博的传播效果。第三,图片的数量也会广泛影响图片微博的传播量,目前 9 张图的图片微博传播度最好,单图其次。可见,在科学传播中,图片的发布要么以精准、简要为主,要么提供丰富的图片供读者欣赏,这两种形式的图片微博均可以达到较好的传播效果。第四,在科学传播类微博的数据统计中,没有图片的微博传播效果显著低于有图片的微博的传播效果。这也说明在进行科普类微博内容创作的过程中,可以有意识地使用图片,提高传播效果。

(3)微博科学传播语言

赵莉在《新媒体科学传播亲和力的话语建构研究》一文中对科普微博中微语言的亲和力生成有研究,她认为"微语体"体现了新媒体话语鲜活的生命力和亲和力,既有所规范又能自由发展,"微语体"一定程度上推动了新媒体话语空间的文明与进步,在新媒体技术虚拟语境中,"微语体"科普篇章能及时迅速地反映当前正在发生的科学现状,是网络科学传播迅速、高效、便捷、简练、亲切的载体。但微语体的科普微博也有其消极效应:首先,由于文本篇幅的限制,话语一次性表达不能太长,字数少,经常不能够完整准确地表达科学知识。其次，微语体科普微博在转发的过程中，可能会对别的传统媒介内容进行改编、删减，容易引起侵权纠纷。但在微博取消 140 字的单篇发文字数限制后，情况改善很多。

张丕万和邹贞在《科学公共空间中"理"的争夺与断裂——对方舟子、崔永元转基因微博论争的反思》一文中，以方舟子与崔永元转基因论争的微博话语为例，探讨科学公共话语空间中围绕"理"展开的论争过程。研究发现：科学专业话语与公共话语体系，对话语主体的准入限制要求不同，说理的依据、逻辑与方式等亦存在差异；转基因论争背后存在科学理性与社会理性的竞争与冲突，上述诸多因素使得科学传播陷入困境。从经验层面反思科学论争中的"理"的冲突与对话，将启发我们重新理解科学公共空间中的多元理性共识。

4. 微博科学传播效果特征

（1）微博科学传播效果评价指标

2018 年，李凯在《新媒体下的科学传播效果研究——以新浪微博为例》一文中，根据 5W 模型和科学传播的定义，结合传播效果的定义和微博实际情况，采用显性指标与隐性指标相结合的方式，建立了微博科学传播效果评价量化指标。其中，显性指标包括：发博数、转发数、评论数、平均转发数、平均评论数、点赞数等；隐性指标包括：首发比、多媒体使用程度、科学度、趣味度以及发文质量。首发比即微博博主原创微博数与发博总数的比值；多媒体使用程度指微博内容载体形式的多媒体使用程度；科学度和趣味度指微博内容的科学性和趣味性；发文质量指对微博内容质量的综合考量。

（2）微博科学传播效果研究

传播效果研究方面，尽管微博普遍被视为重要的科学传播平台，但实证研究揭示其传播效果并不理想。齐娜和宋立荣选取了新浪微博中一些转发量排名位居前列的医疗健康领域信息，让医学专业人士判断真伪，结果显示这些高转发微博信息大多数严重失真；韦尔森（Velsen）等人比较了德国和荷兰两国大学生在 2011 年欧洲肠出血大肠杆菌爆发期间的信息获取行为，发现推特未被视为可靠的信息来源，人们仍然更信任新闻网站和专业杂志。威尔金森（Wilkinson）和魏特坎普（Weitkamp）发现，环境研究者极少使用微博等社交媒体扩散研究成果，主要依赖于传统的学术刊物和面对面交流。

李凯在《新媒体下的科学传播效果研究——以新浪微博为例》一文中研究发现，微博的科学传播效果并不能满足现代社会对于科学传播的需要。传播内容与科学传播效果呈现正相关，即首发比、多媒体使用程度、科学度、趣味度和发文质量越高，则相应的科学传播效果越好。从受众角度来讲，微博科学传播效果并不显著，但是就某个科学话题来讲，在传播主体的有意引导下，话题传播的效果是比较显著的。传播主体的性质是影响传播效果的因素之一。此外，博主粉丝数和粉丝活跃度也是影响微博科学传播效果的重要因素。

（3）微博科学传播影响力

2013年，谢雨在《基于微博平台的科学传播研究——以新浪微博为例》一文中提到，微博影响力是基于微博的科学传播效果的一个重要考量依据，通常由活跃度、传播力、覆盖度三个主要维度构成。微博活跃度包括微博主体的原创微博数、转发微博数、评论次数、私信数这几个指标，这表明微博用户作为传播主体在微博主动进行传播行为的活跃程度；传播力主要由原创微博被转发、被评论的次数所决定；覆盖度指的是每日登录的粉丝数，与博主互动的粉丝越多，证明其覆盖度越高。

2019年，李延芳在其硕士学位论文《科普类微博传播影响力及传播策略研究——基于社会网络分析法》中基于社会网络分析，采取定量和定性相结合的方式，通过对100位具备一定代表性的科普类博主的研究，构建了科普类博主微博影响力模型，为微博科学传播的研究提供了新视角和新思路。网络结构决定了信息的传播方向、交流范围、影响强度等，是科普类微博影响力建构的基础；而微博内容是影响力建构的核心；粉丝数、评论数、点赞数和转发数起到了一定的辅助作用。

（四）结　论

基于信息数据分析的微博科学传播研究已经取得了大量成果，微博科学传播各类要素中的特征已相对清晰。从目前这些研究采用的数据样本和数据分析方法来看有以下几个特点：

1. 以往研究选用的科学传播类微博样本量偏小

已有研究通常是就某一类微博的科学传播特点进行研究，例如研究科学家群体的微博，研究媒体的微博，研究热点事件的微博，研究某个议题的微博，等等；有的研究虽然是做全面综合的研究，但在取样方面通常是选取出一定数量有代表性的微博帐号作为样本，样本量偏小；在样本的选取时基本是以认证类微博为主，对于普通用户微博的研究不多。

2. 以往研究缺乏长时间跨度和全数据选择

在以往的研究中，缺少对于微博十年发展历史中科学传播类微博的发展脉络的梳理，缺少对于我国以地域为维度的微博科学传播力的评估，缺少对微博上各类科学传播主体的表现与问题的全面分析。同时，对微博科学传播相关内容开展多维度并且相对长时间跨度的研究目前还没有被发现。

3. 微博科学传播数据分析方法较为传统

从已有研究方法来看，基本上都是运用微博内容分析法、微博用户网络分析法、数量统计分析法对微博科学传播数据进行分析研究，研究方法较为传统。

三、研究框架与创新点

（一）研究内容

1. 概念界定及数据来源

这部分首先对研究涉及的几个重要概念进行界定，包括微博平台、科学传播、多维数据、微博平台科学传播多维数据；基于概念界定，对研究涉及的微博科学传播多维数据采集标准及范围进行界定；最后，对采集的数据进行加工和可视化分析处理，为后续研究提供数据基础。具体包括四部分内容，分别是：微博平台科学传播多维数据概念界定，微博平台科学传播多维数据的认定标准，微博平台科学传播多维数据采集加工，微博平台科学传播多维数据概况介绍。

2. 微博平台科学传播历史发展脉络分析

这部分结合我国互联网科学传播的发展历程和微博本身的发展历史阶段，通过分析十年微博平台科学传播的历史数据，从时间脉络上梳理微博科学传播的发展变化，把微博科学传播分成几个不同历史阶段，分别阐述每个阶段的传播特点。具体包括我国互联网科学传播发展历程梳理，微博平台发展历史梳理，微博平台科学传播发展历史阶段梳理三部分。从时间脉络上梳理传播主体、传播内容、传播方式、传播互动效果等的发展变化，把微博科学传播分成几个不同历史阶段，分别阐述每个阶段的传播特点。

3. 微博平台科学传播主体（用户）分析

这部分主要分析政府、媒体、科研机构、教育机构、事业单位、社会组织、企业、科学传播工作者等各类主体在微博平台科学传播方面的特点，包括每类主体的数量比例分布、主体构成、传播信息数量、传播内容主题、传播时间分布、传播地域分布、传播互动效果比较评价等；分析不同类型主体之间的互动关系；总结分析不同类型主体的科学传播行为特征。

4. 微博平台科学传播话题及内容分析

这部分通过对比分析原创话题与转发话题，互动频次高的话题与互动频次低的话题，突发或热点事件中代表性话题的传播主体、传播内容、传播形式、传播时间、传播地域等，发现不同类型话题科学传播的特点。

5. 微博平台超话社区运营机制研究

首先通过梳理学界和业界对"微博超话社区"的定义提出"微博超话社区"的内涵，通过将微博超话社区与微博平台本身和其他社区型平台对比，分析微博超话社区的特点；其次，对明星影音热门微博超话社区的运营机制进行案例研究；最后，分析科普超话社区的问题，为改进健全科普类超话社区运营机制提出对策建议。

6. 微博平台科学传播特点

基于上述研究，总结分析微博平台科学传播的特点。

7. 微博科学传播效果优化策略分析

基于上述研究，对微博科学传播效果优化提出一些策略和建议。

（二）研究方法与技术路线

本研究采用的技术路线及研究方法如下（详见图 1）：

首先，采用文献分析法和专家咨询法，对"微博平台科学传播多维数据"进行概念界定，确定本研究的目标对象和研究范围。

第二，运用大数据采集技术和大数据加工方法，采集加工微博平台科学传播数据。

第三，运用关联分析法、内容分析法、网络分析法以及历史分析法等方法，结合科学传播理论、知识关联理论和微博的运行机制，开展微博平台科学传播数据分析。具体包括五部分内容，分别是：历史发展脉络分析、传播主体分析、传播话题内容分析、传播效果评估、超话社区运营机制研究。

第四，运用系统分析法和深度访谈法，研究微博平台科学传播特点及其优劣势。

第五，运用焦点小组、系统分析、类比分析、归纳总结法，分析微博平台科学传播发展存在的问题及其原因，提出更有效地利用微博平台开展科学传播的对策建议。

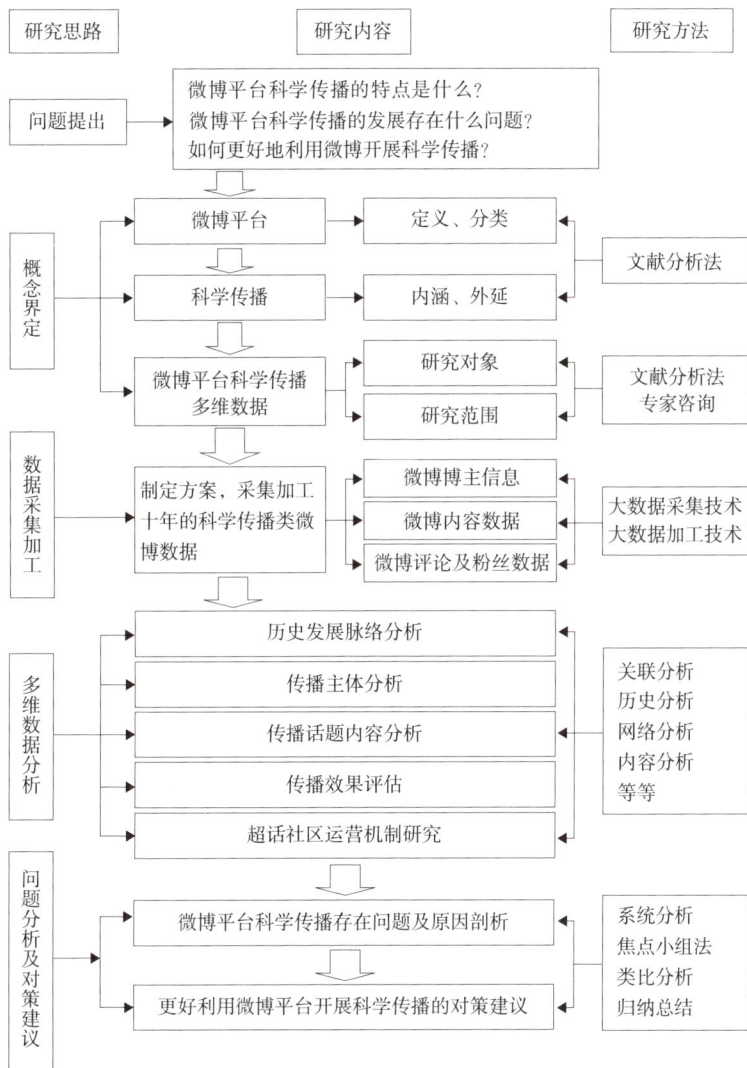

图 0-1 微博平台科学传播多维数据探索研究技术路线及研究方法

（三）创新点

1. 基于微博最近十年的数据系统研究微博科学传播问题

本研究基于 2009 年 8 月至 2020 年 4 月长逾十年的微博数据，对微博科学传播多维数据内容开展研究，这在学术界是第一次。此外，本研究对微博科学传播的历史与发展脉络、传播主体、传播话题内容、传播效果等都进行了研究，这也是学界第一次如此系统地开展相关研究。

2. 分析微博超话社区运营机制

微博超话社区是新事物，相关研究很少，尤其对于科普类超话社区的研究更是凤毛麟角。本研究通过对明星影音热门微博超话社区的运营机制进行案例研究，分析科普超话社区的问题及成因，为改进科普类超话社区运营机制提出对策建议。

3. 对微博上各类科学传播主体的表现与问题进行全面分析

本研究是截至目前学界第一次对微博各类科学传播主体（包括政府、社团组织、媒体、科研机构、教育机构、事业单位、企业、个人）分门别类开展的研究，研究中分析各类主体的传播特点及存在的问题。

第一章　概念界定及数据来源

　　这一部分首先对涉及的几个重要概念进行界定，包括微博平台、科学传播、多维数据探索、微博平台科学传播多维数据；其次，对研究相关的理论进行阐述；基于概念界定，对研究的微博科学传播多维数据采集标准及范围进行界定；最后，对采集的数据进行加工和可视化分析处理，为后续的研究做准备。

　　具体包括以下四部分：

一、概念界定

（一）微博平台

　　2009 年 8 月，新浪推出"新浪微博"内测版，成为门户网站中第一家提供微博服务的网站。2014 年 3 月 27 日晚间，新浪微博宣布改名为"微博"，并推出了新的标识，新浪色彩逐步淡化。本书主要是对新浪微博平台的科学传播多维数据进行探索研究，所以本书中所指的微博平台是新浪微博。

　　对于"微博"的定义，不同学者给出的表述不同，但基本上都是从微博发布方式的多样化和便捷化去界定的。喻国明教授（2010）曾给出一个简单的定义，即：是一种节点（交汇点）共享的即时信息网络，可以被称作"随时、随地、随性"的媒体。微博改变了人类信息传播和获取的方式，是一种独特的信息传播渠道。周旋（2010）认为微博是微型博客（Micro-blog）的简称，是一种通过关注机制来分享简短实时信息的广播式社交网络平台。查询百度百科可以看到，微博是"以文字、图片、视频等多媒体形式，实现信息的即时分享、传播互动"的说法。

（二）科学传播

关于"科学传播"的概念，学者们多是通过与传统的"科普"和"公众理解科学"对比的方法进行界定，从传播范围、传播主体、传播内容、传播目的等传播要素的变化角度阐述"科学传播"的概念及特点。不同的是，有的学者从以上一个传播要素变化的角度阐释科学传播的概念，有的学者从多个传播要素变化的角度进行阐释。

有的学者从传播目的的角度界定，认为"科学传播"的立场是以除了政府和科学共同体以外的普通公众为出发点，将其作为科学传播的利益获得体，目的是让普通公众更好地了解和接受科学。例如，刘华杰（2003）认为："公众理解科学阶段仍然有缺陷，更多的是为科学共同体服务，而非整个社会的普通公众。""科学传播主要是以公众理解科学的理念为核心，通过一定的组织形式、传播渠道和手段，向社会公众传播科学知识、科学方法、科学思想和科学精神，以提升公众的科学知识水平、技术技能和科学素养，促进公众对科学的理解、支持和参与。"（詹正茂，2012）科学传播是一种科学信息分享的过程，信息在传播过程中能够突破时空的限制。科学传播需要将科学信息传授给接收者，接收者可以通过学习了解科学知识，并将科学信息传播给其他接收者。科学传播能够实现科学信息的共享，加快科学技术的发展，推动人类社会的进步。（翟杰全，1986）"科学传播能够为社会公众科学素质的提升提供基础，为公众参与科学发展创造稳定的平台，为国家创新体系发展提供保障，为科学民主决策和知识经济发展提供动力。在发展科学传播的过程中，公众对科学知识的理解程度会逐渐提高，这有利于社会和科学之间的友好发展。"（贾鹤鹏等，2015）清华大学的金兼斌教授认为科学传播是指通过媒介、活动或恰当的手段等激发公众产生对科学知识的认知、兴趣、理解等。T.W. 伯恩斯等（2007）在《科学传播的一种当代定义》一文中，认为科学传播就是使用恰当的方法、媒介或者内容，去激发人们一种或者多种反应：意识（Awareness）、愉悦（Enjoyment）、兴趣（Interest）、意见形成（Opinion-forming）和理解（Understanding），也就是"AEIOU"五个元素。

从传播内容来界定，认为"科学传播"不仅包括科学知识的传播，而且包括科学思想、科学精神和科学方法的传播，是科学文化的传播。科学传播不但要将科学作为一种专门知识，而且作为一种文化在全社会传播和全方位互动，要促进科学文化和人文文化的交融。站在科学传播的角度，历史、哲学和文学等都应该进入科学传播范畴，成为科学传播工作的人文基础。通过科学传播使全社会对于人类社会发展获得一种整体性的观念。（胡晓梅，2008）

从传播方式角度界定，人们普遍认为"科学传播"不是单向传播，而是双向互动传播。例如，姜春辉在《新媒体环境下的科学传播新格局》（2017）一文中认为，科学传播倡导以"多元、平等、开放、互动"的传播观念来理解科学、对待科学，是人类社会一种交流共享的活动。一方面科学家向大众传播科学知识，另一方面公众也参与科学知识的创造过程，参与科学政策的制定和科学制度的建立。

从传播范围来界定，人们则认为"科学传播"不仅包括科学共同体内部的传播，而且包括科学共同体和公众之间的传播。例如，1939年，英国的J.D.贝尔纳在其著作《科学的社会功能》中认为，科学传播不但包含科学家之间的互动交流，也包括传播主体与社会大众的沟通。翟杰全（2002）认为，科技信息的传播要通过专业交流、科技教育、科技普及、技术推广等过程以及科技出版、科技写作、科技新闻、科技翻译等手段来完成。其层次包括处于"高位"的专业交流、"中位"的科技教育及"低位"的科技普及和推广过程。科学传播是指科学技术信息跨越时间和空间的窒碍扩散到社会大众中，使不同的个体接触并了解传播内容，实现人与人之间的知识共享，以此促进科技的发展和社会的进步。科学传播既包含了科学家的学术交流，也包括科学家与公众、公众与公众的交流。在进行科学传播研究时，不仅需要对科学家、公众、科学等要素进行综合考虑，还要对公众理解科学的状况进行分析。

概括来说，科学传播的概念中主要包含以下几点：（1）科学传播的内容包括科学知识、科学精神、科学方法、科学思想、科学技术与社会；（2）科学传播主体多元化，科学传播的范围不仅包括在科学共同体之间的科学信息传播，而且包括科学的跨界传播；（3）科学传播的方式不仅包括单向传播，还包括双向或者多向互动传播；（4）科学传播的目的是推动科学信息的共享，提升公众的科学素养，促进科学技术与社会的和谐发展。

（三）多维数据探索

1. 多维数据

这里"多维数据"的"维"指的是"维度"。"维度"就是描述数据的逻辑分析角度，在不同的数据分析场景中，会存在若干个不同的维度。维度，其实就是最易于被理解的业务分析角度，如：日期、地区、渠道、产品、用户等。多维数据通常包含多个与目标事件相关的特征。多维数据模型是为了满足用户从多角度多层次进行数据查询和分析的需要而建立起来的基于事实和维的数据库模型。从不同维度观察目标，能够反映出目标的多个侧面，综合各个维度的观察结果共同构成目标的立体形象与特征。

2. 数据探索

"数据探索"不是一个学术研究概念，是数据处理、数据研究的一个环节，一个过程，或者说是数据分析方法。

1977年，美国统计学家约翰·W.图基（John W.Tukey）提出了探索性数据分析（Exploratory Data Analysis，EDA）的概念，是指对杂乱无章的数据在尽量少的先验假设下通过图表、方程拟合、计算特征向量等手段探索其结构和规律。这是一种更加贴近实际情况的分析方法，让数据自身说话，通过 EDA 我们可以最真实、最直接地观察到数据的结构及特征。

探索性数据分析的作用包括：通过可视化对数据构建起初始认知，对于数据集中的某些现象原因提出假设，论证该使用何种统计推断进行分析，为选择分析模型及技术提供支持，为进一步的数据收集及调查打基础。

数据探索的重点在探索，数据就放在那里，需要做的就是从数据中发现问题。基于常识、经验以及现有的知识对数据进行审视，从中发现问题就是数据探索的意义。EDA 出现之后，数据分析的过程就分为两个阶段：探索阶段和验证阶段。探索阶段侧重于发现数据中包含的模式或模型，验证阶段侧重于评估所发现的模式或模型，很多机器学习算法（分为训练和测试两步）都遵循的是这种思路。数据探索包括了解数据的大致结构、数据量、各特征的统计信息、整个数据的质量情况、数据的分布情况等。

3. 多维数据探索

目前学界基本上都是从数据可视化角度理解"多维数据探索"的，认为"多维数据探索"（Multi-dimensional Data Exploration）是多维数据可视化技术中包含的一个概念，是指利用一定的算法和工具对多维数据蕴涵的信息进行搜索，得到有用、新颖的信息的过程。本研究中的"多维数据探索"不限定于"可视化"的方式，更侧重于根据数据本身蕴含的特征与规律开展多层次、多维度的分析。

（四）微博平台科学传播多维数据探索

微博平台科学传播多维数据探索，就是指利用一定的算法和工具，对微博平台上分布的与科学传播密切相关的多种数据蕴含的信息进行搜索，得到有价值的信息。

这里的"多维数据探索"，不仅包括从微博平台上分布的科学传播多种类型信息的维度进行探索，例如从微博用户信息、微博内容信息、微博话题信息、微博超话社区信息等多个维度进行探索，而且包括从更细分的科学传播要素维度进行探索，例如从科学传播主体（用户）、科学传播时间、科学传播地域、科学传播方式、科学传播效果等多维度进行探索。

二、微博平台科学传播用户筛选与确定

微博平台上有各种信息，其中科学传播信息占一部分。究竟如何从海量信息中把科学传播数据筛选出来是一个问题。通过分析以往"基于微博数据的科学传播研究"发现，研究者基本上都是以选定科学传播类微博用户的

方式去进一步界定微博科学传播数据的，一般以三种方式进行科学传播微博用户的筛选，分别是：（1）通过在微博标签中用"科学""科学传播"和"科普"等关键词进行搜索，筛选出科学传播微博用户；（2）凭经验直接选择知名科普微博用户进行研究；（3）选取微博榜单中科学榜前几名用户进行研究。

运用（2）和（3）这两种方法进行筛选存在以下两方面问题：一方面是样本数量少，另一方面是只能研究已经知道或者了解的科学传播微博，对于一些不知名的微博容易忽视。因此，本研究采取了与（1）相似的筛选方法，但是又与（1）运用的关键词不一样。

本研究对微博平台科学传播用户的界定有三个原则：一是用户微博具备科学传播、科学普及或者科技传播功能；二是微博具有一定的用户和传播影响力；三是微博发布内容以科学技术类信息为主。研究过程中，运用机器与人工结合的方法筛选出了科学传播微博用户，通过使用"科学传播""科技传播""科普"这三个关键词在微博用户标签、微博用户简介中进行检索的方式，筛查出 9434 个科学传播类微博用户；再请业内专家结合微博内容对每个微博用户进行逐一排查，删除了一部分气象微博以及一些零发帖和异常账号后，最终确定了 2768 个科学传播微博用户。在这 2768 个科学传播微博用户中，按照机构与个人维度来区分，有机构类用户 1342 个、个人类用户 1426 个；按照大 V 用户与普通用户维度来区分，有大 V 类用户 1546 个、普通用户 1222 个。

三、微博平台科学传播多维数据采集与加工

（一）微博平台科学传播多维数据采集

微博数据复杂，并且数据量巨大，为了研究的便利，在获取这 2768 个科学传播微博用户数据时，应选择合理的数据获取方式。目前微博数据获取方式主要有以下三种：一是基于官方 API 进行获取，二是通过自动提取网页数据技术获取微博页面，三是直接利用开放的数据集。

通过自动提取网页数据技术获取微博数据的方法一般是指通过 HTTP 协议，模拟浏览器向服务器发送请求，对返回的网页进行解析，从中抽取出相应的微博数据。该方法几乎适用于任何微博数据的获取，并且不像利用官方 API 获取数据一样会受到微博运营商权限开放范围的限制。不足之处在于其稳定性差，微博运营商可能会调整 HTTP 请求的参数设置和返回的 HTML 页面的格式，这样极有可能导致微博数据的无法获取和解析。这种方式需要定期监测网页数据提取的运行情况，根据需要对程序进行及时更新。通过自动提取网页数据技术获取的微博数据内容包括微博用户基本信息、微博内容信息、微博互动信息三部分数据，其中微博用户基本信息具体包括名称、头像、关注量、粉丝量、微博量、认证名称、认证类型、公司、地区、教育、行业、简介、标签、邮箱、生日、注册时间；微博内容信息包括发布时间、发布方式、博文内容（文本、图片、文章、视频、长微博等）、博文类型（原创、转发）；微博互动信息包括转发、点赞、评论信息。本书中主要采用了自动提取网页数据技术进行数据获取。

（二）微博平台科学传播多维数据加工

为了使获取的微博数据更加符合多维数据探索研究的需求，本研究从时间维、地域维、主体维（用户维）、内容维、效果维，对采集的微博数据做了进一步的加工整理和可视化分析，具体包括：对机构类微博用户进行重新整理分类，对微博用户所在地区进行整理分类，对微博话题进行各类分析，对微博转发频次、评论频次和点赞频次等互动行为进行统计分析和加权指数计算，对微博历史发展脉络进行时间维度分析等。

第二章　微博平台科学传播历史发展脉络分析

　　本章内容结合我国尤其是北京地区互联网科学传播的发展历程与微博本身的历史发展阶段，通过分析最近十年微博平台科学传播的历史数据，从时间脉络上梳理微博科学传播的发展变化，把微博科学传播分成几个不同历史阶段，分别阐述每个阶段的传播特点。

一、我国互联网科学传播发展历程梳理

　　作为互联网技术发展的前沿阵地，北京地区的互联网技术发展及科学传播发展历程对于全国来说具有代表性，现以北京地区为例看我国互联网科学传播发展历程。

　　北京地区互联网科学传播的发展经历了技术导向、内容导向和服务导向三个主要阶段。其中，技术导向阶段重点解决网络科普设施的有无问题，目标是提高北京地区互联网科普设施的拥有率，初步形成北京地区互联网科普的层级体系；内容导向阶段重点解决互联网科普内容的质量问题，目标是提高各级各类互联网科普内容的质量；服务导向阶段重点解决互联网科普服务质量的好坏问题，目标是提升北京地区互联网科普的社会认知度和用户的满意度。

（一）技术导向阶段

　　在信息时代，信息技术对科普工作的渗透作用越来越明显，并为科普服务手段的创新提供了广阔空间。科普网站正是在互联网技术广泛应用背景下出现的新生事物。北京地区各类科普服务机构积极顺应信息时代的发展潮流，统筹部署开展科普工作，利用先进的信息技术手段提高科普服务能力，科普网站（包括科普栏目、频道）等互联网科普设施得到大规模建设，信息

技术在科普工作中也得到了大规模普及。

1. 主要特征与起止时间（1995—2004 年）

技术导向阶段的主要特征体现在以下四个方面：

（1）互联网对科普信息只起到简单传递的作用

这个时期是互联网科普的起步阶段，注重互联网技术在科普中的应用。互联网在加强科普服务方面的作用，主要体现在对科技信息内容的连接和简单传递方面，互联网在科技信息传播中的作用与传统信息传播中的渠道一样，仅仅增加了一种信息传播的方式。这一阶段仍然以工业方式制作科技新闻为主，是传统科普服务类机构的上网阶段，主要目标是改善传播与发行状况，提高内容影响力。从互联网上科普的内容和形式来看，还显得十分原始和粗糙，网站界面十分简单，内容多是将"母体"内容如报刊印刷版的内容搬上网络，更新也不及时。

（2）科普呈现精英传播格局

这一阶段的互联网科普服务载体以门户网站为主。科普网站主办方主要包括科技类社团组织（学会和行业协会）、各级科协、与科技相关的政府部门、新闻和综合门户网站、教育科研机构、社会机构（包含企业、共青团和科普场馆）、媒体组织等与科技相关的部门或者专业机构，还有少数的科普网站是著名的科学家主办的。

（3）科普模式以点对面的大众传播模式为主

这一阶段的科普网站主要是站在主办机构的官方立场，对科技信息进行选择过滤后开展的引导性传播。网站主办方作为信息的采集者与聚合者，以"点对面的大众传播模式"，向需求各不相同的网民提供统一的科技信息。主办机构主导着科技信息传播的内容和方向，作为信息传播对象的受众则处于被动接收的地位。

（4）科普网站内容以介绍概况信息和开展基本宣传工作为主

在技术导向阶段，科普网站的功能定位和发展方向还没有明确，网站以提供基本的科学知识为主，科普信息服务与交流互动的功能尚未得到充分开发，网站缺乏对信息资源的深度整合。

根据对以上主要特征的分析，北京地区互联网科普经历技术导向阶段的时间为1995年至2004年。1995年，《北京科技报》开设了网络版，标志着北京地区互联网科普正式开启。1997年以后，北京地区科普网站数量明显增多，科技类媒体、科协系统、科研院所、学会组织等各类科普服务机构相继建立科普网站。1999年，"北京科普之窗"的建立标志着北京地区互联网科普进入全面技术发展阶段。到2004年底，北京地区科普网站达到198个，占当时全国科普网站的49%，标志着科普网站发展的初期技术准备工作基本完成。

2. 核心任务

技术导向阶段的发展目标是：快速提升科普网站的普及率，基本形成科普网站初步的层级体系，其核心工作包括：

（1）加快科普网站建设

各级各类科普网站建设全面铺开，网站数量快速提升，科普网站如雨后春笋般地从无到有，成为公众学习科学知识的重要渠道。1995年，《北京科技报》开设了网络版，这是北京地区科普网站建设迈出的第一步。1997年后，位于北京地区的国家级科技类学协会和门户网站开始陆续开展科普网站（科普栏目）建设。野生动物之家、中国植物保护网、中国电子学会英文网页、中国力学学会、中国机械工程学会、中国病理生理学会等科普网站、科普频道/栏目陆续建立。中国化学会、中国土木工程学会、中国测绘学会、中国建筑学会等社团学会网站也开设科普栏目，提高了社团学会利用互联网开展科普工作的能力。CCTV发现之旅、CCTV科技之光、人民网科技频道、网易科学频道、中国网科技频道、新浪科学探索频道、搜狐科学频道陆续建立。1998年7月，北京市科协开始筹备网络信息系统的建设，自此，专业科普网站的建设拉开序幕。1999年2月25日，北京地区的网上科技工作者之家"首都科技网"正式开通。1999年6月30日，中国科协主办的中国大陆第一家综合性专业科普网站"中国公众科技网"开通。同年9月13日，北京市科协和市政府信息化工作办公室联合主办的北京市第一个专门普及科学技术知识的互联网站点"北京科普之窗"开通。同年，中国科学院主办的"中国科普博览"开通。2000年3月16日，中国科协青少年部和北京市科协主办的"学生科技网"正式开通。2002 年 4 月 21 日，北京第一条科普宽带网在西城区二龙路社区服务中心正式开通，社区居民可以方便地浏览互联网上的视频节目，"北京科普之窗"作为重点网引入。2003 年开始，北京市科协通过主办、合办、协办、支持等方式，先后推动、支持开通了"北京中医药数字博物馆""科学与艺术数字博物馆""北京民俗数字博物馆""动物数字博物馆""诺贝尔科普展三维虚拟馆"等数字博物馆建设项目。

（2）为互联网科普的进一步发展进行组织准备

与技术平台建设同步，各级各类科普服务机构开始健全完善保障科普网站发展的"软环境"，初步构建起保障科普网站持续发挥作用的组织体系。例如，2000 年 12 月 1 日，北京市科学技术协会网络中心宣布成立，明确了科普网站的主办与承办单位，落实了科普网站运行维护工作人员的责任。2004 年 9 月，由中国科协和中国互联网协会共同发起的中国互联网协会网络科普联盟成立，致力于推动网络科普事业的发展，网络科普展现出良好的发展态势。此外，为了更好地开展工作，还开展了相关研讨。2004 年 9 月 15 日，北京市科协举办"北京科普之窗开通五周年暨 2004 年首都科普信息化发展战略座谈会"，就新形势下如何发挥网络科普工作的作用等议题进行深入讨论。

3. 贡献与意义

技术导向阶段是互联网科普发展的重要启蒙阶段，奠定了科普网站的系统平台基础和组织人力保障，其重要贡献与意义表现在两个方面：一是解决了科普网站从无到有的问题，各级各类科普服务主体在科普服务方式上获得了进一步创新的可能性与物质条件；二是为互联网科普工作的可持续发展奠定了组织保障，为科普日常工作的信息化创造了条件。

（二）内容导向阶段

《2006—2020 年国家信息化发展战略》和《北京市"十一五"时期文化事业发展规划》都把信息化建设作为主要目标，促进了北京地区互联网科普的发展。

《全民科学素质行动计划纲要（2006—2010—2020 年）》的颁布为互联

网科普服务提供了政策支持，进一步推动了北京地区互联网科普的发展。党中央、国务院和北京市大力推进全民科学素质行动计划的组织实施，提出"建成数字化科普信息资源库和共享交流平台，通过互联网为社会和公众提供资源支持和公共科普服务"和"发挥互联网等新型媒体的科技传播功能，培育、扶持若干对网民有较强吸引力的品牌科普网站和虚拟博物馆、科技馆"的指导意见。

互联网进入 Web2.0 时代，网民逐渐揖别上网冲浪时代，迎来了全民织网时代，互联网科普模式由单纯的"读"向"写"和"共同建设"发展，网民由被动接受互联网信息向主动创造互联网信息迈进。北京地区各级各类科普服务机构纷纷将加强科普网站内容建设作为落实全民科学素质行动计划的重要举措，在"打造品牌网站""建设资源共享交流平台"和"建立公众参与科学的平台"三大功能定位上形成普遍共识，科普网站的发展重点开始放在提高信息内容质量、扩大资源共享和公众参与的问题上。北京地区互联网科普率先进入了内容导向的关键发展阶段。

1. 主要特征与起止时间（2005—2013 年）

内容导向阶段的互联网科普主要特征体现在以下三个方面：

（1）精英与草根并存的科普传播格局

互联网进入 Web2.0 时代，网络媒体的核心是以用户为本，用户创造内容、价值，出现了论坛、博客、微博等用户可以直接制作和发布信息的社交媒体形式。这一阶段与技术导向阶段最大的区别就在于通过社交媒体、自媒体开展科普传播。社交媒体对加强科普方面的作用，主要体现在将科普传播的精英格局改变为精英和草根并存的格局，开启了公众参与科普传播的新局面。在微博平台上，传播主体不仅多元化，而且平民化、草根化，不仅包括由科学家和科学共同体、政府管理部门、媒体记者、科普工作者这四类群体构成的精英，而且还包括科普传播的非政府组织、普通的微博用户等。可以说，每一个用户都有可能既是科普传播主体，又是受众，但其话语权和影响力不同。

（2）大众传播、人际传播、组织传播融合的传播模式

这一阶段代表性的互联网科普平台除了专业机构建立的网站以外，还有

科学个人博客和微博平台。这一阶段的传播模式不同于技术导向阶段"一对多"的中心广播模式，实现了大众传播、人际传播和组织传播模式的融合。在实际传播过程中，呈现出"一对一"的人际传播模式、"一对多"的大众传播模式和"多对多"的群体传播模式。微博平台的评论、转发功能，为微博用户间的互动创造了充分开放的空间。评论功能实现了传受方之间的互动式传播；转发功能实现了从核心到边缘扩散的交互式传播。

（3）独特的传播机制

内容导向阶段科普网站的传播机制也是多样化的，除了依靠大规模信息生产和追求受众最大公分母的信息供给以外，还有赖于传播者的社交网络传播动力和平台提供的多样化信息集纳服务。科学个人博客的科普传播机制依赖于博客圈独特的信息传播机制。通过博客之间的相互转帖和链接、博客服务网站或频道提供的信息集纳服务、专门的博客聚合网站推出的推荐服务等促进了博客信息的大范围互动传播。科普微博的传播动力内生于微博用户作为信息发布方所激发的关系网络打通的信息通路，不仅取决于微博用户的活跃度，而且与微博用户凭借其传播力和覆盖度所建构的社会网络有密切关系。

（4）科普内容丰富多彩

内容导向阶段的互联网科普内容非常丰富。与技术导向阶段在内容方面的最大区别有两个：一是解读科技类热点事件，对于科学事件的发生、过程及结果的完整记录和系统性传播。即根据某一科学现象或者重大科技事件，依靠专业知识进行解析，推断其原因机理，一方面为受众做出一个全面的剖析，另一方面给政府提出改进管理的对策建议。例如，埃博拉病毒在西非暴发期间，科学网博客和科学松鼠会博客都从病毒事实、疫情事实、案例分析、诊断治疗、研究动态、防治措施及工作建议、预言及启示等多角度进行了埃博拉病毒相关信息的传播。二是开展学术交流。科学网博客频道下设有论文交流、科研笔记、教学心得、科普集锦、观点述评、博客新闻等栏目，不仅传播传统的学术资源，而且还传播大量从传统学术资源中难以获取的帮助理解和吸收学术成果的相关信息，类似于分享研究心得。在科学网博客中，科学家还会经常介绍国外的一些技术前沿动态、重大科学发现以及重要科研项目、科技计划等。

根据以上主要特征的分析，北京地区互联网科普经历内容导向发展阶段的时间段为2005年至2013年。2005年9月14日"繁荣首都网络科普事业"座谈会的召开，2005年12月中国数字科技馆启动建设和2006年北京数字博物馆的上线运行，2007年科学网博客和2008年科学松鼠会博客的正式上线，标志着北京地区互联网科普从单纯的网站建设阶段进入到内容建设、质量提升阶段。2011年7月5日，由北京市政府投资建设，北京市科学技术协会承建的大型公益性科普网站"蝌蚪五线谱"正式上线；2012年5月，由北京市科学技术协会主办、北京科普发展中心承办的北京科普资源共享服务平台正式上线运行，标志着北京地区互联网科普全面进入内容导向阶段。

2. 核心任务

内容导向阶段的建设目标是最大限度丰富科普网站的信息内容，其核心工作任务体现在以下三个方面。

（1）加强网站内容建设，打造品牌网站

这个阶段的网络科普设施数量增长速度放缓，进入到了调整提高阶段。一方面，针对科普网站内容原创比例较低、重复使用、缺乏特色的问题，把加强内容建设作为重点工作，营造网络科普的原创环境和氛围。组织专业人士围绕科技热点问题撰写科普作品；鼓励科技工作者开展科普创作，推动科研资源科普化；通过博客、微博等形式调动公众参与科普创作的热情。另一方面，科普界开始认真研究北京地区科普网站的发展定位，致力于打造品牌网站。2005年9月14日，"繁荣首都网络科普事业"座谈会召开，北京科普信息化工作专家委员会等有关单位专家学者就首都网络科普工作的发展进行了交流和探讨，对"北京科普之窗"和"学生科技网"的发展定位提出了有价值的意见。2009年6月8日，"北京科普网站建设"专家座谈会在市科协召开，中国科学院院士欧阳自远等各界专家，就北京市如何借助自身优势、建设公众喜闻乐见的科普网站发表了意见。

（2）注重首都地区科普资源的集成共享

通过搭建技术平台，使分散于不同机构、不同权属的科普资源集成在互联网上，让更多人共享。2005 年 12 月，北京市科协、市信息办、市文物局推出首都数字博物馆建设行动纲要，提出总体目标是制定和推进首都数字博物馆建设具有示范性的标准和规范，形成具有自主知识产权的数字博物馆标准和规范体系，建立高质量和分布式的首都数字博物馆资源库；集中开发一批具有文物展览、科技传播、寓教于乐功能的精品信息化产品，形成与国际主流技术接轨的首都数字博物馆群。2006 年 12 月上线的中国数字科技馆网站，全方位利用多媒体技术建立了面向公众的虚拟科技博览馆、体验馆以及面向科技工作者的资源馆，获得了"2007 世界信息峰会"颁发的最佳电子科学奖。2006 年，由北京市文物局、北京市经济和信息化委员会和北京市科学技术协会共同主办的北京数字博物馆建成，将北京地区 140 多个实体博物馆和 20 多个虚拟博物馆推荐给公众，为公众提供了一个博物馆资源集中展示和综合信息服务平台。2007 年 5 月 17 日，北京市科协、北京市信息办、北京市文物局共同主办北京数字博物馆研讨会，国内外近百位数字博物馆专家围绕"博物馆资源数字化开发与共享利用""数字博物馆的艺术表现与文化创意"和"数字博物馆展示平台与技术实现"的议题进行了交流。2007 年 12 月 5 日，北京数字科普协会召开成立大会。2012 年 6 月，依托"国家科普资源网格"技术和"云计算"技术，以首都科普工作的实际需求为导向，由北京市科学技术协会主办，北京科普发展中心承办的北京科普资源共享服务平台正式上线运行，重点打造"信息资讯""研发服务""科普超市"三大职能模块，推动了北京地区科普资源的共建共享。

（3）注重公众参与科普平台的搭建

这一阶段，社交媒体开启了公众参与科普的新局面，代表性的互联网科普平台是科学个人博客和微博。专业的科普网站开始开通科学个人博客。例如，2007 年 7 月 1 日，由中国科学院、中国工程院和国家自然科学基金委员会主管，科学时报社主办，针对科学家的实名博客"科学网博客"开通。2008 年 4 月 28 日由来自国内外各院校的一线科研工作者和来自《环球科学》《新发现》等媒体的科学记者、科学编辑，以及活跃在各大媒体科学版的多位科学作者和译者等科学爱好者建立的科学松鼠会正式上线。另外，大多数科普网站都在新浪、腾讯等网站开通了微博。

3. 贡献与意义

"内容革命"是科普网站发展过程的中级阶段，其重要贡献与意义表现在三个方面：一是统一思想，即明确科普网站是发挥互联网特性，开展全民科学素质行动与科普理念创新的重要举措，明确科普网站"资源集成共享、公众参与科学"的主要功能定位；二是发挥互联网的"分享"功能，推动了科普理念的创新，初步构建了公众参与科学的传播格局；三是大幅提升了可用性，即科普网站的功能主体得到了充分发育并逐步完善，能够承载起公众"找科普资源"的实际需求，科普网站架构日趋完善，功能不断丰富，具有越来越突出的实用价值。

（三）服务导向阶段

移动互联网时代，互联网从消费互联网时代进入产业互联网时代，互联网正在用连接一切的方式改造传统科普模式，用聚合的方式提高传统科普的运行效率。在这个阶段，公众获取科普信息日益呈现碎片化、泛在化、个性化、互动性的特点；云计算、大数据等现代信息技术的应用，使泛在、精准、交互式的科普服务成为现实。2014年中国科协印发的《关于加强科普信息化建设的意见》提出"聚焦科普需求丰富科普内容，创新科普表达和传播形式，运用多元化手段拓宽科学传播渠道，强化科普信息的精准推送服务"。北京地区互联网科普率先进入服务导向阶段，发展重点转移至针对不同人群的科普需求提供个性化的科普服务上。

1. 主要特征与起止时间（2014—2020年）

服务导向阶段，开展科普的代表性平台是基于互联网的移动终端，其主要特征表现在三个方面：

（1）泛在式科普服务

移动互联网时代，高速互联网、高性能计算机、大型数据库、传感器、远程设备等融为一体，用户通过功能强大的终端同步连接浩瀚的信息世界，世界构成一个无处不在的泛在网。在这样一个泛在的网络环境下，公众能够在任何地方随时获得自己想要的科普资源，可以自己掌握学习进度，选择适合自己的个性化学习内容。

（2）精准式科普服务

手机媒体是同人们生活黏度极高的"带着体温的媒体"，可以按用户的需求提供个性化信息，真正做到了分众传播。当云计算和大数据技术出现后，个性化服务不再是空中楼阁。在这些技术的支持下，个人行为习惯、爱好特征等信息全部被收集起来，网络媒体针对不同的人定制不同的信息内容。科技信息传播不再是广播式的，实现了信息的精准投放，针对用户不同需求提供相应的信息，最终实现个性化科普服务。

（3）交互式科普服务

基于移动互联网的科普传播较之普通的网络传播，有更强的交互性。受众对传统媒体和普通网络媒体的信息反馈大部分是事后的、延时的。基于移动互联网的终端媒体是一种典型的具有即时性的多对多传播网络，传者与受者没有明确的界限，相对平等，互动及时，传者不仅可以给受众发送科普信息，更可以实现跟踪受众反馈意见、开展材料收集和用户调查等多方面的功能。为受众和科普服务机构都提供了更多更方便的服务，实现了更广泛、更迅速的互动。

（4）智能科普服务

可穿戴智能产品、智能家居的出现奠定了智能化阶段的科普传播基础。借助人工智能技术，新式的科普载体将具备模仿人类的感知、思维、推理等的高级活动能力，使科普的理念和模式发生更深远的变革。

根据以上主要特征分析，目前北京地区互联网科普整体上处于服务导向的发展阶段。《中国科协关于加强科普信息化建设的意见》的发布和"科普中国"平台建设工程项目的开始，标志着服务导向阶段的开启。

2. 核心任务

服务导向阶段的建设目标是实现泛在、精准、交互式科普服务。科普网站真正成为"以用户为中心"的服务平台，其核心工作任务体现在以下三个方面：

（1）按照用户需求完善网站内容和功能，提升科普服务的个性化和专业化程度

不断提升科普网站的服务质量，使之最大限度地满足各类用户的需求，是互联网科普发展高级阶段的又一核心任务。服务导向型互联网科普的主线是用户需求，紧密围绕各类用户的不同需求，科普网站不断优化内容架构，以更为人性化的设计理念和表现方式细致入微地为用户提供服务。同时也要不断实现用户深度服务需求，利用各种社交媒体特性为公众搭建各种互动交流平台。例如，蝌蚪五线谱网站搭建了一个 SNS 社区平台，由公众按自身的兴趣爱好组建饮食、绿色生活、科幻、科普写作、生活小窍门等交流圈子；开发了"作品网上征集评比系统"，为活动参与者提供了网上作品提交、作品投票点评的互动交流平台；搭建了"北京市公众科学素质调查平台"，通过在线答题的方式统计北京市各区县科学素质情况。借助新媒体优势，加强与公众的互动。

（2）开通适用于移动终端的应用程序，加强互联网科普服务的人性化

开通科普类微信公众号，将科普服务与公众连接起来。中国科普研究所打造了"科学媒介中心"公众号；中国科学院创立了"中科院之声"公众号；北京市科委指导，北京市科技传播中心创建了"全国科技创新中心"公众号；北京市科协打造了"蝌蚪五线谱"公众号；《北京科技报》推出了"掌上科普"公众号；饶毅等知名科学家主办了"赛先生"公众号。此外，很多机构和科普类网站推出了相关的科普 App，传播科学知识与科学理念。2015 年 9 月 16 日，中国科协遵循"让科技知识在生活中流行"的宗旨，打造了"炫彩科普中国"App，一方面集中呈现科普信息化资源，发布最新科普资讯，另一方面为用户提供个性化设置。"科学松鼠会"依托其网站推出了科普 App"科学松鼠会"和"果壳精选"；网络问答社区知乎网推出了"知乎日报"科普 App；中国科学院依托其网站推出科普 App"中国科学院"。

（3）全面融入互联网思维，进一步推动互联网科普服务模式的创新

从消费互联网时代进入产业互联网时代后，各级各类科普服务机构在政策的引导下，不仅把互联网看作是消费科普产品的渠道，而且把互联网看作是聚合各种力量开展科普创作的平台，积极发挥"互联网+"在人、物、信

息之间的"连接"作用和"聚合"能量，实现互联网科普服务的跨越提升。中国科协于 2014 年开始会同社会各方面，大力推动"互联网 + 科普"行动计划和科普信息化建设工程，强化互联网思维，以"科普中国"品牌为引领，大力推进互联网科普服务的创新，采用政府购买服务方式，深入探索运用政府与市场资本合作的 PPP 模式，统筹协调各方力量，融合配置社会资源，建立"公私合营、风险共担、互利共赢"的科普公共服务新机制，细分科普对象，推送精准的科普服务产品。另外，为了进一步整合资源，优势互补，发挥协同效应，全面提高移动互联网时代的科普服务能力，北京市科协集合了一批信息化科普产品的顶层设计及前瞻研究单位和多家在网络科普传播建设方面卓有成效的知名网站，同时汇聚了在科普创意研发和传播内容生产上具有实力的知名企业，成立了科普信息化联盟。

3. 贡献与意义

经过服务导向阶段的发展，科普网站在内容质量不断完善提高的过程中带给了用户全新的感受。服务导向阶段对科普网站发展的重要贡献与意义体现在三个方面：一是最大限度地实现科普网站的核心价值，为用户提供高认知度、高满意度的科普服务，使提升全民科学素质的目标与满足用户实际需求高度统一；二是确保科普网站具有持续的生命力，只有始终坚持服务导向，才能够使企业和社会公众想用、爱用科普网站，为科普网站的长久发展注入持久动力；三是创新科普运营模式，改善和提高互联网科普效能，让科普网站成为体现互联网创新思维的重要成果。

二、微博平台发展历史梳理

关于我国微博平台发展历史梳理的相关研究不少，但大多是对 2007 年至 2011 年微博发展历史的分析，针对微博平台最近十年的历史梳理不多。在已有的公开文件或文献中，有从微博本身发展角度进行梳理的，也有从微博传播特点角度进行梳理研究的。

首都互联网协会在《中国微博发展报告（2015—2016 年）》中将微博在

中国的发展历程大致分为五个阶段：萌芽期（2007 年—2009 年 7 月）、初步发展期（2009 年 8 月—2010 年）、繁荣期（2011—2012 年）、调整期（2013—2014 年）、稳定发展期（2015—2020 年）。鲍中义和陈俊在其著作《微博的思想政治功能及实现路径研究——以在校大学生为例》（2019）中从微博用户数量发展变化的角度将我国微博的产生和发展划分为五个阶段，分别是：（1）模仿探路期（2007 年 5 月—2009 年 7 月）。这一时期的主要特征是我国微博还处于创业者们对推特的模仿阶段，只有为数不多的几个小网站提供类似微博的服务，运营管理缺乏经验，在服务和功能上还很不成熟，用户数量较少，关注度低，微博的潜力尚未充分发掘出来。（2）急剧增长期（2009 年 8 月—2011 年 12 月）。这一时期的主要特征是我国各门户网站纷纷进军微博，微博出现了爆发式增长，各种微博像雨后春笋般建立起来，短短一年多的时间，微博成为近一半中国网民使用的重要互联网应用，对中国社会产生了巨大影响。这一时期，微博既成了网民信息获取、互动分享、社会交往及政治参与的重要媒介，又成了新闻发布、舆论传播和企业营销的重要平台。（3）平稳增长期（2012 年 1 月—2013 年 6 月）。这一时期，我国微博结束了数量爆发式增长阶段，微博使用人数平稳增长，网民使用手机上微博的人数也在大幅增长，微博已经发展成为我国网民的主流应用，拥有数量庞大的用户，已成为网民获取和分享信息的重要途径之一。（4）数量下滑期（2013 年 7 月—2014 年 12 月）。这一时期的显著特征是微博使用人数和使用率迅速下滑。微博已经成为个人、社会团体、官方机构、企业单位、新闻媒体的信息发布平台和交流互动平台；微博用户也从早期的以一二线城市为主，逐步向三四线城市乃至更低级别城市地区扩展；微博在舆情发布、舆论引导、参政议政、行为预测、产品营销、意见反馈和售后服务等方面发挥了越来越大的作用。（5）质量提升期（2015 年 1 月至 2020 年）。在这一时期，以新浪为代表的微博运营商坚持去中心化战略，扶植各垂直行业媒体，采取措施刺激微博优质内容的产生，以此维持和吸引活跃用户，使微博用户数量经历 2015 年上半年的触底后，开始稳步增长，微博运营的质量和价值也得到了进一步提升。微博仍是人们获取和分享"新闻热点""舆论导向""专业知识""兴趣内容"以及"社会交往"的重要平台。本书的研究将微博平台科学传播相关内容数据梳理后划分出新的不同发展阶段。

三、微博平台科学传播发展历史阶段梳理

通过数据分析,可以看到从 2009 年至 2020 年微博科学传播用户及科学传播信息内容的一些发展趋势,以下是相关内容发展趋势图。

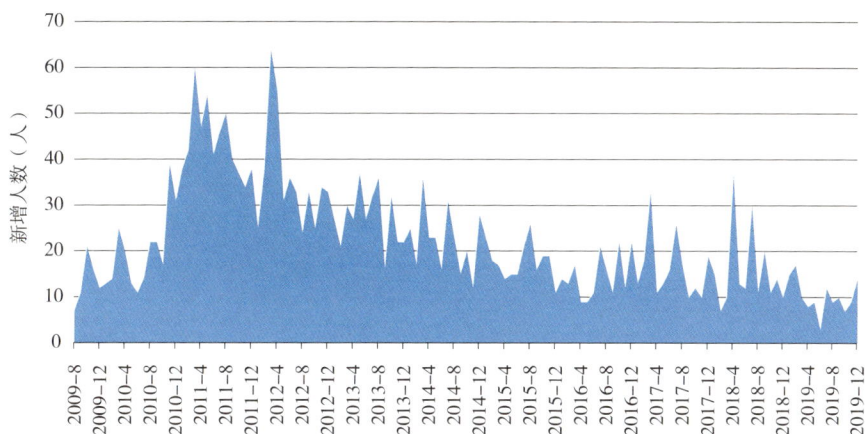

图 2-1 2009 年 8 月—2019 年 12 月科学传播微博用户注册发展趋势

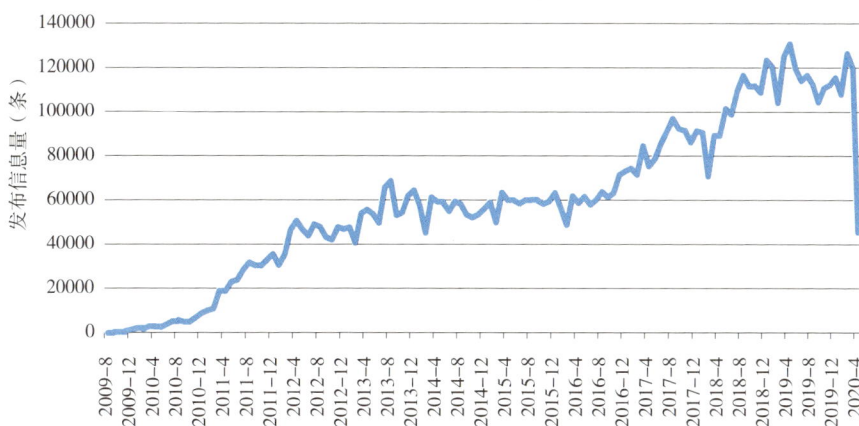

图 2-2 2009 年 8 月—2020 年 4 月科学传播微博信息传播发展趋势

图 2-3　2009 年 8 月—2020 年 4 月科学传播微博互动趋势

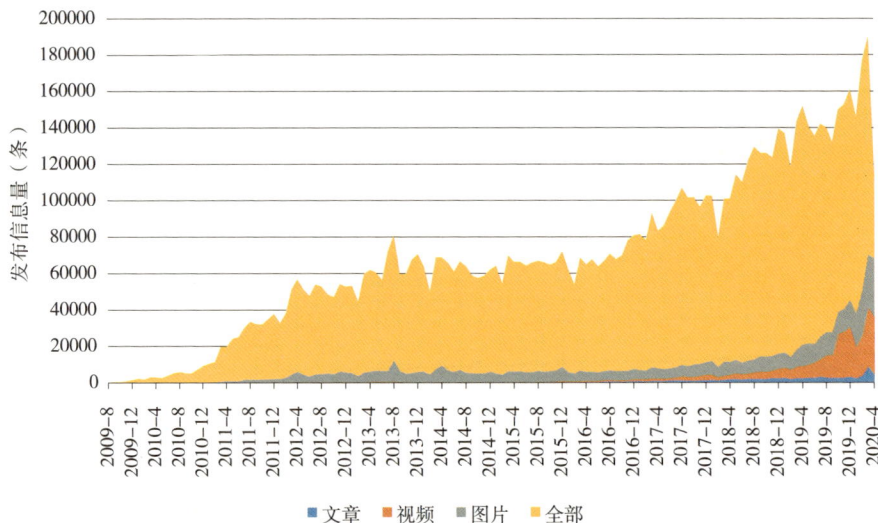

图 2-4　2009 年 8 月—2020 年 4 月科学传播微博内容形式发展趋势

从科学传播微博用户数量变化趋势和传播信息数量变化趋势来看，微博平台科学传播发展历史阶段与微博平台发展阶段基本一致，大体可以分为以下三个阶段。

（一）建设期（2009—2013 年）

这一阶段具有如下特点：

1. 微博科学传播用户注册的高峰期和密集期。从 2009 年至 2013 年，微博科学传播用户注册数量逐年增加。机构用户注册高峰在 2012 年 3 月；个人用户注册高峰在 2011 年 3 月，次高峰为 2011 年 8 月和 2012 年 4 月；认证用户注册高峰在 2012 年 3 月，次高峰为 2011 年 5 月；未认证用户注册高峰在 2012 年 4 月，次高峰为 2011 年 3 月；政府部门的注册高峰在 2011 年 8 月，次高峰为 2011 年 11 月；社团组织的注册高峰在 2012 年 3 月，次高峰为 2013 年 4 月；科研机构的注册高峰在 2011 年 10 月；媒体微博的注册高峰在 2013 年 10 月。

2. 微博科学传播信息发布数量大幅增长。2009 年发布信息 3201 条，到 2013 年底，发布信息数量高达 671915 条，这个阶段是微博信息发布数量增长最快的时期。

3. 微博科学传播形式主要是图片。这一阶段微博传播形式有图片和视频等，图片最多，其次是视频。图片微博数量是视频微博的几十倍。

4. 这一阶段传播信息数量多的话题主要有＃虫居乘语＃、＃李龙臣＃、＃地震快讯＃、＃科普之窗＃、＃植物帮帮看＃、＃天津天气＃、＃微评＃、＃幻想精灵＃、＃微科普＃、＃原来如此＃、＃果壳科技日历＃、＃萌物鉴定＃、＃每日点评＃、＃今天＃、＃警报速递＃、＃健康资讯＃等（按照微博信息数量多少排序）。这一阶段传播内容的高频词主要是地震和中国地震台网、震源、北纬、深度、速报等地震相关词汇。

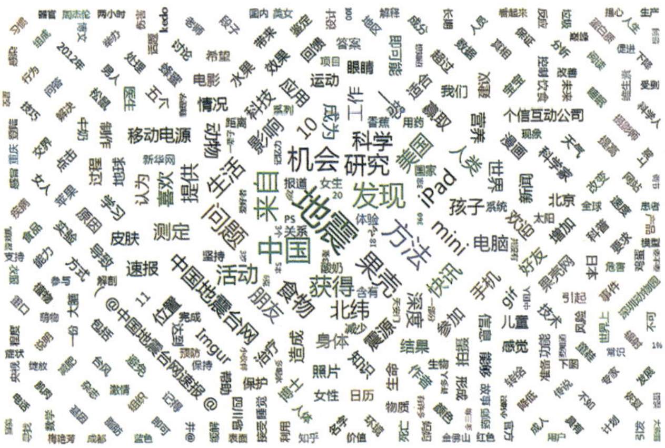

图 2-5　2009 年 8 月—2013 年 12 月科学传播微博内容高频词

5. 微博互动情况以转发为主，互动话题围绕微博本身用途。这一阶段的微博互动情况可描述为：转发频次最多、评论频次次多、点赞频次相对较少。微博互动指数高的话题大部分是一些非科学类话题，例如 # 一爱到底 #、# 筑梦成真 #、# 微群发博更清爽 #、# 微群回复可配图 #、# 微群大变身 # 等。从互动的话题可看出，微博用户这一阶段最关注的话题还是与微博本身的使用紧密相关的话题。

图 2-6　2009 年 8 月—2013 年 12 月科学传播微博互动指数高的话题

（二）调整期（2014—2016 年）

1. 微博科学传播用户注册数量增速放缓。相比前一阶段的高增长，这一阶段微博科学传播用户注册数量增长幅度明显减弱，一共仅新增用户 122 个，其中 2014 年新增了 58 个用户，2015 年和 2016 年分别新增 27 和 37 个用户。

2. 微博科学传播信息发布数量平稳缓慢增加。2014 年微博发布信息数量为 671768 条，与 2013 年相比略有减少；2015 年微博发布信息数量为 713769 条，2016 年发布 740410 条。

3. 微博科学传播形式更加丰富，文章类微博数量开始增多。这一阶段的传播形式除了图片和视频以外，2015 年 12 月文章的微博传播形式数量有所增加。截至 2016 年 12 月，文章类微博已经达到 806 个。

4. 这一阶段发布信息数量多的传播话题主要有 #陕西科普#、#地震快讯#、#科普漾濞#、#天文酷图#、#制造业强国#、#科普巍山#、#预警信息#、#芝麻开门#、#微科普#、#全民科学素质提升专项行动#、#祝您健康信箱#、#国家地理纪录片#、#机械快车#、#科普大理市#、#多肉工厂#、#科普南涧#等。相比上一阶段的高频词主要集中在地震类词汇，这一阶段的微博内容高频词分布比较综合，有知乎、博物杂志等微博用户名称，也有地震、宇航、动物、植物等科普类词汇。

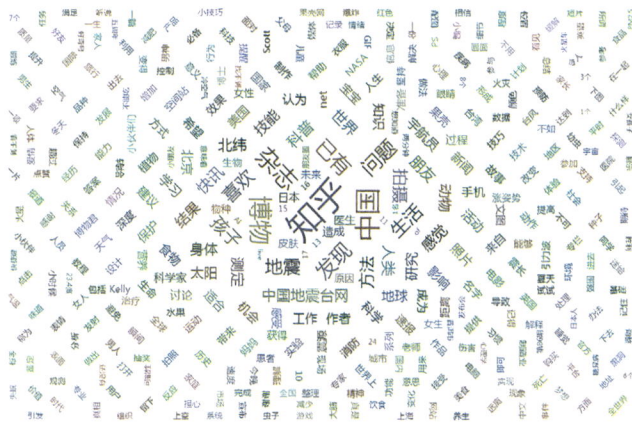

图 2-7　2014—2016 年科学传播微博内容高频词

5. 微博互动形式以点赞为主。从 2016 年 4 月开始，点赞频次超越了转发频次和评论频次，成为主要互动形式。与上一阶段相比，这一阶段各种形式的互动频次均有所减少。这一阶段的互动指数比较高的话题主要有 #地震快讯#、#好奇博士#、#制造业强国#、#强行科普#、#笑话#、#酷炫科普小短片#、#好奇微博#、#诺贝尔奖#、#昆航生日请客小伙伴集体点赞#、#医生我有病#、#中国人应该这样用药#、#探知未来#、#科普创新实验大赛#、#天宫神舟发射#、#微博物候# 等。

图 2-8　2014—2016 年科学传播微博互动指数高的话题

（三）发展期（2017—2020 年）

1. 微博科学传播用户注册数量新增幅度加大。一共新增用户 229 个，其中，2017 年增加 101 个用户，2018 年增加 113 个用户，2019 年增加 15 个用户。

2. 微博科学传播信息发布数量稳步增长。2017 年微博发布信息 1021473 条，2018 年发布信息 1224538 条，2019 年发布信息 1388465 条。

3. 微博科学传播形式趋向以视频居多。2019 年 9 月之前一直都是图片类微博比视频类微博数量多，从 2019 年 9 月开始，视频类微博的数量比图片类微博多了。原因是新浪微博在 2017 年以前主要关注 PGC（专业生产内容）的生产和分发，这一时期的短视频数量虽然逐年上升，但尚未形成规模。自 2017 年始，新浪微博将产品重心转移到 UGC（用户原创内容）的视频领域，激发用户生产内容，引来了短视频的生产浪潮。

4. 这一阶段微博信息传播数量多的话题主要有 #科普#、#微博公开课#、#趣味科普#、#趣味实验#、#趣味实验室#、#科普大作战#、#白菜情报局#、#地震快讯#、#科技#、#制造业强国#、#陕西科普#、#每日健康百科#、#天文#、#预警信息#、#多肉工厂#、#动物世界#等。从这一阶段高频词有地震、测定、北纬、震源、深度、消防、科普、消防员、科技、科学、技术、冠状病毒、肺炎、火灾、疫情、动物、气象、知识、台风、口罩等，基本包括了这几年间的社会热点事件。

图 2-9　2017—2020 年科学传播微博内容高频词

5. 微博互动以点赞形式最多，互动话题以爱国抗疫为主。微博互动形式中，点赞频次最高，其次是转发频次，最后是评论频次。这一阶段，微博互动指数比较高的话题有 #汶川大地震 10 年#、#14 亿人为你庆生#、#五星红旗有 14 亿护旗手#、#我深深地爱着这个国家#、#武汉加油#、#清明祭#、#中国有我#、#国庆阅兵#等。

图 2-10　2017—2020 年科学传播微博互动指数高的话题

小　结

　　总的来说，从 2009 年至 2020 年的数据发展趋势图来看，微博平台科学传播发展趋势与微博本身发展趋势基本一致。从每个阶段来看，微博平台科学传播发展阶段与微博本身发展阶段相比有一定的滞后性，微博平台科学传播发展历史也分为三个阶段，分别是建设期、调整期和发展期。建设期主要任务是各类科学传播机构、组织及个人在微博平台注册账号，是科学传播微博基础建设阶段；调整期的主要任务是随着整个微博平台战略调整，科学传播微博也进入调整阶段；发展期是微博科学传播稳步发展的一个阶段。

　　科学传播类微博在不同历史阶段发布的信息都以科普类和科技类内容为主，互动话题偏重社会热点问题或事件。在建设期，互动形式以转发为主；在调整期和发展期，互动形式以点赞为主。

第三章 微博平台科学传播主体（用户）分析

我国科普事业一直以来就受到国家关注，以 1994 年中共中央和国务院发布的《关于加强科学技术普及工作的若干意见》为转折点，此后我国科普政策逐渐体系化，并且逐步完善。1996 年 2 月，首次全国科普工作会议在北京召开，会上提到把科普列入政府的工作范围，并倡导各类工作者作为社会力量加入进来。2000 年，科技部发布了《2000—2005 年科学技术普及工作纲要》，提出要推动科普工作的社会化，要"开创政府组织协调，各类科普专业团体、大众传播、社区组织和社会各界共同推动科普工作的兴旺局面"。2002 年《中华人民共和国科学技术普及法》第一次将科学传播以法律条文的形式固定下来，并进一步具体规定政府、企业、大众传媒、科研机构、教育机构、社会团体等的角色定位。2006 年出台了《国家中长期科学和技术发展规划纲要（2006—2020 年）》，提到加强科普场馆的建设，"建立科研院所、大学定期向社会开放制度"，"加强政府部门、社会团体、大型企业等各方年的优势集成，促进科技界、教育界和大众媒体之间的协作"。2006 年国务院颁发《全民科学素质行动计划纲要实施方案（2006—2020 年）》，提出各主体科学传播活动遵循的思路。2007 年，科技部、中宣部、中国科协等单位联合出台了《关于加强国家科普能力建设的若干意见》，提出加强国家科普能力建设的保障措施，要营造一个激励全社会广泛参与科普事业发展的社会环境，推动我国科普能力的不断增强，促进公民科学素质不断提高。应该说，微博平台科学传播主体（用户）也是我国科普事业发展的一支重要力量。

分析近年来研究微博科学传播的论文，多采用对比分析的方法对科学传播的对象、方式、内容等展开研究，但对科研机构、教育机构、事业单位等微博主体开展科学传播的分析研究相对较少。2012 年王玉华等提出，包括微博在内的新媒体科普号是新兴的科普形式，借助其专业的队伍和深厚的专业背景，可以取得良好的传播效果。2014 年李浩鸣等认为，企业把通过开通实名认证微博等社交媒体作为开展科技传播的重要渠道，但存在商业推销痕迹明显、科普"公益效应"弱化的问题。企业官方微博已成为科技型企业进行科技传播、宣传自身品牌、传递企业文化、表达社会观点的重要窗口。2016 年，刘茜等通过比较不同类型的气象政务微博的影响力以及各要素贡献，认为与民间科普组织相比，政务微博大都注重围绕时事热点进行科学传播。2018 年王蕊、郑永春等提出，微博平台科普传播具有互动性，传播范围广并且具有聚合性，科普作者可以摆脱以往单向的、垂直的问答方式，转化为科普问答的循环圈。2019 年王晓萍通过研究发现，从微博科普传播整体角度而言，政府微博平台科学传播并未形成一个良好的生态圈。2019 年王蕊等提出媒体微博在面对突发事件时，要厘清道德伦理和科学技术的界限。

以上研究中提到了不同类型的用户主体，本章内容将对微博科学传播用户主体按照一定维度进行分类，分析每类主体的数量比例分布与内部构成；研究各类主体在微博平台科学传播方面的特点，具体包括微博信息传播数量、传播内容主题、传播时间分布、传播地域分布、传播互动形式等；分析不同类型主体之间的互动关系；总结分析不同类型主体的科学传播行为特征。

一、微博科学传播主体概况

（一）微博科学传播主体构成分类

在通过大数据技术抓取出来的 2768 个微博科学传播用户中，按照属性划分，有机构用户 1342 个，个人用户 1426 个。在机构用户中，包括社团组织微博 418 个，企业微博 264 个，媒体微博 210 个，事业单位[①]微博 158 个，教育机构微博 127 个，政府微博 89 个，科研机构微博 34 个，其他微博 42 个。自 2009 年 8 月至 2020 年 4 月，这 1342 个机构用户和 1426 个个人

---

① 本研究中的"事业单位"，主要指的是政府部门所属事业单位和科研院所下属事业单位。小于一般事业单位定义。这样的分类方法是考虑到有些事业单位无法划分到科研机构或其他合适的类别里。

用户共发布信息 7721511 条，其中，机构类微博共发布信息 3085737 条（政府部门微博 700671 条，社团组织微博 568442 条，科研机构 56851 条，媒体 715657 条，事业单位 484986 条，教育机构 70162 条，企业用户 346720 条，其他用户 142248 条）；个人微博发布信息 4635774 条。

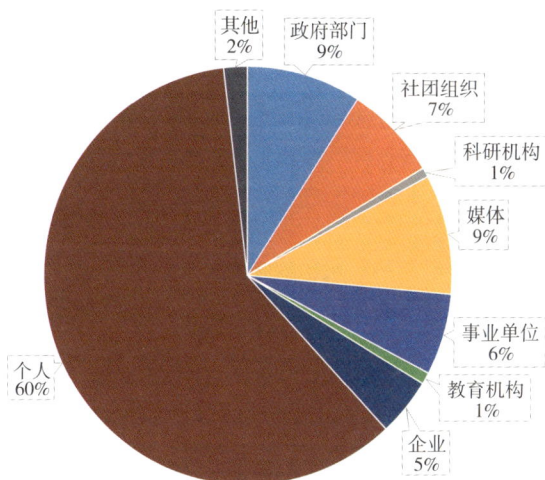

图 3-1 各主体发布微博信息数量占比统计

从图 3-1 可以看出，在这十年间，科学传播类个人微博发布信息数量大于机构微博，个人用户在微博平台的科学传播更为活跃。在机构类微博中，教育机构和科研机构发布微博信息量相对较少，均只占总数的 1%。

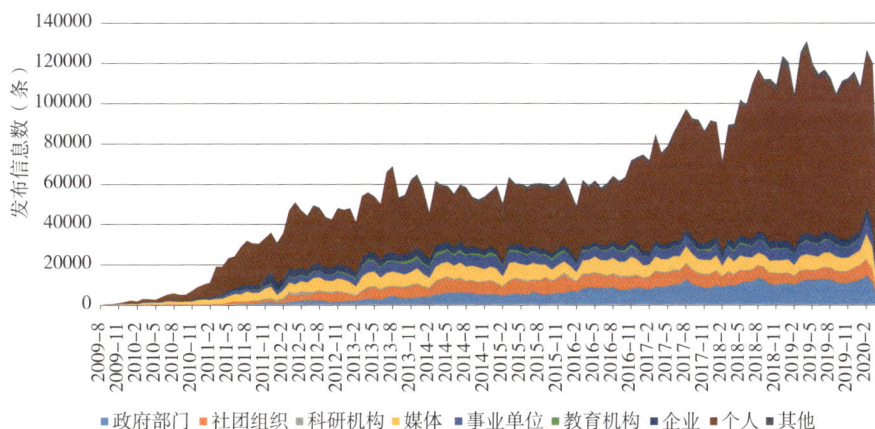

图 3-2 各主体发布微博信息数量变化趋势

图 3-2 是从 2009 年 8 月至 2020 年 4 月不同类别用户主体在微博平台上发布信息的数据趋势图。从图中可以看出，总的来说，呈现上升趋势。

（二）微博主体认证状态

从 2009 年 8 月至 2020 年 4 月，微博平台科学传播的主体共有 2768 个，其中认证用户 1546 个，未认证用户 1222 个。机构用户主要包括：政府部门有 89 个，已认证 79 个，未认证 10 个；社团组织 418 个，已认证 192 个，未认证 396 个；科研机构 34 个，已认证 21 个，未认证 13 个；媒体 210 个，已认证 149 个，未认证 61 个；事业单位 158 个，已认证 117 个，未认证 41 个；教育机构 127 个，已认证 34 个，未认证 93 个；企业 264 个，已认证 155 个，未认证 109 个；其他用户 42 个，已认证 42 个，未认证 0 个。除此之外是个人用户 1462 个，已认证 757 个，未认证 669 个。

总的来说，政府部门微博和其他微博的已认证用户比例较高。事业单位、媒体、科研机构、企业和个人微博的已认证比例也均超过 50%，而社团组织和教育机构微博的已认证比例较低。

（三）微博主体所在地域

在 2768 个微博平台科学传播主体中，按照各主体的注册属地数量排序，分为五档，第一档为北京市，有 796 个科学传播类微博用户，占全国科学传播类微博主体总数的 29%；第二档为广东省和上海市，微博科学传播用户数分别为 261 个和 201 个；第三档为浙江省和江苏省，微博科学传播用户分别为 118 个和 107 个；第四档为科学传播类微博主体数量在 50—100 个之间的省份，分别为湖北省、四川省、山东省、河南省、云南省、福建省、安徽省、湖南省以及海外；第五档为科学传播类微博主体数量在 50 个以下的省级行政区，共有 21 个，约占全国总数的 58.3%，具体包括重庆市、甘肃省、河北省、陕西省、辽宁省、山西省、江西省、天津市、广西壮族自治区、内蒙古自治区、吉林省、黑龙江省、香港特别行政区、贵州省、新疆维吾尔自治区、海南省、青海省、宁夏回族自治区、西藏自治区、台湾地区、澳门特别行政区。

可见，微博平台的科学传播主体分布密度与所在地域的经济、科技发展水平紧密相关。一半以上的微博主体分布在北上广和苏浙等经济发达地区，比较来说，经济欠发达地区的微博主体分布较少。

具体来说，北京最多的是个人、媒体、企业、社团组织、事业单位类微博主体，说明北京的科研人员或者说科技爱好者在利用微博开展科学传播方面走在全国前列，当然这也和北京丰富的科技人才资源紧密相关。广东省较多的是政府、社团组织、企业、事业单位和个人类微博主体，尤以政府部门较为突出，表明广东省政府部门注重利用微博平台开展科学传播。上海市社团组织、事业单位、企业和个人类微博主体数量较多，表明上海市科学传播爱好者在微博平台开展科学传播的积极性很高，这与上海市经济发达、城市包容性强、人才资源丰富有很大关系。浙江省社团组织和教育机构、个人类微博主体较多，说明浙江省科研人员重视在微博平台进行科学传播。江苏省和浙江省类似，但是教育机构微博主体数量偏少。湖北省、四川省、山东省、河南省表现相近，社团组织和个人类是主要的微博主体，其余主体数量偏少，社团组织和个人类微博数量较多与这些省份的人口数量多有很大关系。值得一提的是，四川省政府部门微博平台科学传播主体数量位居全国第二，这与四川省自然灾害多发密不可分。云南省社团组织微博数量较为可观（见表3-1）。

表3-1　各类微博主体所属地域数量统计表

地区	政府部门	社团组织	科研机构	教育机构	媒体	企业	事业单位	其他	个人	合计
北京	3	49	6	11	106	77	35	32	477	796
广东	20	44	3	8	8	35	24	1	118	261
上海	2	43	2	4	11	28	21	2	88	201
其他	0	8	0	5	7	8	1	0	99	128
浙江	1	27	0	11	6	12	5	0	56	118
江苏	3	18	3	4	4	12	8	0	55	107
湖北	3	15	4	8	6	9	2	0	47	94
四川	7	14	3	7	5	8	8	1	39	92

续表

地区	政府部门	社团组织	科研机构	教育机构	媒体	企业	事业单位	其他	个人	合计
山东	5	14	1	7	6	10	3	1	44	91
河南	3	22	1	6	5	7	4	0	36	84
云南	0	40	1	4	0	3	4	0	32	84
海外	0	0	1	0	1	0	0	0	72	74
福建	1	6	1	5	3	5	4	0	41	66
安徽	4	21	0	7	0	3	2	0	26	63
湖南	2	7	0	3	4	7	1	1	25	50
重庆	0	17	0	8	6	2	2	1	11	47
甘肃	4	11	1	6	2	5	2	0	10	41
河北	5	8	1	2	0	3	4	1	14	38
陕西	3	6	1	4	5	3	3	0	13	38
辽宁	4	1	1	1	3	4	5	1	17	37
山西	2	7	1	0	5	5	2	1	14	37
江西	3	7	0	5	3	5	0	0	12	35
天津	1	4	1	1	2	4	4	0	18	35
广西	0	4	0	6	0	2	4	0	6	22
内蒙古	3	6	0	0	0	0	5	0	7	21
吉林	3	4	0	1	2	1	0	0	9	20
黑龙江	2	4	0	1	4	0	0	0	5	16
香港	0	0	0	0	0	0	1	0	15	16
贵州	0	5	0	1	2	1	1	0	3	13
新疆	2	0	0	0	0	1	2	0	6	11
海南	1	0	0	0	1	1	0	0	5	8
青海	1	1	1	0	0	2	1	0	2	8
宁夏	0	5	0	0	0	0	0	0	0	5
西藏	1	0	0	0	2	0	0	0	1	4
台湾	0	0	0	0	1	0	0	0	3	4
澳门	0	0	1	1	0	1	0	0	0	3
合计	89	418	34	127	210	264	158	42	1426	2768

二、各类科学传播微博主体分析

（一）政府微博主体

政府是社会资源的管理者和监督者，是公众心中的官方科学传播者，在科学传播中具有权威性强、影响力大、占有资源多等特征。政府不仅是微博平台科学传播的主动方，是科学传播产品的供给者，同时也是科学传播内容的获取与接收方。

1. 政府微博传播主体构成

本研究中，政府部门主办的微博一共有 89 个，共发布微博 700671 条，平均每个账户发布微博约 7873 条。从政府微博主体的主办部门来看，主要是应急、气象等安全管理部门创办，其次是公安、科技、市场监管、卫健等其他政府部门，占比较低的是司法行政、生态环境、文化体育、宣传等部门。

政府部门微博发帖数量，广东省遥遥领先。分析发现，广东省的政府微博主办单位多为各地气象部门和地震局，如江门天气、湛江天气等，与应急管理挂钩。

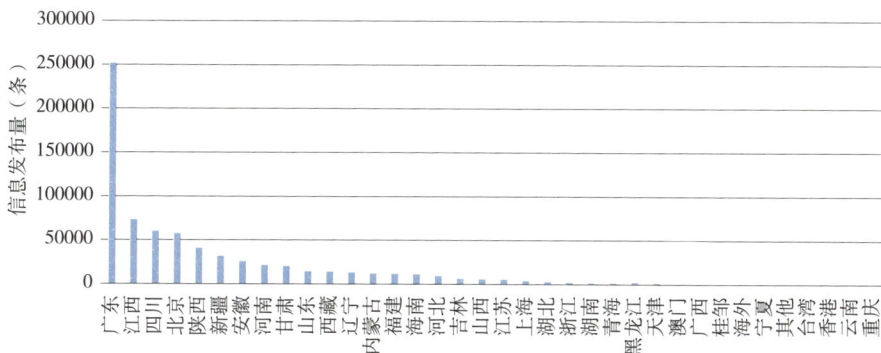

图 3-3 政府部门微博发帖数量地区排名

按照发帖数量的排行，前 10 名政府部门微博名称分别是南昌天气、中国消防、双流区市场监管局、江西消防、南海天气、法治西安、高明天气、吴川天气、新疆地震局、陕西省地震局（见表 3-2）。

表 3-2　发帖数量排名前 10 的政府部门微博

序号	名称	行业类别	认证名称	关注数量	粉丝数量	微博数量	微博链接
1	南昌天气	政府—气象	南昌市气象局官方微博	906	420858	41410	https://weibo.com/nctqyb
2	中国消防	政府—应急—消防	应急管理部消防救援局官方微博	982	4874670	36219	https://weibo.com/smtdtyhd
3	双流区市场监管局	政府—市场监管—药监	成都市双流区市场监督管理局	377	2390	28607	https://weibo.com/u/2885412784
4	江西消防	政府—应急—消防	江西省消防救援总队官方微博	1088	547489	27743	https://weibo.com/u/1986679210
5	南海天气	政府—气象	佛山市南海区气象局官方微博	228	107156	26057	https://weibo.com/nhqxt
6	法治西安	政府—司法行政	陕西省西安市司法局官方微博	943	114856	22106	https://weibo.com/u/3870807478
7	高明天气	政府—气象	佛山市高明区气象局官方微博	117	45924	22092	https://weibo.com/gmqxt
8	吴川天气	政府—气象	吴川市气象局官方微博	76	7070	19006	https://weibo.com/u/2655187151
9	新疆地震局	政府—应急—地震	新疆地震局官方微博	502	1305284	18796	https://weibo.com/xjdzj
10	陕西省地震局	政府—应急—地震	陕西省地震局官方微博	1028	94571	18282	https://weibo.com/sxsdzj

　　按照粉丝数量多少排名，前 10 位的政府微博是中国消防、新疆地震局、北京市地震局、江西消防、南昌天气、江门天气、湛江天气、甘肃消防、内蒙古天气、北京文博。与发帖数量前 10 有 4 个重合，分别是中国消防、新疆地震局、江西消防、南昌天气（见表 3-3）。

表 3–3　粉丝数量排名前 10 的政府部门微博

序号	名称	行业类别	认证名称	关注数量	粉丝数量	微博数量	微博链接
1	中国消防	政府—应急—消防	应急管理部消防救援局官方微博	982	4874670	36219	https://weibo.com/smtdtyhd
2	新疆地震局	政府—应急—地震	新疆地震局官方微博	502	1305284	18796	https://weibo.com/xjdzj
3	北京市地震局	政府—应急—地震	北京市地震局官方微博	268	1132819	11212	https://weibo.com/bjsdzj
4	江西消防	政府—应急—消防	江西省消防救援总队官方微博	1088	547489	27743	https://weibo.com/u/1986679210
5	南昌天气	政府—气象	南昌市气象局官方微博	906	420858	41410	https://weibo.com/nctqyb
6	江门天气	政府—气象	广东省江门市气象局官方微博	146	418260	17735	https://weibo.com/jmweather
7	湛江天气	政府—气象	湛江市气象局官方微博	92	357826	17774	https://weibo.com/zj12121
8	甘肃消防	政府—应急—消防	甘肃省消防救援总队官方微博	583	198478	14294	https://weibo.com/gansufire119
9	内蒙古天气	政府—气象	内蒙古自治区气象局官方微博	323	176524	10673	https://weibo.com/nmgqxfw
10	北京文博	政府—文旅—文化管理	北京市文物局官方微博	117	176223	6519	https://weibo.com/u/2611704871

结论：2009 年 8 月至 2020 年 4 月，新浪微博平台上一共有 89 个政府部门科学传播微博，共发布微博信息 700671 条，平均每个微博发布信息约 7873 条；政府微博发帖数量最多的地区是广东省；政府科学传播微博主要由地震、气象、消防、应急等灾害应急处置管理部门主办。

2. 政府微博用户数及发布信息量趋势

通过对政府部门微博用户注册时间的统计，发现政府部门微博的注册时间具有间断性，不是每个月都有新的注册用户。2010 年 12 月，注册了第一个政府部门的微博，2011 年 8 月是历年注册量最多的月份，当月注册量为 6 个。2011 年至 2014 年，政府部门的微博注册量是较为可观的。2015 年后，政府微博注册量较少，只有三个月的注册量超过 1 个，分别是 2017 年 3 月 2 个、6 月 2 个和 8 月 3 个。可见，政府部门微博用户的增加主要是在 2011—2014 年。

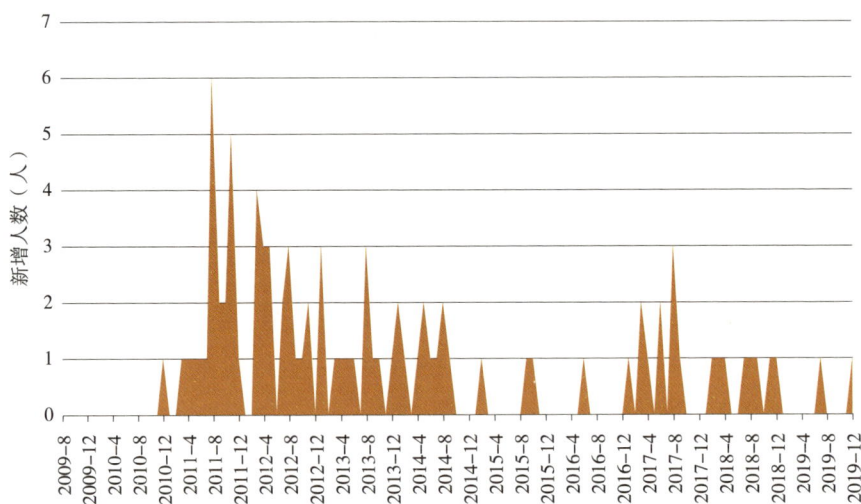

图 3-4　政府部门微博用户注册发展趋势

通过 2009 至 2020 年政府部门微博发布信息数量月度趋势图可以得知，其传播数量总体呈现稳健上升趋势，发展态势良好。

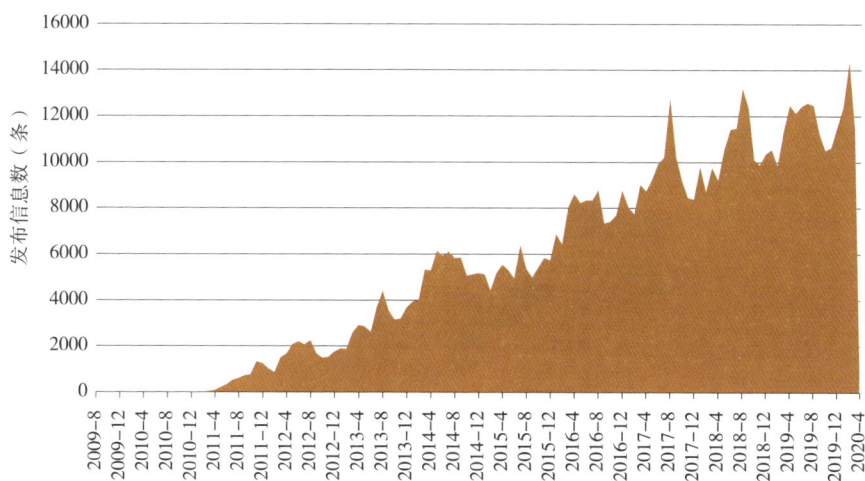

图 3-5　政府部门微博科学传播信息量月度趋势图

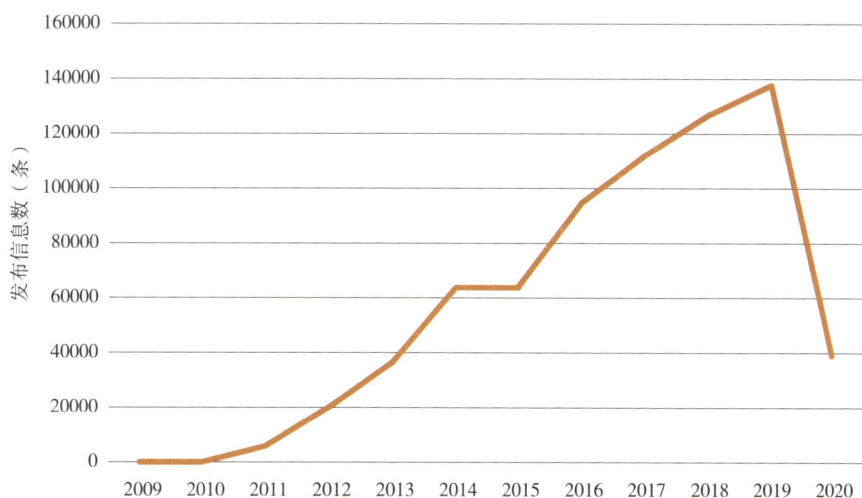

图 3-6　政府部门微博科学传播信息量年度趋势图

从微博活跃时段分布趋势来看，政府部门微博每天最为活跃的时间是 15:00—17:00，其次是 8:00—11:00。

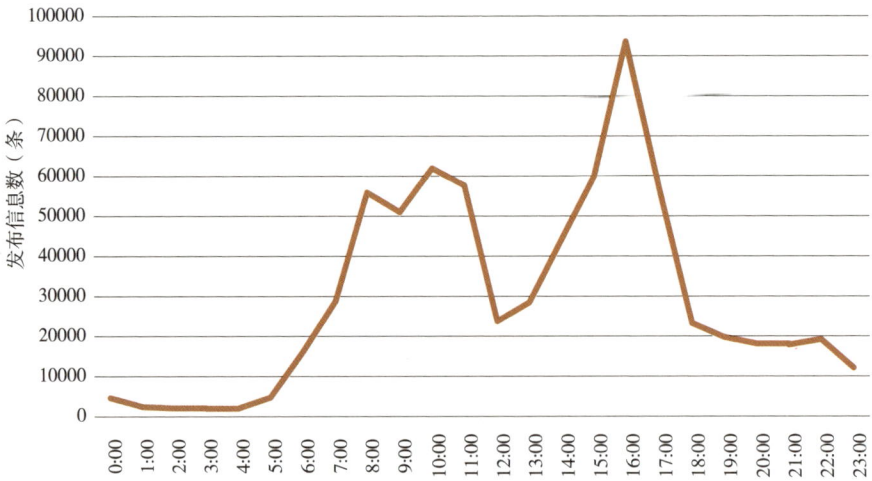

图 3-7 政府部门微博每天活跃时段分布

结论：政府部门微博发布科学传播内容信息量历年来一直呈现总体稳步增长的态势，2019 年发布信息数量高达 137647 条，2020 年 2 月是有史以来发布信息量最多的月份；用户的注册高峰期是 2011 年至 2014 年；微博每天的活跃时段是 08:00—11:00 和 15:00—17:00。

3. 政府部门微博主要传播话题

通过梳理 2010 年至 2020 年的政府部门微博话题信息，可以看到，政府部门原创微博话题指数总体偏低，排在前三位的是 # 全国消防宣传月 # 话题指数 1113277、# 逆火英雄 # 话题指数 861332、# 印象火焰蓝 # 话题指数 813594，这三个都是 2019 年的话题。

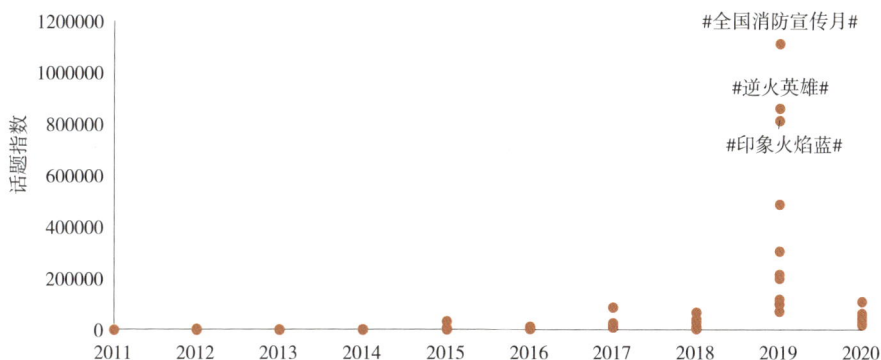

图 3-8　政府部门微博排名靠前的原创微博话题指数

通过转发微博话题指数排行可见，指数较高的话题均分布在 2018 年及以后，这些指数较高的话题与灾害类事件以及爱国情怀关联度较高。指数较高的话题有 # 汶川大地震 10 年 #、# 五星红旗有 14 亿护旗手 #、# 中国有我 # 等。

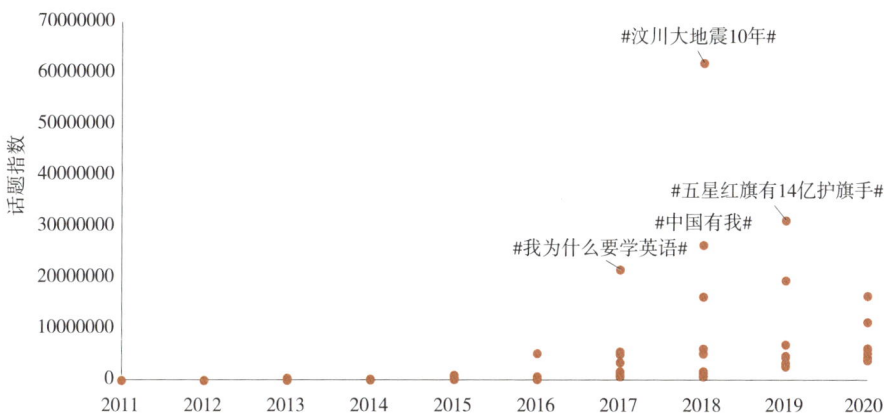

图 3-9　政府部门微博排名靠前的转发微博话题指数

图 3-10 政府部门微博原创微博话题词云

政府部门微博转发的微博话题词云与转发微博话题指数排行的话题基本一致。

图 3-11 政府部门微博转发微博话题词云

结论：政府部门微博的原创微博话题指数比转发微博话题指数低；政府部门微博科学传播话题主要包括两部分，一是与灾害相关的话题，二是抒发爱国情绪方面的话题。其中原创话题偏重于与灾害相关的话题，转发话题偏重于爱国情绪抒发的话题。

4. 政府部门微博的内容传播形式

政府部门微博科学传播的主要形式是图片，占比 63%，其中原创图片占比 22%，转发图片占比 41%；次要传播形式是视频，占比 32%，其中原创视频占比 13%，转发视频占比 19%；文章的占比最低，仅有 5%，原创文章占比 3%，转发文章占比 2%。

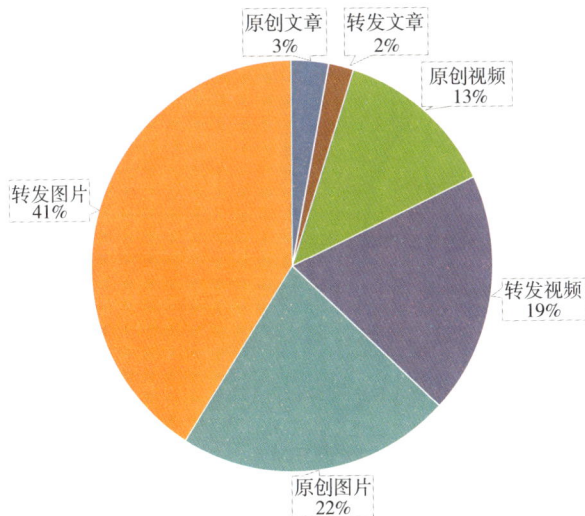

图 3-12 政府部门微博主要传播形式分布

从整体来看，政府部门微博传播的三种形式在 2018 年之前都处于低水平状态。2013 年 8 月到 2014 年 12 月，政府部门微博采用的主要传播形式是图片。2018 年 7 月后，文章和视频的传播数量显著增加，并在 2020 年的数据取样时段出现明显的数据峰值。

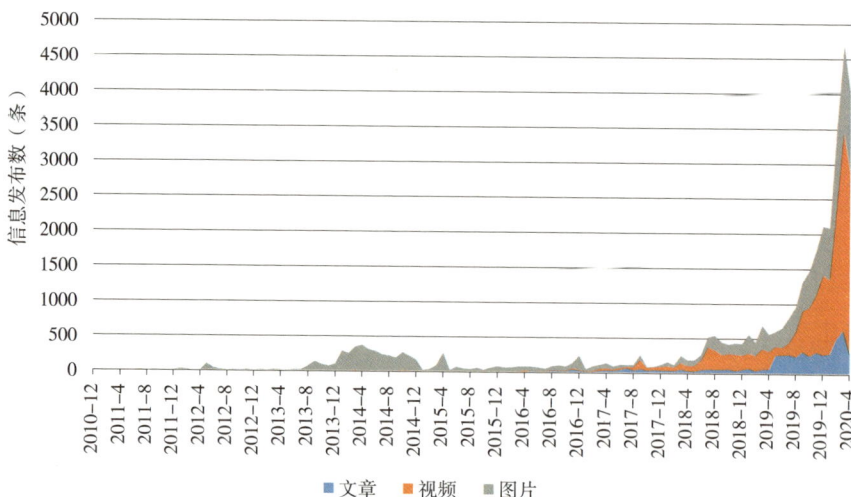

图 3-13　政府部门微博主要传播形式发展趋势

结论：政府部门微博科学传播的主要形式是图片，其次是视频和文章。近年来视频和文章类微博显著增加。

5. 政府部门微博传播互动效果

政府部门微博原创内容点赞次数 21313908 次，转发内容点赞次数 1425172 次；原创内容评论互动次数 5157865 次，转发内容评论互动次数 471571 次；原创内容转发互动次数 10675379 次，转发内容的转发互动次数 1313174 次。可见，政府部门微博原创内容的互动次数是远大于转发内容的。其中，点赞互动次数最高，而评论互动次数较低；转发内容的转发互动次数与点赞次数相当。

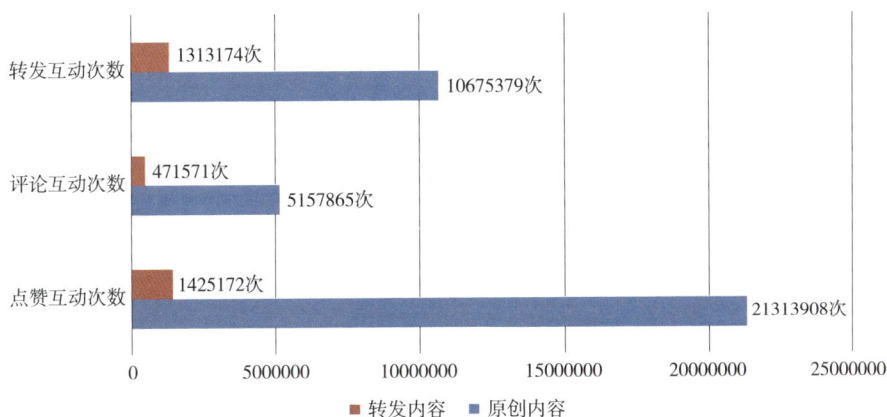

图 3-14　政府部门微博内容互动情况数量统计

2017 年之前，政府部门微博内容点赞次数增长速度较低，之后保持较快增长，尤其在 2019 年增长速度最快；评论次数与点赞次数的态势一致，2019 年增长速度最快；转发次数一直保持低水平的增长，但是有两次非常高的转发量，分别是 2019 年 4 月和 2019 年 11 月。总体上而言，2019 年是政府部门微博互动发展的快速期。

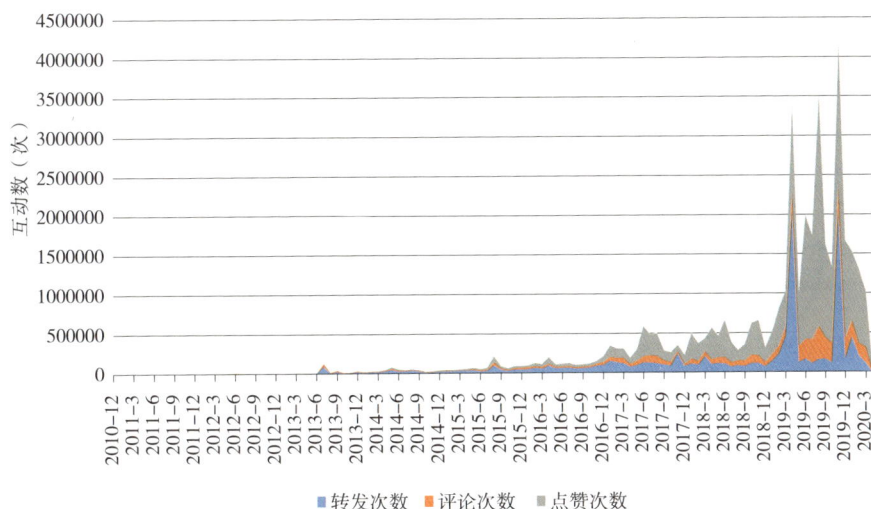

图 3-15　政府部门微博内容互动情况趋势图

结论：政府部门微博原创内容的互动效果要好于转发内容的互动效果；2017 年以后，点赞和评论这两种微博互动形式快速增长，相对来说，评论形式的互动增长较慢。

（二）媒体微博主体

媒体在日常宣传报道中积累了自己特定的受众人群，媒体做科学传播，其传播知识的专业性和可信度具有较为天然的优势。微博作为媒体的传播渠道之一，因内容传播的快速性及与受众互动的便捷性，在科学传播工作中效果更为明显。

1. 传播主体

本研究样本中，传播主体为媒体的共有 210 个，占总量的 7.6%。其中认证用户 149 个，未认证用户 61 个。210 个媒体用户共发帖 715657 条，平均每个媒体用户发帖约 3407 条。从媒体微博的主办单位来看，主要是杂志社创办的杂志微博，其次是出版社、电视台、网站等注册的与报纸、电视、文化体育、电台、新媒体等相关的微博。

其中，北京市的媒体科学传播微博有 106 个，多为杂志社、出版社（集团）、电视台、网站等创办的微博，如：博物杂志、美国国家地理等。注册地为北京市的媒体科学传播微博数量远高于其他省市，相较之下，其他省市的媒体科学传播微博数量均处于较低水平。注册地是北京市的媒体科学传播微博，科学传播信息发布量最高，与其他省市相比，形成较大的领先优势。

从发帖数量来看，排名前 10 的媒体科学传播微博有国家应急广播、中国天气、中国科学报、中国气象科普、电脑爱好者、中国科技网、美国国家地理、中国国家天文、美国国家地理频道、博物杂志（见表 3-4）。

表 3-4　发帖数量排名前 10 的媒体微博

序号	名称	认证名称	关注数量	粉丝数量	微博数量	微博链接
1	国家应急广播	中央人民广播电台国家应急广播官方微博	394	1504730	88371	https://weibo.com/gjyjgb
2	中国天气	中国天气网	579	1109633	42484	https://weibo.com/weather01
3	中国科学报	《中国科学报》官方微博	448	648064	32248	https://weibo.com/kexuebao
4	中国气象科普	中国气象科普网 http://www.qxkp.net/ 官方微博	2357	1494121	23935	https://weibo.com/u/3194920592
5	电脑爱好者	《电脑爱好者》杂志官方微博	161	365934	18698	https://weibo.com/cfan
6	中国科技网	中国科技网官方微博	868	429788	17087	https://weibo.com/wokejistdaily
7	美国国家地理	美国国家地理官方微博	314	14543319	16278	https://weibo.com/geochannel
8	中国国家天文	《中国国家天文》杂志官方微博	876	2143215	13814	https://weibo.com/64807699
9	美国国家地理频道	美国国家地理频道	159	2018640	12779	https://weibo.com/natgeotv
10	博物杂志	博物杂志官方微博	147	11088736	10949	https://weibo.com/bowu

　　从粉丝数量来看，排名前 10 的媒体科学传播微博有中国国家地理旗舰店、中国国家天文、美国国家地理频道、央视军事报道、南海之声、国家应急广播、中国气象科普、美国国家地理、新华网科普频道、博物杂志（见表3-5）。

表 3-5　粉丝数量排名前 10 的媒体微博

序号	名称	认证名称	关注数量	粉丝数量	微博数量	微博链接
1	中国国家地理旗舰店	《中国国家地理》官方旗舰店	237	3775555	4717	https://weibo.com/bookpower
2	中国国家天文	《中国国家天文》杂志官方微博	876	2143215	13814	https://weibo.com/64807699
3	美国国家地理频道	美国国家地理频道	159	2018640	12779	https://weibo.com/natgeotv
4	央视军事报道	中央电视台《军事报道》节目官方微博	119	1969514	9455	https://weibo.com/u/6005843218
5	南海之声	中国国际广播电台南海之声官方微博	242	1876217	6916	https://weibo.com/crinanhai
6	国家应急广播	中央人民广播电台国家应急广播官方微博	394	1504730	88371	https://weibo.com/gjyjgb
7	中国气象科普	中国气象科普网 http://www.qxkp.net/ 官方微博	2357	1494121	23935	https://weibo.com/u/3194920592
8	美国国家地理	美国国家地理官方微博	314	14543319	16278	https://weibo.com/geochannel
9	新华网科普频道	新华网股份有限公司	296	1111126	7190	https://weibo.com/u/5669935523
10	博物杂志	博物杂志官方微博	147	11088736	10949	https://weibo.com/bowu

　　结论：媒体科学传播微博用户共有 210 个，共发布微博 715657 条，平均每个微博用户发布微博约 3407 条；媒体微博主办单位位于北京地区的占比超过一半；媒体微博的主办单位主要有杂志社、出版社、网站、电视台等。

2. 媒体科学传播微博用户数及发布信息量趋势

媒体科学传播微博用户注册量分水岭在 2015 年，2015 年之前基本每个月会有几个新增注册用户，2015 年之后，注册量不仅降低，而且不连续，呈现间断式。可见，媒体微博用户的注册时间主要是 2010 年至 2015 年。

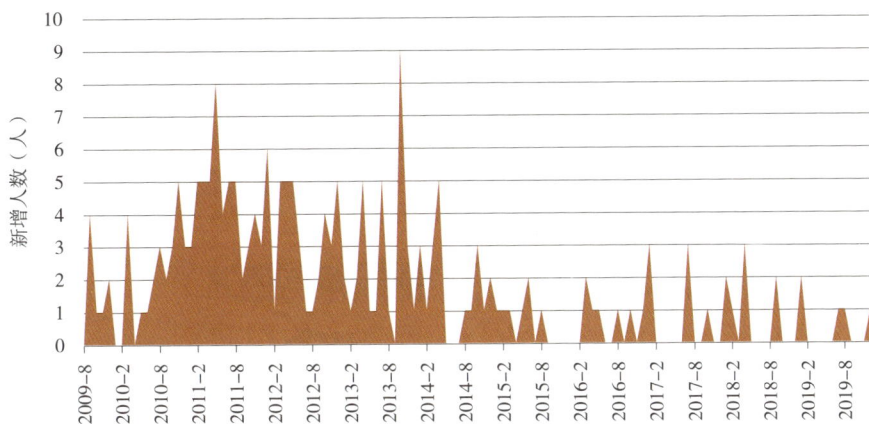

图 3-16　媒体科学传播微博用户注册发展趋势

媒体微博发帖量在 2009 年至 2011 年有较大的增长，此后发展平稳，没有大幅增长；在 2020 年 2 月，媒体的发帖量为 12544 条，为历年月发帖量的顶峰，足见新冠病毒事件的舆论热度。

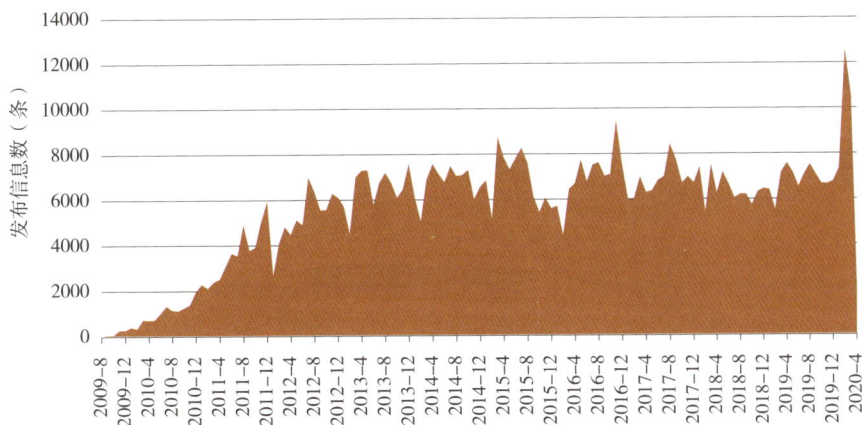

图 3-17　媒体微博科学传播信息量月度趋势图

媒体微博在 2009 年至 2013 年发帖量呈现明显的逐年增长态势，这也是微博平台的快速发展期；2013 年至 2019 年年度发帖量处于相对平稳的发展时期，发帖量没有较大增长。

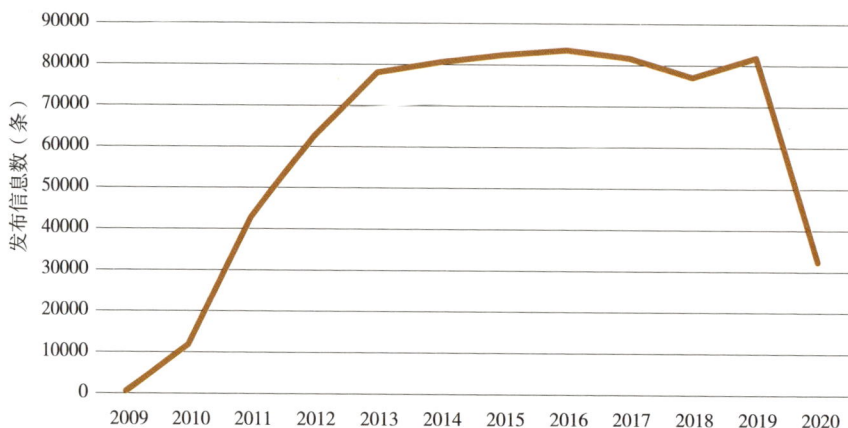

图 3-18 媒体微博科学传播信息量年度趋势图

媒体微博每天的活跃时间是 8:00—11:00、14:00—17:00，相较而言，上午的活跃度高于下午，每天最活跃的时间是 9:00 左右。

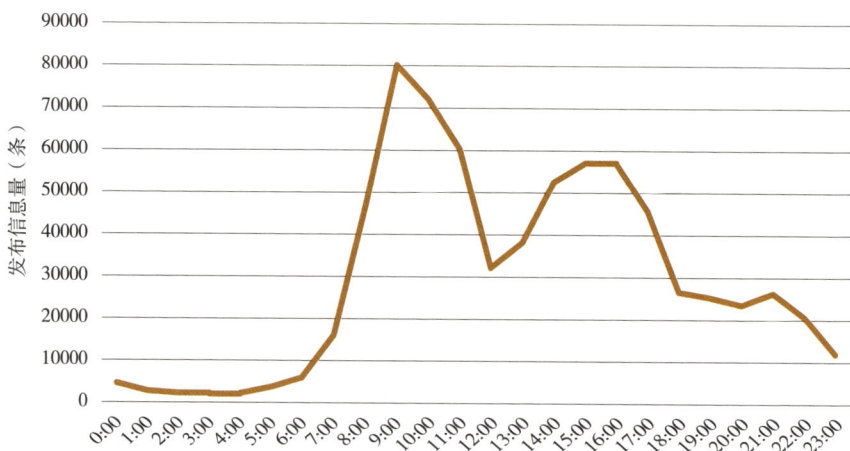

图 3-19 媒体微博每天活跃时段分布

结论：媒体微博用户高峰注册期是 2010 年至 2015 年；微博科学传播信息发帖量呈现先快速增加后稳定维持的发展趋势；媒体微博每天的活跃时间是 8:00—11:00 和 14:00—17:00。

3. 媒体微博主要传播话题

媒体微博关注度较高的话题，与政府微博基本重合，不再赘述。

媒体微博原创话题指数最高的是 # 国家地理世界地球日 #，话题指数 249310；媒体微博转发话题指数最高的是 # 汶川大地震 10 年 #，话题指数超过 30000000。从数据来看，媒体微博原创话题指数和转发话题指数相比，原创话题指数相对较低。

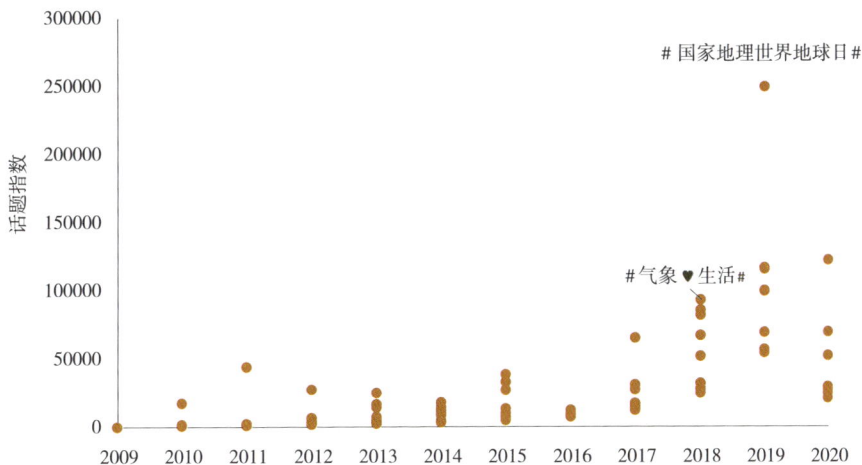

图 3-20　媒体微博排名靠前的原创微博话题指数

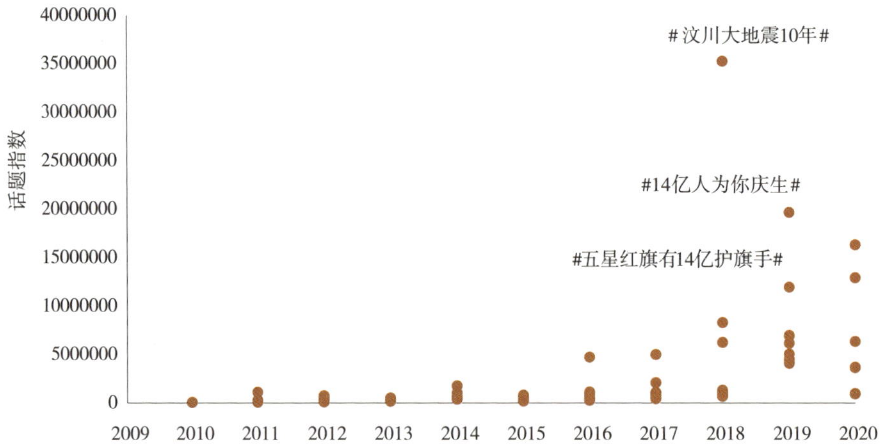

图 3-21　媒体微博排名靠前的转发微博话题指数

图 3-22　媒体微博原创微博话题词云

图 3-23 媒体微博转发微博话题词云

结论：媒体微博原创话题指数低于转发话题指数。媒体微博话题焦点一是与爱国情绪抒发相关的话题，二是突发性的灾害事件。

4. 媒体微博内容传播形式分析

媒体微博传播主要形式为图片，占比 78.4%，其中原创图片 41630 条，占比 24.54%，转发图片 91380 条，占比 53.86%。其次是视频，占比 14.63%，其中原创视频 6264 条，占比 3.69%，转发视频 18557 条，占比 10.94%。文章占比最低，为 6.97%，其中原创文章 2942 条，占比 1.73%，转发文章 8899 条，占比 5.24%。

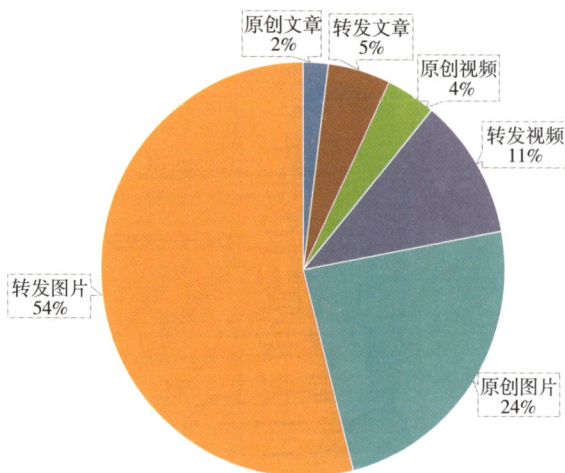

图 3-24　媒体微博主要传播形式分布

2010 年 11 月，图片传播首次突破 10 条，并且在 2020 年之前一直是相对平稳增长，2020 年则快速增长，并在当年 4 月份达到了历史数据峰值。文章传播在 2018 年整体呈现增长态势，2019 年整体略有下降态势，2020 年又开始高速增长。视频量在 2018 年前一直是低增长，2018 年后保持了相对稳定的增长，2020 年 4 月达到历史数据高点。2018 年后，视频和文章占比显著增加。

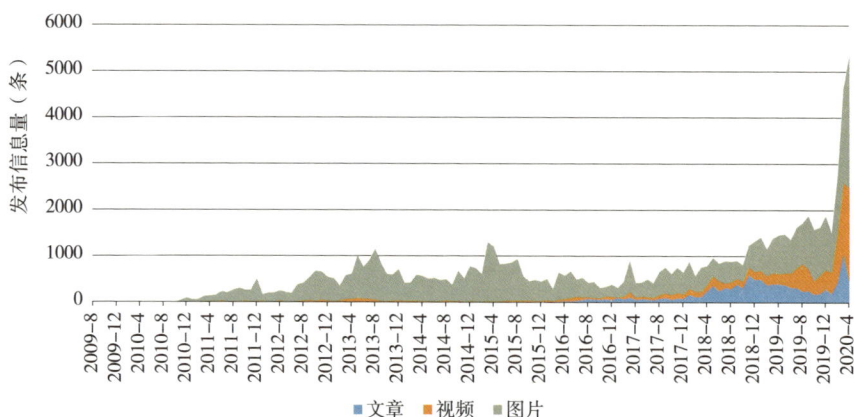

图 3-25　媒体微博主要传播形式发展趋势

结论：媒体微博传播的主要形式是图片，2018 年后视频和文章类内容占比显著增加。

5. 媒体微博内容传播互动效果评价

媒体微博转发内容的互动次数高于原创内容。原创内容互动次数为 40272144 次，其中转发互动次数为 13354013 次，评论互动次数为 6904890 次，点赞互动次数为 20013241 次；转发内容互动次数为 49081070 次，其中，转发互动次数为 9113529 次，评论互动次数为 8427604 次，点赞互动次数为 31539937 次。三种互动形式中，点赞互动次数最高，转发内容的点赞互动次数显著高于原创内容。

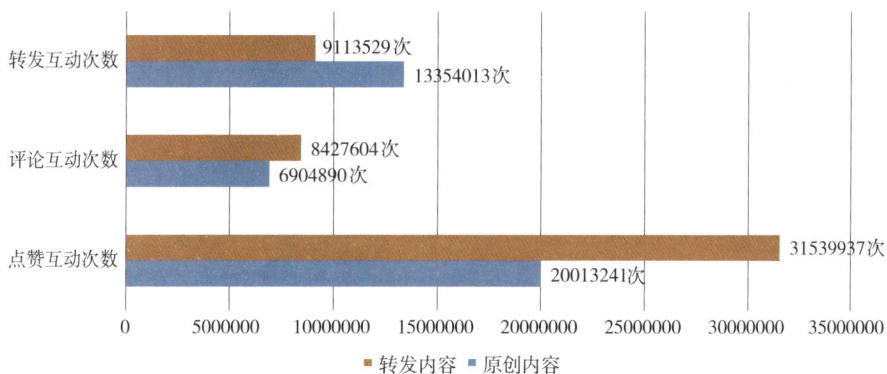

图 3-26 媒体微博内容互动情况数量统计

整体而言，媒体微博内容互动的快速发展期是 2014 年 5 月至 2016 年 7 月。评论次数的发展态势与转发互动的情况基本一致。媒体的点赞次数发展可以分为四个阶段，一是自有微博起至 2014 年 5 月，该时段一直是缓慢平稳增长；2014 年 5 月以后至 2016 年 7 月是快速增长期；2016 年 7 月至 2019 年 4 月略有下滑；2019 年 5 月后，又开始进入增长期，后又有所回落。

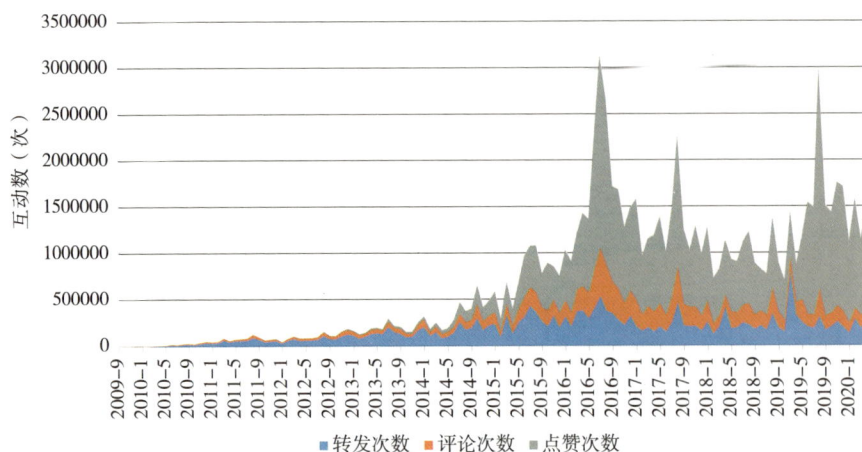

图 3-27　媒体微博内容互动情况趋势图

（三）科研机构微博

科研机构掌握着最新的学术研究动态，科研人员在公众心目中具有专业性和权威性，科研机构通过微博开展科学传播具有先天优势。在我国，科研机构是重要的科学传播力量，它们通过传播科学知识、开展各种科普活动，在社会科普工作中发挥了重要作用，是国家科普工作中的重要力量。

1. 科研机构微博主体构成

本研究样本中，参与微博平台科学传播的科研机构共有 34 个，已认证 21 个，未认证 13 个。发帖 56851 条，其中原创内容 31583 条，转发内容 25268 条，平均每个微博账号发帖数量为 1673 条。

从科研机构科学传播微博的主办部门来看，主要是政府部门主办的科研机构、研究中心、植物园等，其中主要是中国科学院的研究所。

从地域看，广东省的科学传播微博数量最多，约为第二名云南省的 2 倍。第二、三、四名的云南省、江苏省以及陕西省之间的差距很小。不同地区的科研机构在通过微博平台开展科学传播方面两极分化严重，有很多省市的科研机构没有科学传播微博。

　　广东省科研机构微博用户有 3 个，为中国科学院华南植物园、深圳市中国科学院仙湖植物园、广东现代农业科普园，前两个主办单位是中国科学院，最后一个主办单位是广东省农业科学院。

　　发帖数量和粉丝数量最多的 10 个科研机构微博名单一致，分别是深圳市中国科学院仙湖植物园、西双版纳热带植物园、西北农林科技大学博览园、紫金山天文台科普部、中国大熊猫保护研究中心、首都儿科研究所科普号、中国科学院华南植物园、考古汇、南京中山植物园、武汉植物园（见表 3-6）。

表 3-6　发帖数量排名前 10 的科研机构微博

序号	名称	行业类别	认证名称	关注数量	粉丝数量	微博数量	微博链接
1	深圳市中国科学院仙湖植物园	政府—文旅—景区	深圳市中国科学院仙湖植物园官方微博	400	21324	10979	https://weibo.com/szbg
2	西双版纳热带植物园	政府—文旅—景区	中国科学院西双版纳热带植物园官方微博	1021	278770	7617	https://weibo.com/xtbgcas
3	西北农林科技大学博览园	政府—文旅—景区	杨凌农林博览园（西北农林科技大学博览园）官方微博	991	23040	7552	https://weibo.com/u/2205981554
4	紫金山天文台科普部	政府—教育	中国科学院紫金山天文台科普部官方微博	793	615364	4508	https://weibo.com/u/2597416352
5	中国大熊猫保护研究中心	政府—其他机构	中国大熊猫保护研究中心官方微博	60	612135	4060	https://weibo.com/u/6026046656
6	首都儿科研究所科普号	政府—卫健—医院	首都儿科研究所专家咨询官方微博	14	98551	3906	https://weibo.com/shouersuozixun
7	中国科学院华南植物园	机构场所—机构	中国科学院华南植物园官方微博	298	125366	2891	https://weibo.com/scbg

续表

序号	名称	行业类别	认证名称	关注数量	粉丝数量	微博数量	微博链接
8	考古汇	政府—文旅—文保单位	山西省考古研究所官方微博	428	31465	2592	https://weibo.com/kaoguhui01
9	南京中山植物园	政府—文旅—景区	南京中山植物园官方微博	667	23678	1880	https://weibo.com/zszwy
10	武汉植物园	—	中国科学院武汉植物园	241	74380	1628	https://weibo.com/u/2414313007

2. 传播趋势

科研机构微博用户注册量呈现间断式发展，不是每个月都有新增。有新增用户的月份，新增量多为 1 个，超过 1 个的月份仅有 5 个月。

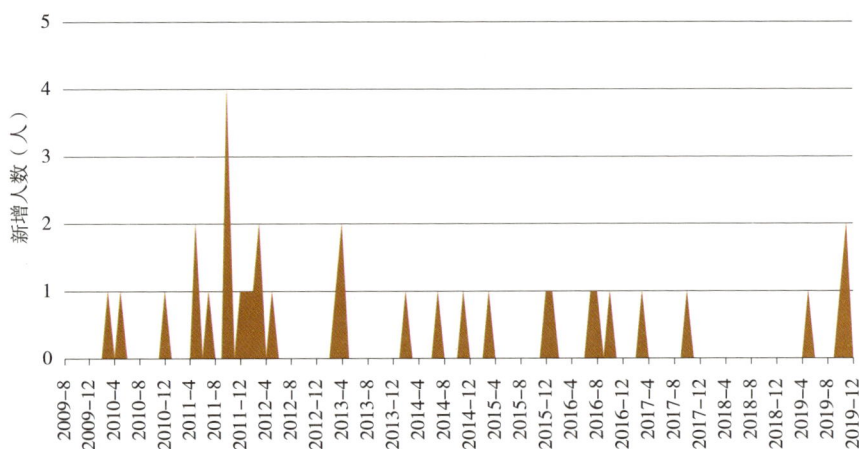

图 3-28　科研机构微博用户注册发展趋势

科研机构微博发帖月度最高峰是 2012 年 5 月，当月发帖数量为 1467 条，其次是 2015 年 12 月，当月发帖数量为 1362 条。自 2018 年，科研机构微博发帖数量有下降趋势。

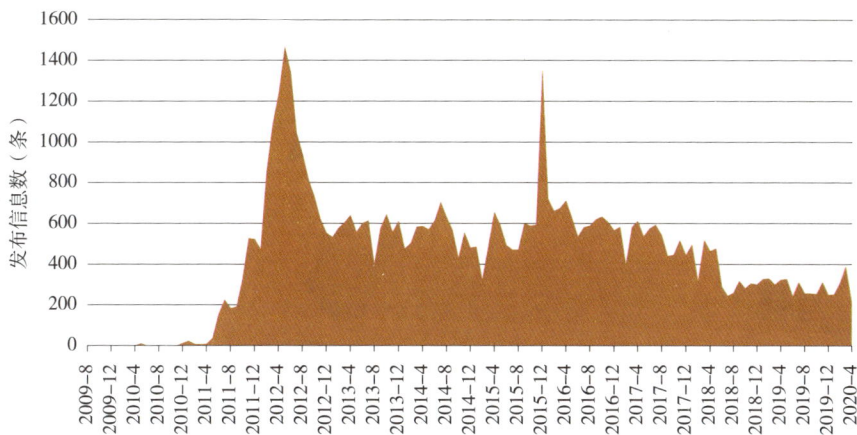

图 3-29　科研机构微博科学传播信息量月度趋势图

2012 年，科研机构微博科学传播数量激增，随后下降。2012 年是历年科研机构微博发帖传播的最高峰，数量为 11173 条。

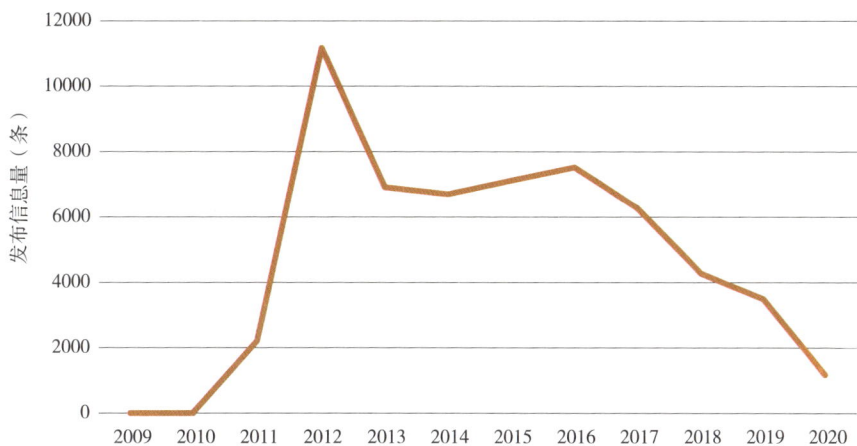

图 3-30　科研机构微博科学传播信息量年度趋势图

从活跃时段分布趋势来看，科研机构微博上午的活跃度要高于下午。每天活跃的时间是 9:00 左右，其次是 14:00—16:00。

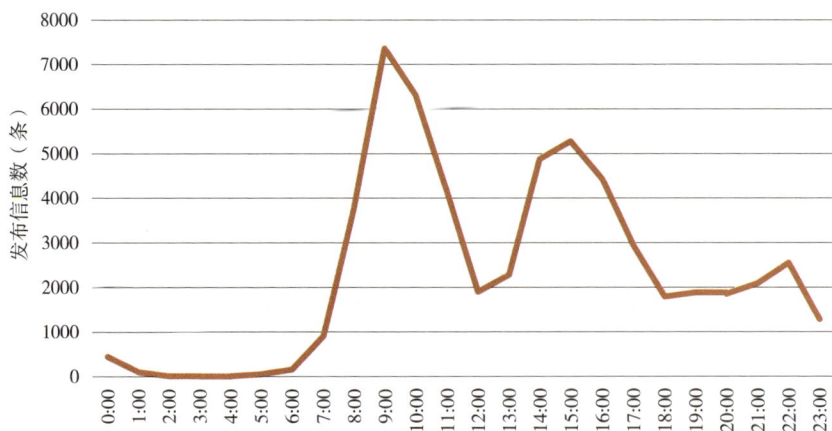

图3-31　科研机构微博每天活跃时段分布

结论：科研机构微博科学传播总体呈现先激增，后下降的趋势。

3. 科研机构微博主要传播话题

相较政府微博和媒体微博而言，科研机构微博的传播话题指数整体上偏低，原创微博话题指数更低。

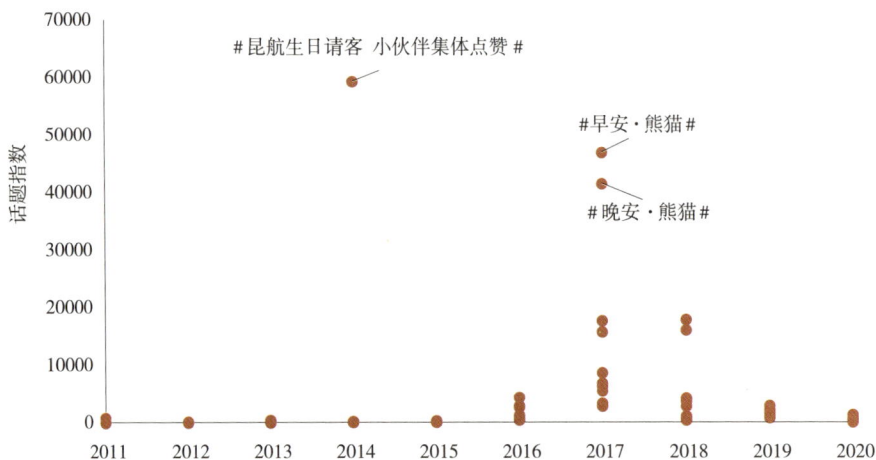

图 3-32　科研机构微博排名靠前的原创微博话题指数

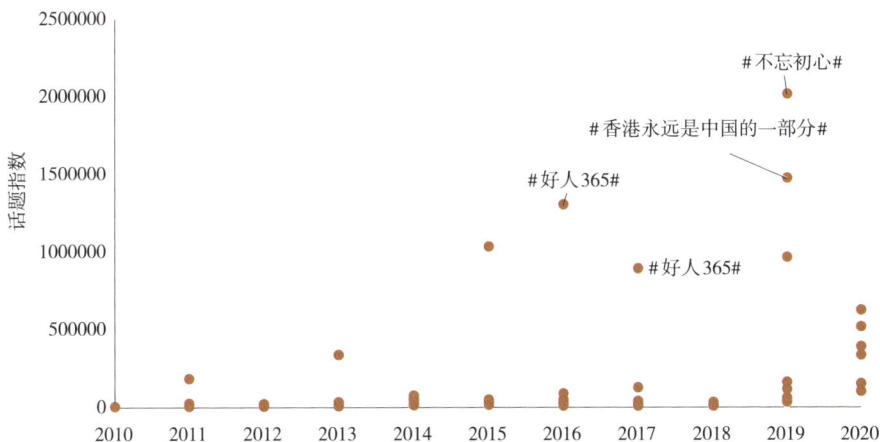

图 3-33　科研机构微博排名靠前的转发微博话题指数

图 3-34　科研机构微博原创微博话题词云

图 3-35　科研机构微博转发微博话题词云

结论：科研机构微博转发微博效果要好于原创微博，话题种类十分
丰富。

4. 科研机构微博主要传播形式分析

科研机构微博传播主要形式是图片，占比 84.9%，其中原创图片 7035
条，占比 30.9%，转发图片 12308 条，占比 54.0%。其次是视频，占比 7.9%，
其中原创视频 588 条，占比 2.6%，转发视频 1218 条，占比 5.3%。传播量
最低的是文章，占比 7.2%，其中原创文章 281 条，占比 1.2%，转发文章
1360 条，占比 6.0%。

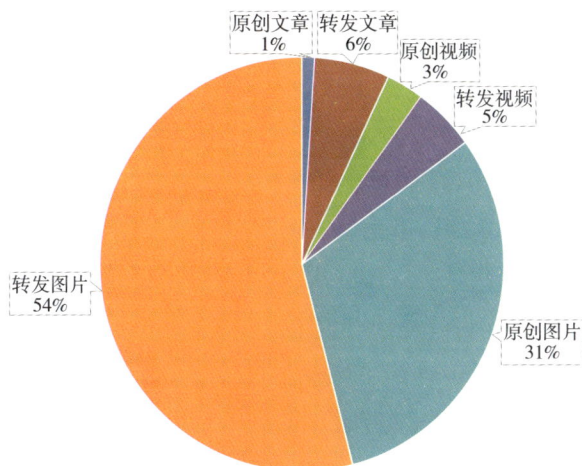

图 3-36　科研机构微博主要传播形式分布

　　2016 年 6 月之前，图片是科研机构微博的主要传播形式，视频和文章传播量很低。2016 年后，图片、文章和视频的传播量都有所增加。2018 年 1 月，是图片形式传播数量的最高点。2018 年 3 月，是文章形式传播数量的最高点。2020 年 3 月，是视频形式传播数量的最高点。

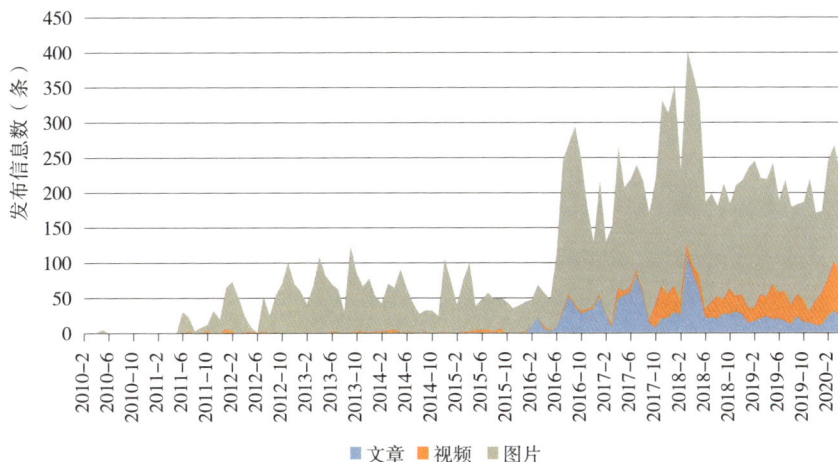

图 3-37　科研机构微博主要传播形式发展趋势

结论：科研机构微博科学传播主要形式是图片。2016 年后视频和文章的传播数量有所上升，但图片依然是最主要的传播形式。

5. 科研机构微博内容传播互动效果评价

科研机构微博原创内容的转发互动次数为 582397 次，评论互动次数为 604129 次，点赞互动次数为 2663625 次；转发内容的转发互动次数为 72034 次，评论互动次数为 50129 次，点赞互动次数为 137835 次。在科研机构微博的科学传播内容互动中，原创内容的互动次数远高于转发内容的互动次数，其中原创内容点赞互动次数远高于其他。原创内容的转发互动次数与评论互动次数相当。转发内容中，点赞的互动次数略高。

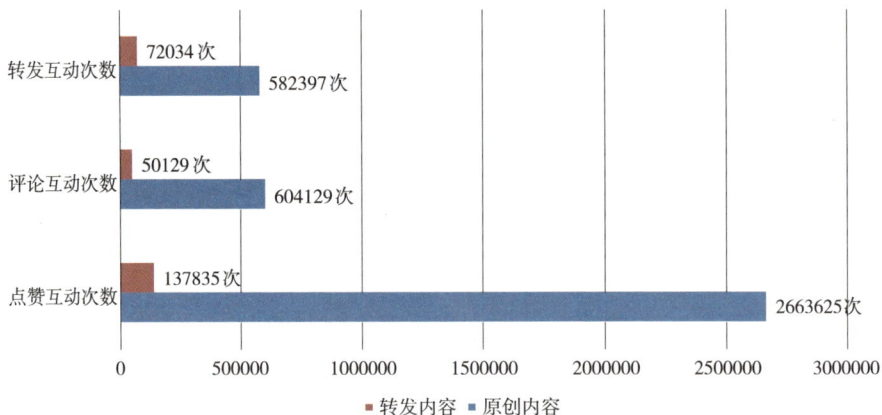

图 3-38　科研机构微博内容互动情况数量统计

从整体上看，科研机构微博的内容互动次数呈现断裂式的发展态势，有两个高峰发展时段，历年互动次数综合最高的是 2020 年 4 月。科研机构微博点赞次数在 2016 年前都处于较低的增长态势，发展的高峰期是 2017 年 2 月至 2018 年 6 月，但是随后又有所降低，直至样本时段末期的 2020 年 4 月，出现历年点赞次数最高点，并且远远高于往年。2016 年之前评论次数增长缓慢，2016 年 1 月至 2018 年 6 月是发展的高峰阶段，随后在样本时段末期的 2020 年 4 月又出现一个小高峰。转发次数整体而言增长速度一直缓慢，且与其他两种互动形式的发展趋势保持一致。

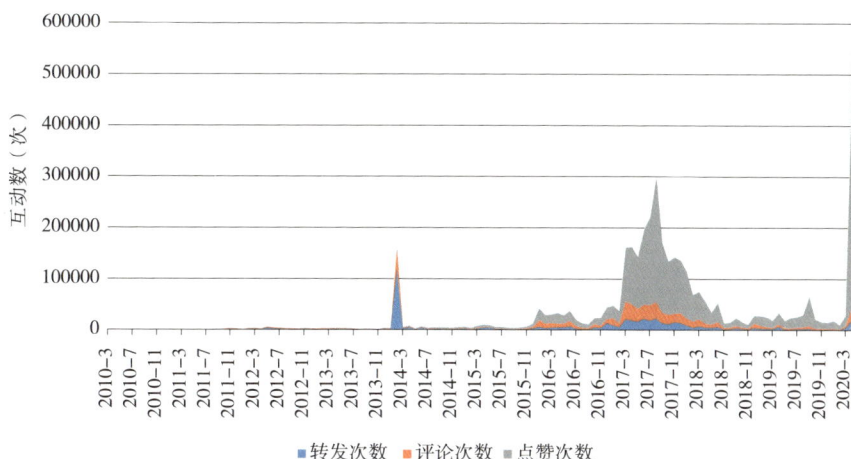

图 3-39　科研机构微博内容互动情况趋势图

（四）社团组织微博

1. 社团组织微博主体构成

在本研究样本中，社团组织主办的科学传播类微博共 418 个，其中，认证用户 192 个，非认证用户 226 个。社团组织微博共发帖 568442 条，平均每个账户发帖约 1360 条。从社团组织微博的主办单位来看，主要是各地科学技术协会、民间社会团体、高校学生社团等。

北京市和云南省社团组织微博科学传播信息发布量差异较小，分别位列第一、第二位；浙江省和上海市位列第三、四位，数量差异较小，二者数量总和约为北京和云南总量的 1/2。

北京地区的社团组织微博主要有科学松鼠会、蝌蚪五线谱、科普中国等，广东省的社团组织微博主要有广州市天文爱好学会、广州市科协等。

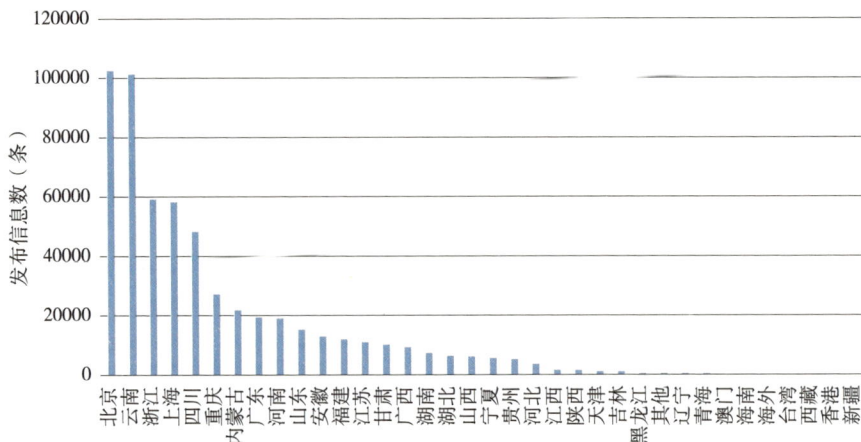

图 3-40　社团组织微博发帖数量地区排名

　　发帖数量排名前 10 的社团组织微博分别是余姚科普、科普中国、成都科协、中国微米纳米技术学会、科普巍山、蝌蚪五线谱、科普漾濞、科学松鼠会、浦东科普、北京健康教育（见表 3-7）。

表 3-7　发帖数量排名前 10 的社团组织微博

序号	名称	行业类别	认证名称	关注数量	粉丝数量	微博数量	微博链接
1	余姚科普	社会团体—科协	余姚市科学技术协会官方微博	340	11250	30853	https://weibo.com/u/3495496511
2	科普中国	社会团体—科协	中国科协官方微博	1493	3335944	30164	https://weibo.com/kepuzhongguo
3	成都科协	社会团体—科协	成都市科学技术协会官方微博	430	98781	20773	https://weibo.com/u/3540607485
4	中国微米纳米技术学会	其他	中国微米纳米技术学会	1357	3340	16546	https://weibo.com/csmnt123

续表

序号	名称	行业类别	认证名称	关注数量	粉丝数量	微博数量	微博链接
5	科普巍山	社会团体—科协	巍山彝族回族自治县科学技术协会官方微博	1729	63875	14923	https://weibo.com/u/5379799691
6	蝌蚪五线谱	其他	北京市科学技术协会信息中心	450	193714	13463	https://weibo.com/kedouwuxianpu
7	科普漾濞	社会团体—科协	漾濞彝族自治县科学技术协会官方微博	1400	21694	11664	https://weibo.com/u/5379798834
8	科学松鼠会	媒体网站	民间科普组织松鼠会	596	3596144	11043	https://weibo.com/songshuhui
9	浦东科普	社会团体—科协	上海市浦东新区科学技术协会官方微博	107	5117	10994	https://weibo.com/pdkp
10	北京健康教育	政府—卫健—疾控应急	北京健康教育协会	475	1302751	10915	https://weibo.com/bjjkjy

　　粉丝数量排名前10的社团组织微博分别是：科学松鼠会、科普中国、中国健康科普主场、全国科普日、广州市天文爱好者协会、浙江科普、中国植物园联盟、上海科普、蝌蚪五线谱、成都大熊猫繁育研究基金会（见表3-8）。

表3-8 粉丝数量排名前10的社团组织微博

序号	名称	行业类别	认证名称	关注数量	粉丝数量	微博数量	微博链接
1	科学松鼠会	媒体网站	民间科普组织松鼠会	596	3596144	11043	https://weibo.com/songshuhui
2	科普中国	社会团体—科协	中国科协官方微博	1493	3335944	30164	https://weibo.com/kepuzhongguo

序号	名称	行业类别	认证名称	关注数量	粉丝数量	微博数量	微博链接
3	中国健康科普主场	新浪产品—内部账号	中国健康科普联盟官方微博	113	833510	835	https://weibo.com/u/6387189723
4	全国科普日	机构场所—机构	中国科学技术协会"全国科普日"活动官方微博	560	539585	7000	https://weibo.com/quanguokepuri
5	广州市天文爱好者协会	公益项目—综合—民间组织	广州市天文爱好者协会	240	337560	3782	https://weibo.com/gztwahzxh
6	浙江科普	社会团体—科协	浙江省科学技术协会官方微博	311	288515	4889	https://weibo.com/zikp
7	中国植物园联盟	机构场所—机构	中国植物园联盟官方微博	158	225402	4645	https://weibo.com/cubg
8	上海科普	社会团体—科协	上海市科普工作联席会议办公室官方微博	771	200390	10060	https://weibo.com/shkepu
9	蝌蚪五线谱	其他	北京市科学技术协会信息中心	450	193714	13463	https://weibo.com/kedouwuxianpu
10	成都大熊猫繁育研究基金会	公益项目—动物保护—基金会	成都大熊猫繁育研究基金会	40	22314	1647	https://weibo.com/pandafoundation

2. 传播趋势

社团组织微博用户注册量在 2018 年之前基本呈现持续性的增长,每个月都有几个新增用户。2012 年是社团组织微博用户发展的高峰期,2012 年 3 月为历年微博注册的最高点。

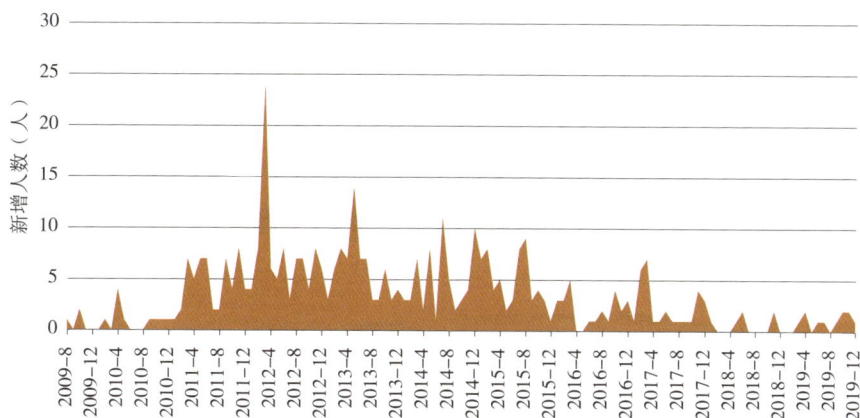

图 3-41　社团组织微博用户注册发展趋势

社团组织微博科学传播总体呈现先上升后略有下降遇到热点事件又有上升的趋势。社团组织微博信息发布量自 2009 年开始总体呈现先小增长后大增长，之后又保持相对平稳的态势，2012 年和 2013 年增速较快，2015 年达到历年顶峰，2016 年开始略有下降，2020 年初又有上升的势头。2015 年 12 月是月度传播的最高点，数量为 8748 条。

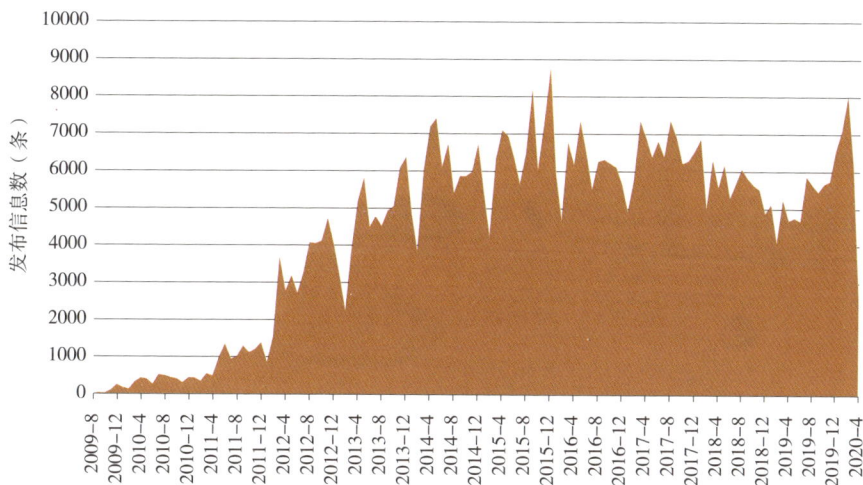

图 3-42　社团组织微博科学传播信息量月度趋势

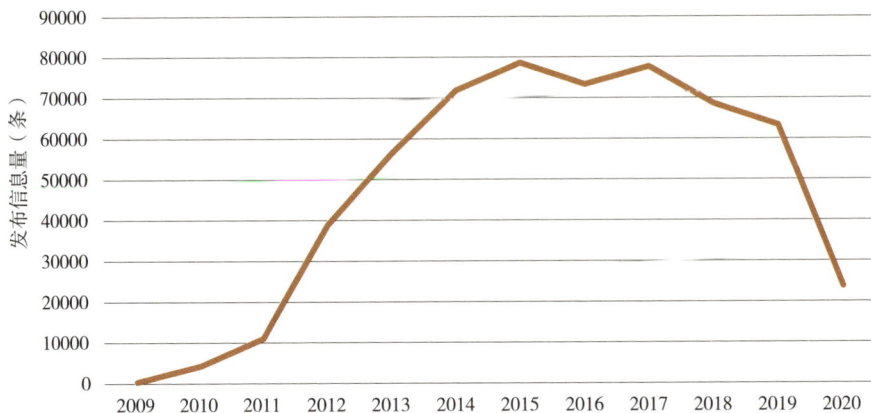

图 3-43　社团组织微博科学传播信息量年度趋势

社团组织微博每天最活跃的时间是 8:00—11:00，其次是 14:00—16:00，上午的活跃度要高于下午，每天最活跃的时间是 9:00 左右。

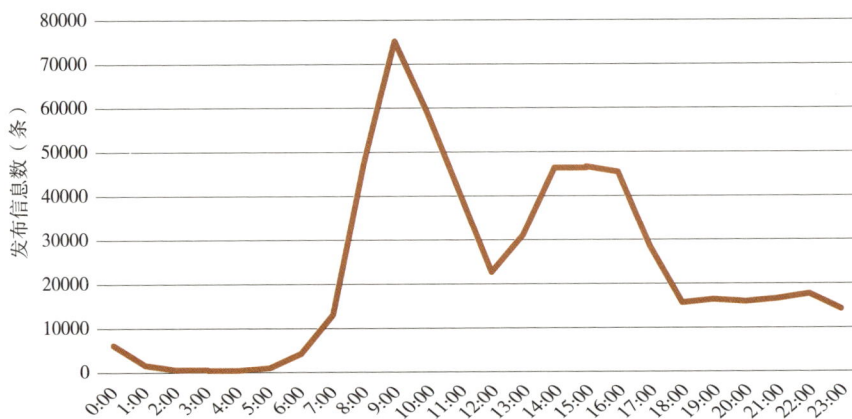

图 3-44　社团组织微博每天活跃时段分布

结论：社团组织微博科学传播趋势总体呈现先上升后略有下降，遇到热点事件又有上升的趋势。2015 年是历年信息传播数量的最高点，2015 年 12 月是历年月度信息传播量的最高点；用户注册的高峰期是 2012 年，每天的活跃时段是 8:00—11:00 以及 14:00—16:00。

3. 社团组织微博主要传播话题

按照取样期内社团组织微博话题指数历年的排名，前 10 名分别是 # 汶川大地震 10 年 #、# 武汉加油 #、# 五星红旗有 14 亿护旗手 #、# 公祭日 #、# 新型肺炎求助通道开启 #、# 我也支持香港警察 #、# 哀悼抗击新冠疫情牺牲烈士和逝世同胞 #、# 中国有我 #、# 十九大 #、# 我深深爱着这个国家 #。这些热门话题都分布在 2018 年后，前 10 位中有 3 个话题在 2020 年。

社团组织微博的转发微博话题指数排行与政府部门微博高度相似，原创微博话题指数很低，但原创微博话题的种类很多。

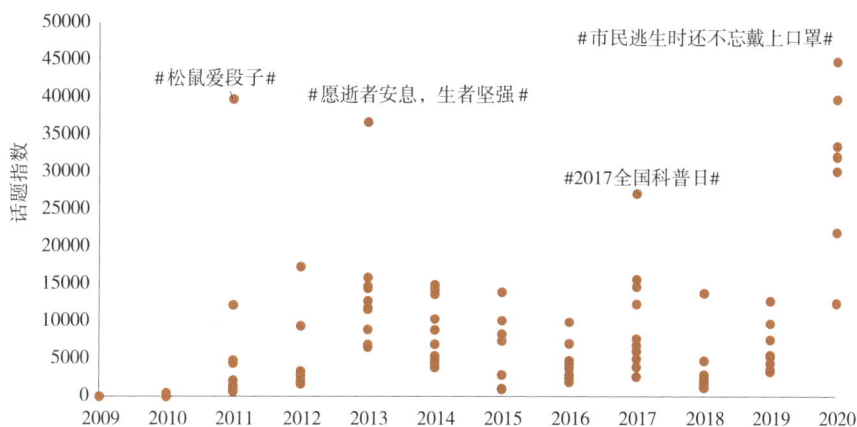

图 3-45　社团组织微博排名靠前的原创微博话题指数

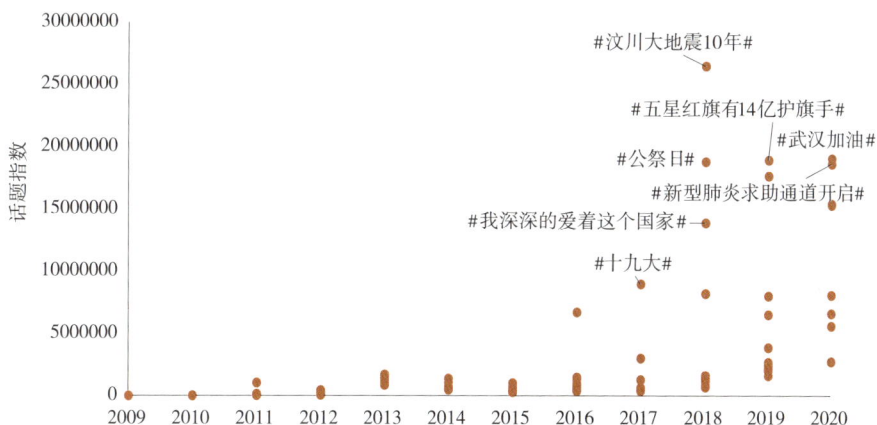

图 3-46　社团组织微博排名靠前的转发微博话题指数

图 3-47　社团组织微博原创微博话题词云

图 3-48　社团组织微博转发微博话题词云

　　结论：社团组织微博传播话题主要有三部分，一是与新冠肺炎相关的话题，二是与科普相关的话题，三是与爱国情绪抒发相关的话题。原创微博话题指数相对较低，话题偏重于与科普相关和与新冠肺炎相关的话题；转发微博话题偏重于爱国情绪抒发的话题。

　　4. 社团组织微博主要传播形式分析

　　图片是社团组织微博科学传播内容的主要形式。图片共 131762 条，占比 73.1%，其中原创图片 79471 条，占比 44.1%，转发图片 52291 条，占比 29.0%。文章共 13670 条，占比 7.5%，其中原创文章 5494 条，占比 3.0%，转发文章 8176 条，占比 4.5%。视频共 34743 条，占比 19.3%，其中，原创视频 18033 条，占比 10.0%，转发视频 16710 条，占比 9.3%。

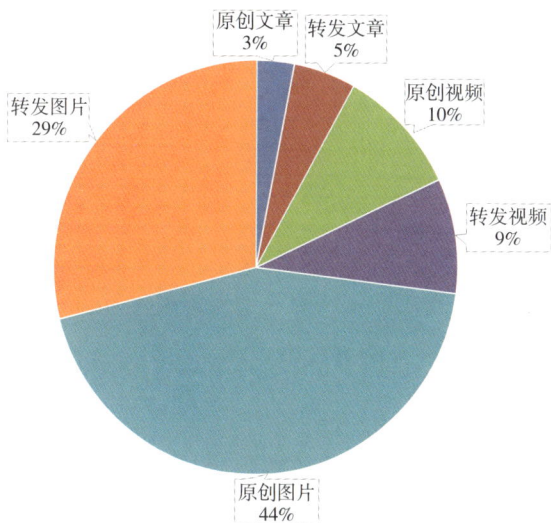

图 3-49　社团组织微博主要传播形式分布

　　图片是社团组织微博科学传播的主要形式，传播量一直在平稳上升。2016 年之前，文章和视频的传播量很低，2016 年后有了缓慢增长。图片和文章形式均在样本时段表的 2020 年 2 月出现发帖数量月最高点。

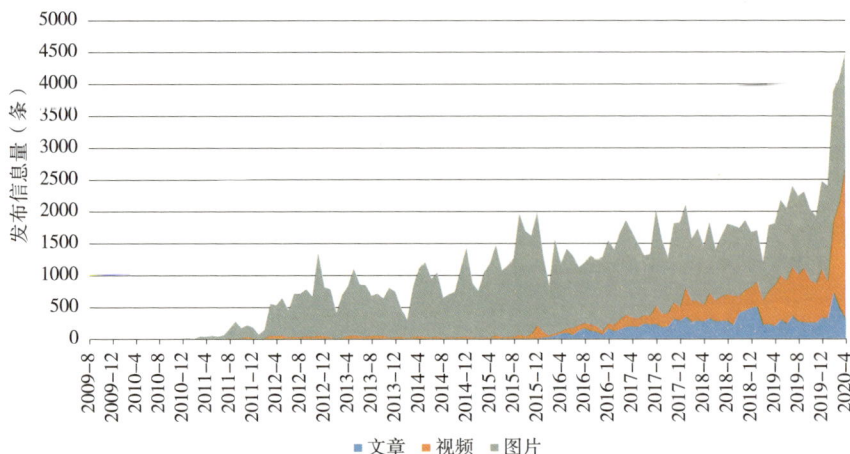

图 3-50　社团组织微博主要传播形式发展趋势

结论：图片是社团组织微博科学传播的主要形式，2016年后视频和文章的传播数量逐渐增加。

5. 社团组织微博内容传播互动效果评价

社团组织微博原创内容的互动次数远高于转发内容。微博原创内容转发互动次数 3957252 条，评论互动次数 910737 条，点赞互动次数 2226025 条；微博转发内容的转发互动次数 1338605 条，评论互动次数 354329 条，点赞互动次数 376037 条。三种互动方式中，转发互动方式次数最多，点赞互动次数次之，评论互动次数最少。

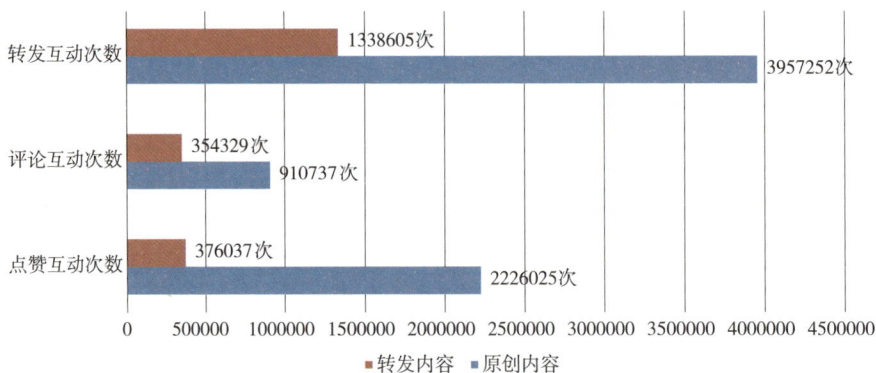

图 3-51　社团组织微博内容互动情况数量统计

社团组织微博互动在 2010 年底至 2014 年 10 月有相对持续的小增长阶段，总的来说，2019 年 7 月之前一直处于缓慢发展的态势，2019 年 7 月后点赞次数飞速上涨，历年月最高值出现在 2020 年 1 月。2011 年 11 月至 2014 年 11 月是评论次数发展的高峰期，历年月最高值是 2013 年 4 月。2010 年 11 月至 2014 年 11 月是转发次数的高峰阶段，与评论次数发展态势相似，历年月转发次数最高的是 2013 年 4 月。

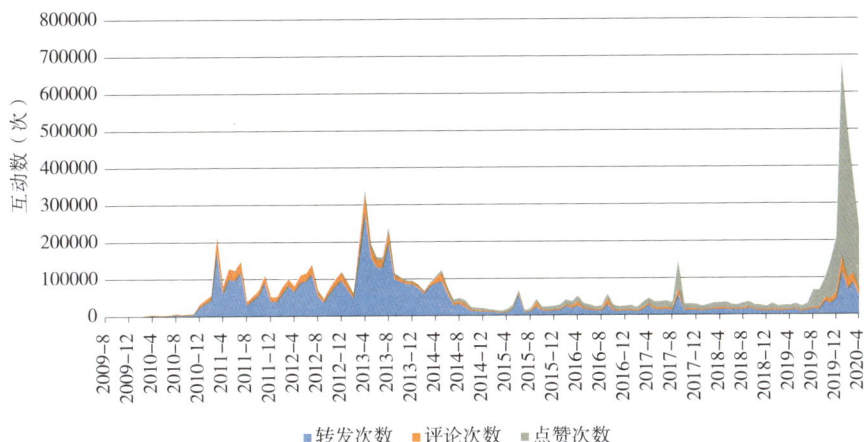

图 3-52　社团组织微博内容互动情况趋势

结论：社团组织微博原创内容互动效果显著好于转发内容；评论的互动形式占比一直很低，2019 年之前转发是主要的互动方式，之后点赞次数飞速增长。

（五）企业微博

1. 企业微博主体构成

企业科学传播微博一共 264 个，其中认证类用户 155 个，未认证用户 109 个。共发帖 346720 条，其中原创 246715 条，转发 100005 条；平均每个用户发帖约 1313 条。

按照地区企业微博发帖数量排名，北京地区遥遥领先。北京地区企业微博用户有"知乎""果壳""科学探索"等。

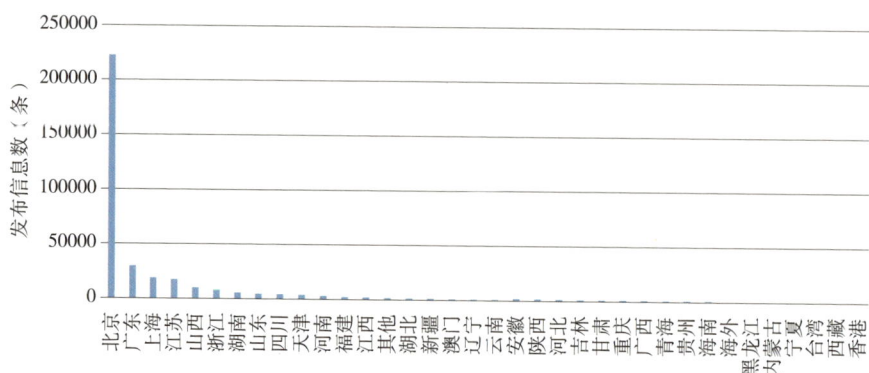

图 3-53 企业微博发帖数量地区排名

按照企业微博发帖数量多少排名，前 10 个企业微博分别是果壳网官方微博"果壳"、北京智者天下科技有限公司的"知乎"、新浪科技旗下的"科学探索"、中国科学技术出版社有限公司的"科普中国网"、北京索明科普乐园有限公司的"索尼探梦科技馆"、德才皆倍（北京）科技有限公司的"知识分子"、重庆山水都市旅游开发有限公司金佛山运营分公司的"金佛山旅游"、山西云汉文化传媒有限公司的"考古中国网"、果壳网"果壳问答"、北京地道风物科技有限公司"地道风物"（见表 3-9）。

表 3-9 发帖数量排名前 10 的企业微博

序号	名称	认证名称	关注数量	粉丝数量	微博数量	微博链接
1	果壳	果壳网官方微博	2152	9573757	44621	https://weibo.com/guokr42
2	知乎	北京智者天下科技有限公司	1357	7505715	44424	https://weibo.com/zhihu
3	科学探索	新浪科技旗下帐号	612	9439615	26907	https://weibo.com/scientific
4	科普中国网	中国科学技术出版社有限公司	246	11316	21662	https://weibo.com/u/5994750011

续表

序号	名称	认证名称	关注数量	粉丝数量	微博数量	微博链接
5	索尼探梦科技馆	北京索明科普乐园有限公司	274	491499	12406	https://weibo.com/sonyexplorascience
6	知识分子	德才皆倍（北京）科技有限公司	770	2139022	12046	https://weibo.com/zhishifenzi0918
7	金佛山旅游	重庆山水都市旅游开发有限公司金佛山运营分公司	238	43554	11280	https://weibo.com/jfs517
8	考古中国网	山西云汉文化传媒有限公司	299	13828	9661	https://weibo.com/kgzg
9	果壳问答	—	845	780595	8102	https://weibo.com/wohaoxiangwen
10	地道风物	北京地道风物科技有限公司	328	238698	7449	https://weibo.com/didaofengwu

按照企业微博的粉丝数量多少排名，前10个企业微博分别是果壳网官方微博"果壳"、新浪科技旗下的"科学探索"、北京智者天下科技有限公司的"知乎"、德才皆倍（北京）科技有限公司的"知识分子"、果壳网"果壳问答"、果壳网自然控主题站"物种日历"、北京索明科普乐园有限公司的"索尼探梦科技馆"、北京地道风物科技有限公司"地道风物"、广州市家庭医生在线信息有限公司的"家庭医生在线"、新浪中医官微"sina 中医"（见表3-10）。

表 3-10　粉丝数量排名前 10 的企业微博

序号	名称	认证名称	粉丝数量	关注数量	微博数量	微博链接
1	果壳	果壳网官方微博	9573757	2152	44621	https://weibo.com/guokr42
2	科学探索	新浪科技旗下帐号	9439615	612	26907	https://weibo.com/scientific
3	知乎	北京智者天下科技有限公司	7505715	1357	44424	https://weibo.com/zhihu
4	知识分子	德才皆倍（北京）科技有限公司	2139022	770	12046	https://weibo.com/zhishifenzi0918
5	果壳问答	—	780595	845	8102	https://weibo.com/wohaoxiangwen
6	物种日历	果壳网自然控主题站	680269	464	5249	https://weibo.com/guokrnatural
7	索尼探梦科技馆	北京索明科普乐园有限公司	491499	274	12406	https://weibo.com/sonyexplorascience
8	地道风物	北京地道风物科技有限公司	238698	328	7449	https://weibo.com/didaofengwu
9	家庭医生在线	广州市家庭医生在线信息有限公司	197574	422	3079	https://weibo.com/familydoctorcn
10	sina 中医	新浪中医官方微博	146766	432	4804	https://weibo.com/xinlangzhy

2. 传播趋势

通过分析企业微博用户的注册时间或者第一次发帖时间发现，企业微博的新用户注册时间分布相对比较平均，2009 年到 2020 年基本上每一年都有几个新注册的用户，其中高峰时间是 2011 年 4 月和 2019 年 1 月，分别注册了 6 个新用户。（见图 3-54）

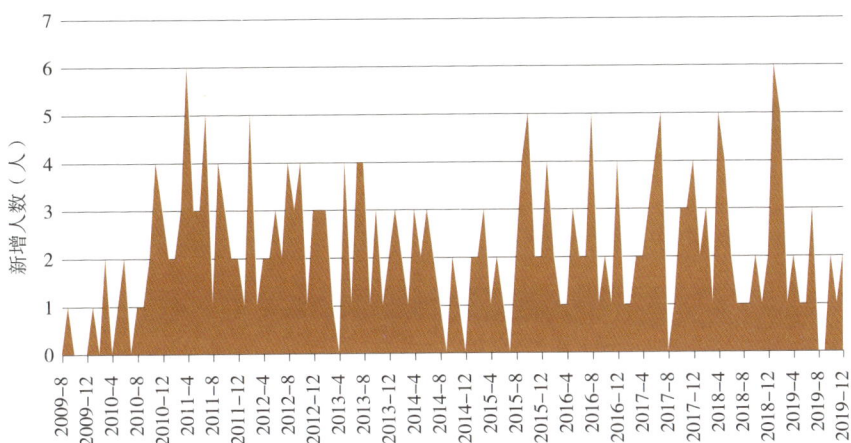

图 3-54 企业微博用户注册发展趋势

企业微博科学传播趋势总体上呈现四个阶段，分别是：2009 年 8 月至 2010 年 10 月，缓慢发展阶段；2010 年 11 月至 2015 年 2 月，快速发展阶段，这一阶段发帖量最高峰达到 5813 条；2015 年 3 月至 2017 年 7 月，调整阶段，这一阶段发帖量略有下降；2017 年 8 月至 2020 年 4 月，相对稳步发展阶段。

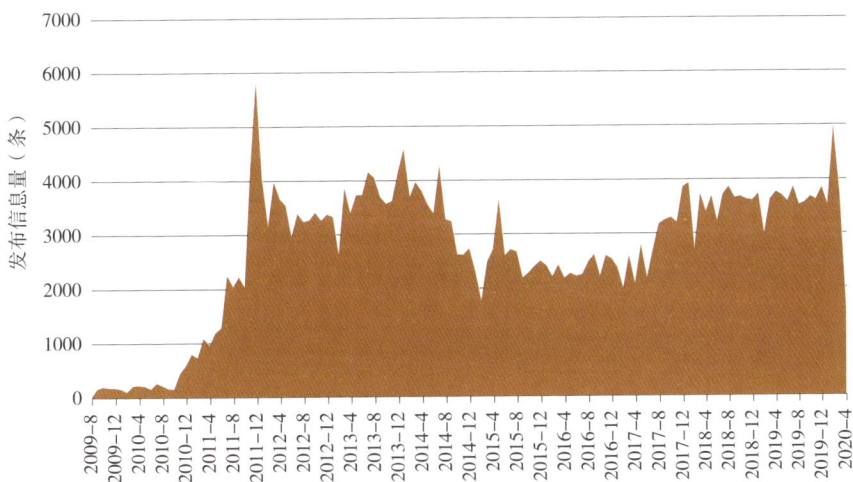

图 3-55 企业微博科学传播信息量月度趋势

2009 年至 2010 年企业微博传播数量缓慢增长，2010 年至 2012 年则出现持续大幅增长。从 2012 年至 2013 年又出现一个小高峰，之后缓慢下降至 2016 年出现小波谷，之后又重新持续增长至 2018 年，2018 年至 2019 年平稳增长。

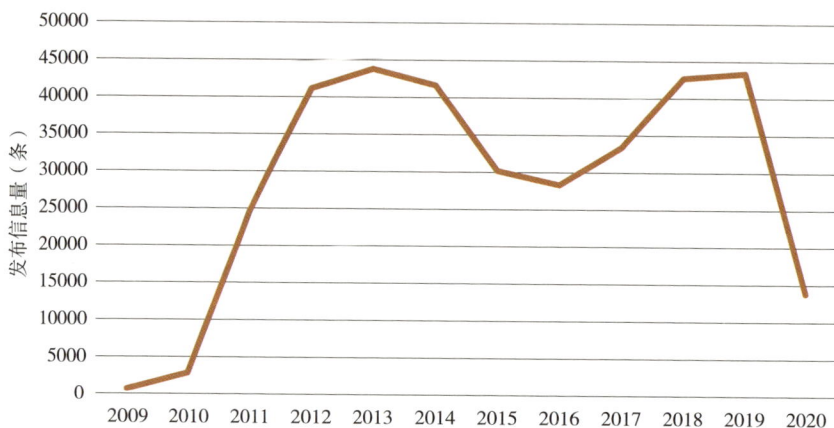

图 3-56　企业微博科学传播年度信息量趋势

从企业微博活跃时段分析来看，企业微博每天活跃度最高的时间是 10:00 左右，其次是 14:00—15:00 左右。

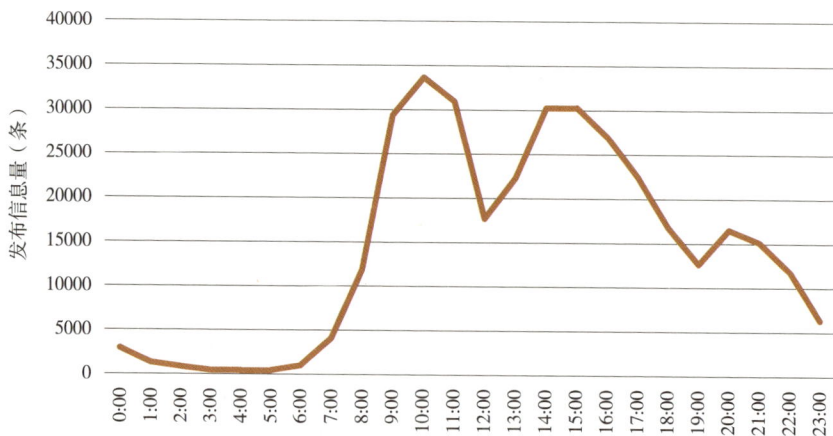

图 3-57　企业微博每天活跃时段分布

3. 企业微博传播主题及内容

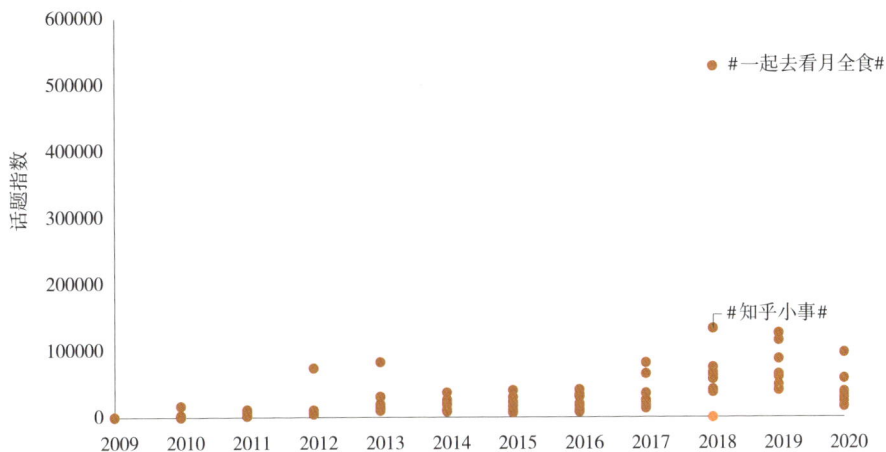

图 3-58　企业微博排名靠前的原创微博话题指数

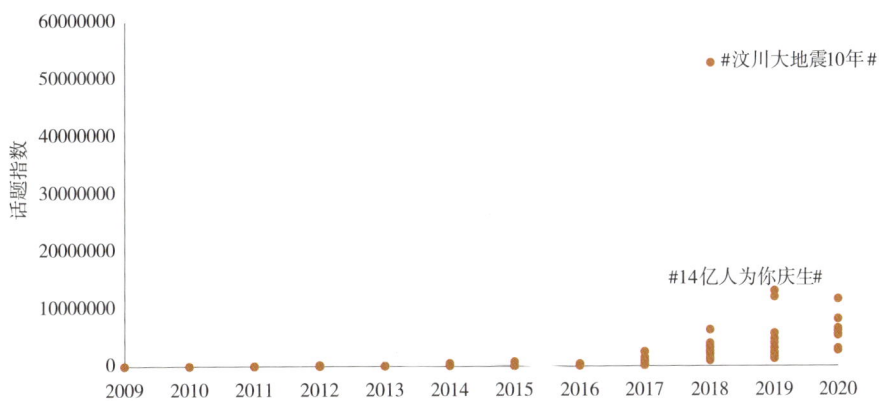

图 3-59　企业微博排名靠前的转发微博话题指数

图 3-60　企业微博原创微博话题词云

图 3-61　企业微博转发微博话题词云

结论：企业微博科学传播话题主要包括两部分，一是与科普知识相关的话题，二是爱国情绪抒发方面的话题。其中，原创话题偏重科普知识相关的话题，转发话题偏重爱国情绪抒发的话题。

4. 企业微博主要传播形式分析

在企业微博科学传播中，图片是传播的主要形式，占比多达76%。其中，原创图片27814条，占比24.3%；转发图片59177条，占比51.6%。文章占比9.3%，其中原创文章1300条，占比1.1%；转发文章9388条，占比8.2%。视频占比14.8%，其中原创视频5049条，占比4.4%；转发视频11933，占比10.4%。

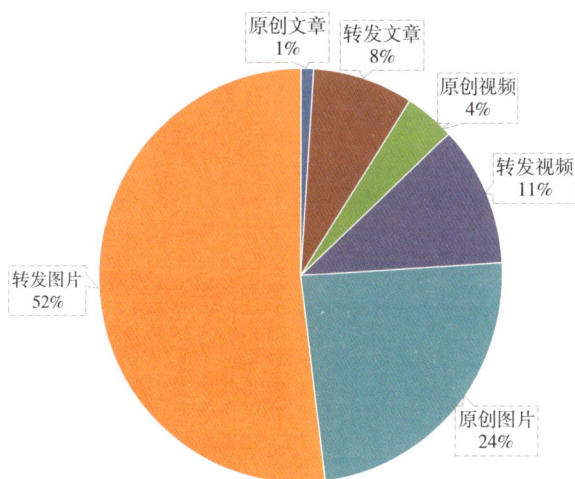

图3-62　企业微博主要传播形式分布

企业微博上发布的文章2016年开始有了显著的增长，样本选择期内的历年最高峰是2020年2月。2017年1月后视频形式发展较为迅速，历年视频发布量最多的是2020年3月。图片在2011年之前的发布量没有稳定的增长态势，2011年至2019年11月，图片发布量较为稳定，没有明显数量增长，直到2020年2月，当月图片发布量出现大幅增长，为历年图片发布量最多的月份。

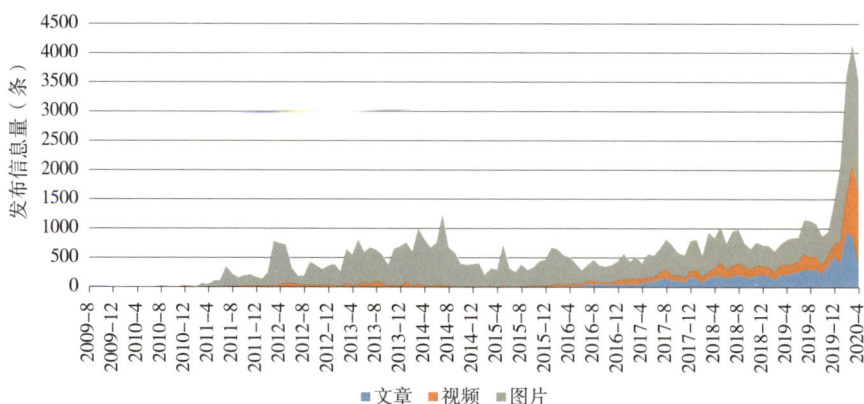

图 3-63　企业微博主要传播形式发展趋势

结论：图片是企业微博科学传播的主要形式，其次是文章和视频。近年来视频和文章的传播量显著增加。

5. 企业微博内容传播互动效果评价

从互动形式来看，企业微博科学传播互动以转发形式最多，多达 27191144 次，其中原创内容转发次数 26538766，转发内容转发次数 652378；其次是点赞形式，达到 26788915 次，其中原创内容点赞次数 23923887，转发内容点赞次数 2865038；评论次数最少，有 10313224 次，其中原创内容评论次数 9958895，转发内容评论次数 354329。原创内容的互动次数比转发内容的互动次数要高好几倍。

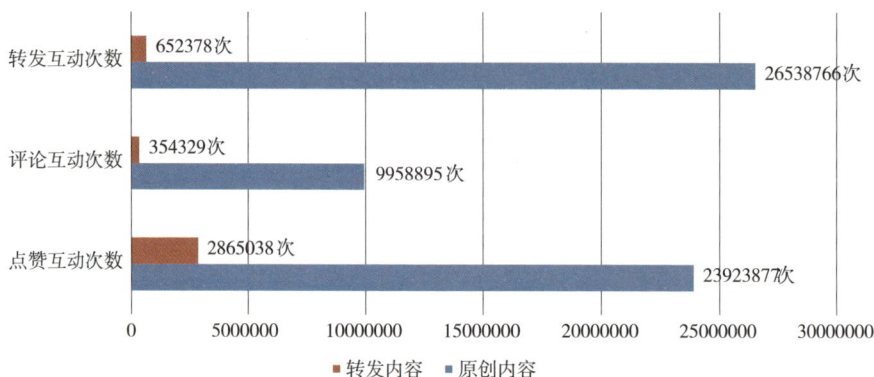

图 3-64　企业微博内容互动情况数量统计

企业微博科学传播转发形式在 2011 年至 2013 年有较为快速的增长，并在 2013 年 7 月达到第一个小高峰，此后 2014 年至 2019 年进入平稳发展期。2010 年至 2013 年 5 月，评论次数快速增长，此后进入平稳发展期。点赞形式 2010 年至 2013 年增长缓慢，此后发展速度提升，历年点赞次数最高的是 2020 年 2 月。

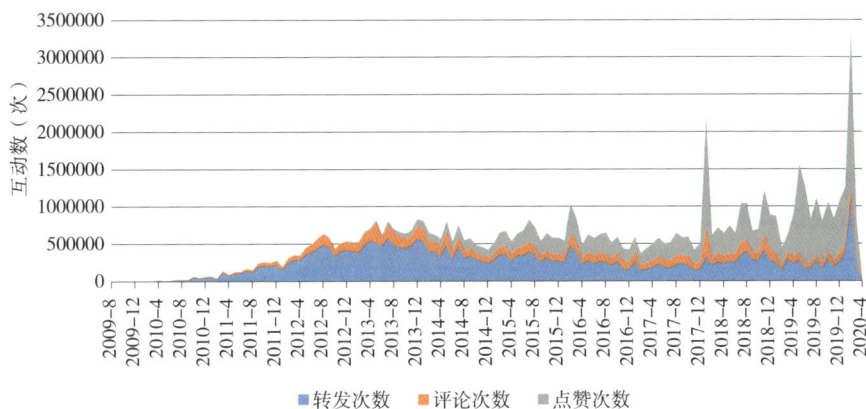

图 3-65　企业微博内容互动情况趋势

结论：企业微博科学传播原创内容传播效果要显著好于转发内容；评论互动的次数一直占比较低，转发互动一直是 2019 年之前主要的互动方式，但是近年来，点赞次数显著上升，成为新的主要互动方式。

（六）科学传播爱好者个人微博

这一类主体主要是以个人为主的科学传播爱好者，区别于机构用户。微博平台给各类科学传播爱好者提供了一个施展才华的平台，个人可以凭借自己的经验和知识各抒己见。科学传播爱好者在进行科学传播时，其具有的亲和力是其他主体不具备的。科学传播爱好者具有灵活性和创新性，他们群体庞大，来自不同的职业领域，拥有不同的生活环境，关心不同类型的科学知识。个人微博在微博平台科学传播的内容量远高于同期其他主体，在科学传播的过程中，个人的作用不容忽视。

科学传播爱好者不仅是受众群体，而且在促进科学传播、增加公众对科学的理解与支持方面都有着积极作用。科学传播爱好者个人在微博平台进行科学传播，获得别人的点赞、转发以及评论和私信等，不仅是社会交际的一部分，而且可以获得成就感，从而更加积极主动在科学传播领域有所作为。

1. 主体构成

个人科学传播微博共 1426 个，其中，认证用户 757 个，未认证用户 669 个。个人微博共发帖 4632501 条，其中原创微博 2581943 条，转发微博 2053831 条，平均每个用户发帖 3249 条。与其他类别主体的微博相比，科学传播爱好者个人微博发布的科学传播内容最多。

北京地区的个人微博用户活跃度最高，微博传播内容数量最多，其次是广东省和山东省。科学传播爱好者个人微博所有者多是科普爱好者、相关领域的研究人员、学者等，分布在各行各业。

按照发帖数量的多少，前 10 的个人微博是：翟妈说营养、每日健康百科、实用百科菌、纪永臣的微博、工业科技迷、科普微故事、天文在线、环境骑士、大气铁文、江氏小盗龙（见表 3-11）。

表 3-11　发帖数量排名前 10 的个人微博

序号	名称	认证名称	关注数量	粉丝数量	微博数量	微博链接
1	翟妈说营养	健康养生博主	106	165236	160089	https://weibo.com/539717898
2	每日健康百科	健康撰稿人	351	4154442	130251	https://weibo.com/234100869
3	实用百科菌	微博知名科普帐号	162	10759184	78984	https://weibo.com/u/1977459170
4	纪永臣的微博	科学科普博主，雾霾大科普超话主持人，头条文章作者，微博签约自媒体	2847	19887	75172	https://weibo.com/577145511

续表

序号	名称	认证名称	关注数量	粉丝数量	微博数量	微博链接
5	工业科技迷	知名设计美学博主，好物发现官，微博译制视频博主，泛科普视频自媒体	386	8166437	68892	https://weibo.com/zhehuholland
6	科普微故事	科学科普博主	1799	65121	67273	https://weibo.com/kpwgsz
7	天文在线	微博科学科普帐号，知名科学科普博主，泛科普视频自媒体	547	2826544	61993	https://weibo.com/tianxiangyubao
8	环境骑士	知名科学科普博主，微博签约自媒体	8157	200311	59455	https://weibo.com/huanjingqishi
9	大气铁文	智协飞，天气在线中文网站联合创始人，南京信息工程大学教授，科学科普博主	1310	131472	59382	https://weibo.com/meteorologist
10	江氏小盗龙	古生物科普作家、军事科普作家，恐龙超话主持人，微博签约自媒体	1064	7261474	59230	https://weibo.com/Microraptor

　　按照粉丝数量排名，前 10 的个人微博是：NASA 爱好者、科普君 XueShu 雪树、实用百科菌、超级实用小百科、一只读物、中国气象爱好者、工业科技迷、江氏小盗龙、飞雪之灵、安定医院郝医生（见表 3-12）。

表 3-12　粉丝数量排名前 10 的个人微博

序号	名称	认证名称	关注数量	粉丝数量	微博数量	微博链接
1	NASA 爱好者	科学科普博主，泛科普视频自媒体	708	17006594	17281	https://weibo.com/nasawatch
2	科普君XueShu 雪树	微博知名科普视频博主，知名科学科普博主	822	13232501	5833	https://weibo.com/xuebaxueshu
3	实用百科菌	微博知名科普帐号	162	10759184	78984	https://weibo.com/u/1977459170
4	超级实用小百科	知名科学科普博主	177	10374997	16441	https://weibo.com/jkshbd
5	一只读物	微博科普帐号	390	10127972	19844	https://weibo.com/523425431
6	中国气象爱好者	知名科学科普博主，微博签约自媒体	1162	9265011	22861	https://weibo.com/tybbs
7	工业科技迷	知名设计美学博主，好物发现官，微博译制视频博主，泛科普视频自媒体	386	8166437	68892	https://weibo.com/zhehuholland
8	江氏小盗龙	古生物科普作家、军事科普作家，恐龙超话主持人，微博签约自媒体	1064	7261474	59230	https://weibo.com/Microraptor
9	飞雪之灵	果壳网科普作者，科学科普博主	906	6922245	30017	https://weibo.com/u/5173399462
10	安定医院郝医生	精神病学科普作者，已出版《12个我》《你也是蘑菇吗》	234	6918667	8442	https://weibo.com/u/2841054630

2. 传播趋势

科学传播爱好者个人微博注册量经历了快速增长期和稳定发展期。微博设立之初至 2012 年底是科学传播爱好者个人微博数量快速增长的时期，2013 年至 2020 年是个人微博数量相对稳定的增长期，每个月都有个人微博注册。历年月个人微博注册量最多的是 2011 年 3 月，当月个人微博注册量是 36 个。

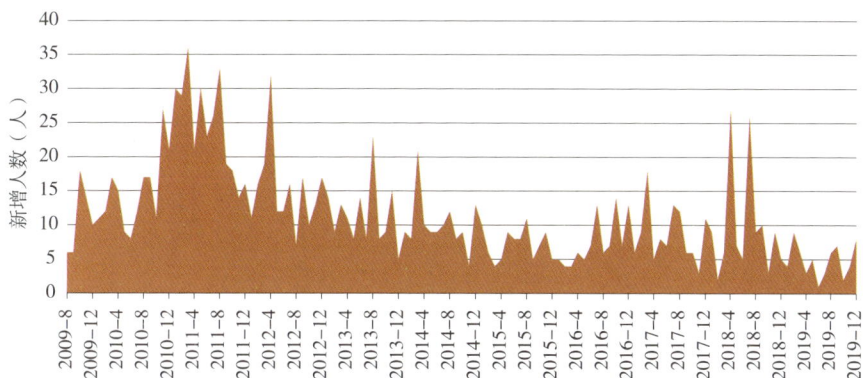

图 3-66　个人微博用户注册发展趋势

从月度来看，个人微博发帖量自微博出现起就呈现出相对稳定的增长状态。从微博出现至 2012 年 4 月，是个人用户发帖数量快速增长期，但基数小，总发帖量不多；2012 年 5 月至 2016 年 6 月，个人微博发帖数量处于稳定的增长期；2016 年 6 月后，个人微博发帖数量又呈现快速增长态势。

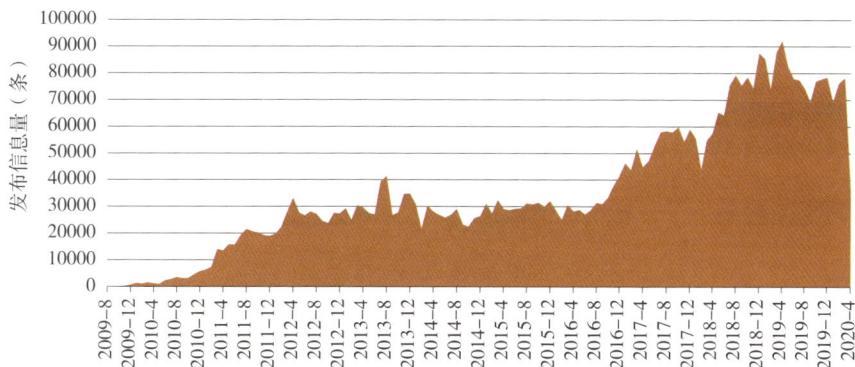

图 3-67　个人微博科学传播信息量月度趋势

从年度来看，2009 年至 2013 年是个人微博用户发布信息的快速增长期，2013 之后至 2016 年进入相对平稳发展期，随后又继续增长。历年个人微博用户发布信息最多的是 2019 年，当年传播量为 954367 条。

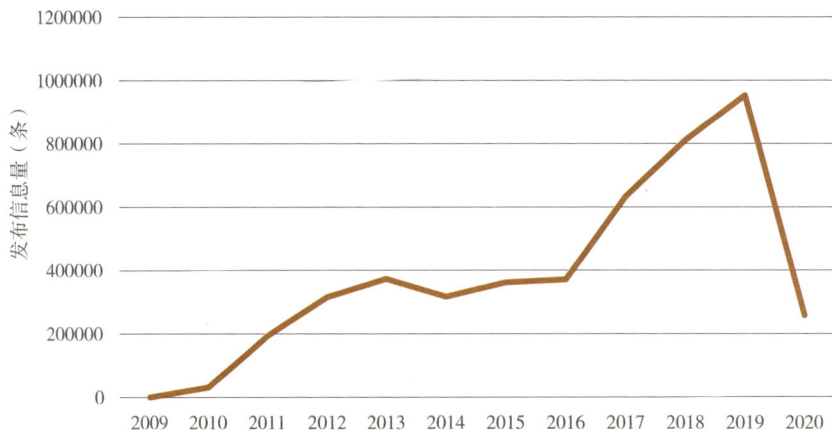

图 3-68　个人微博科学传播信息量年度趋势

个人微博每天最活跃的时间是 21:00—22:00，其次是上午 9:00—11:00。整体而言，除去凌晨 0:00—7:00，个人微博用户活跃度一直较高。

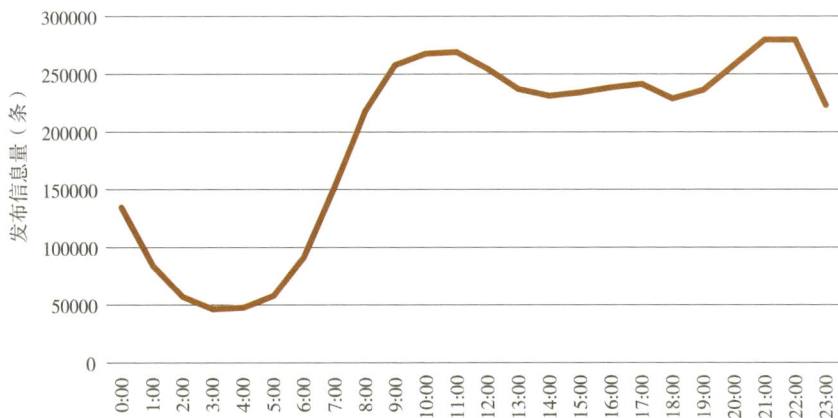

图 3-69　个人微博每天活跃时段分布

3. 科学传播爱好者个人微博主要传播话题

科学传播爱好者个人微博话题指数排名前 10 的有 # 五星红旗有 14 亿护旗手 #、#14 亿人为你庆生 #、# 清明追思家国永念 #、# 武汉加油 #、# 汶川大地震 10 年 #、# 制造业强国 # 等。

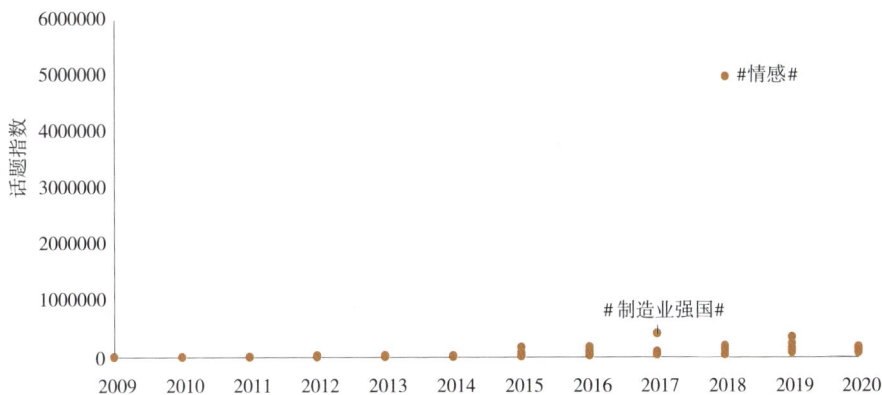

图 3-70　个人微博排名靠前的原创微博话题指数

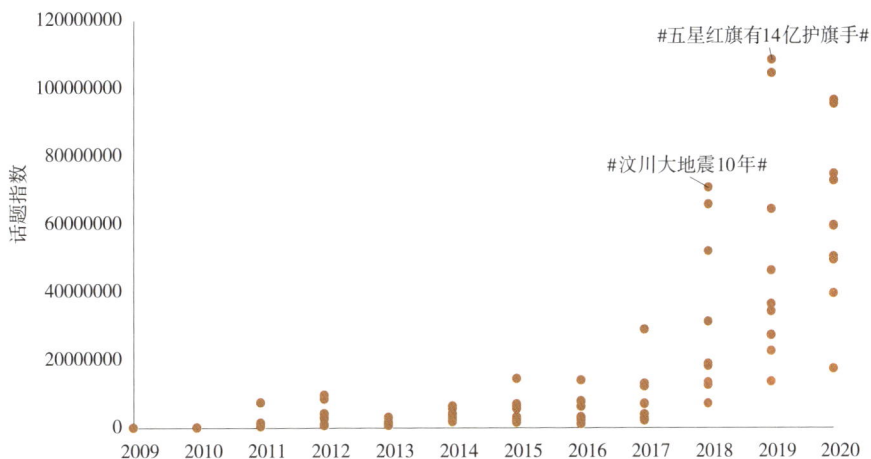

图 3-71　个人微博排名靠前的转发微博话题指数

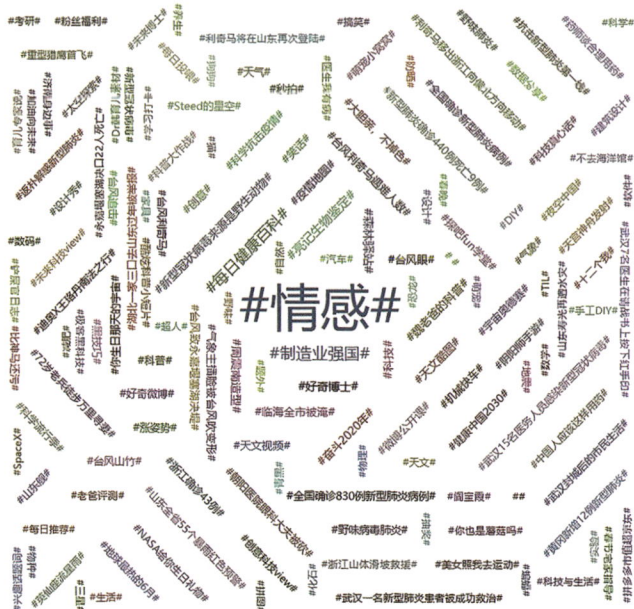

图 3-72　个人微博原创微博话题词云

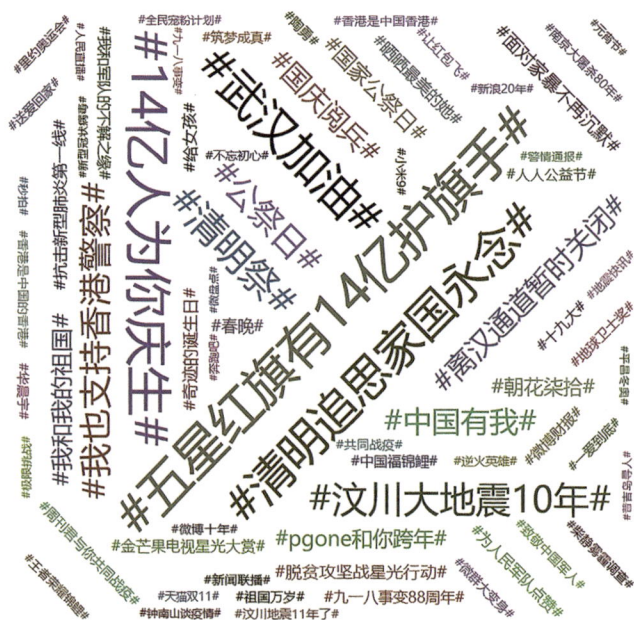

图 3-73　个人微博转发微博话题词云

结论：个人微博原创内容传播效果不如转发内容，原创内容话题较为丰富，转发内容话题多与爱国情绪抒发有关。

4. 科学传播爱好者个人微博主要传播形式分析

个人微博的科学传播形式以图片为主，共 462325 条，占比 57.1%。其中原创图片 214128 条，占比 26.4%；转发图片 248197 条，占比 30.7%。其次是视频，共 296301 条，占比 36.6%。其中原创视频 77005 条，占比 9.5%；转发视频 219296 条，占比 27.1%。传播量最少的是文章，共 50964 条，占比 6.3%。其中原创文章 19091 条，占比 2.4%；转发文章 31873 条，占比 3.9%。

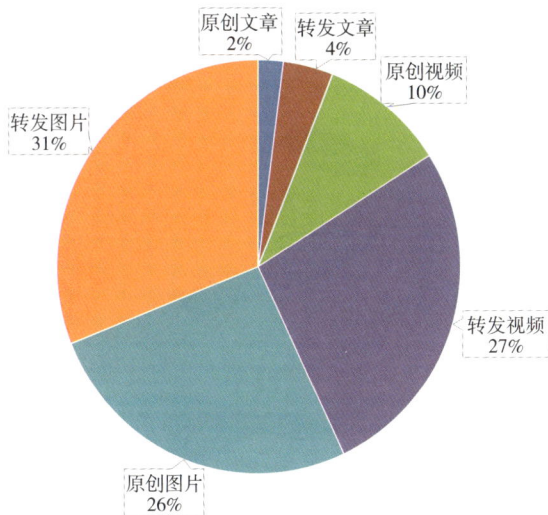

图 3-74 个人微博主要传播形式分布

2009 年至 2020 年，图片传播次数一直稳定增长，2020 年 4 月是历年图片月度传播量的最高峰。2017 年之前，视频都处于缓慢的增长期，2019 年以后有了快速增长。文章从 2015 年 12 月后开始保持相对稳定增长，2020 年 3 月是月度文章传播量的最高峰。

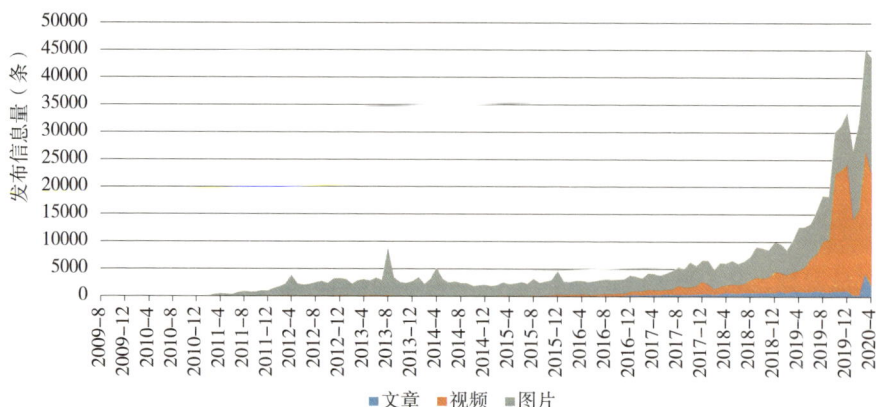

图 3-75　个人微博主要传播形式发展趋势

5. 科学传播爱好者个人微博内容传播互动效果评价

在个人微博互动中，原创内容的互动次数远高于转发内容，尤其以点赞形式的互动次数最高。在个人微博原创内容中，转发互动次数 85741217 次，评论互动次数 30351504 次，点赞互动次数 129131949 次。在转发内容中，转发互动次数 31994302 次，评论互动次数 7986616 次，点赞互动次数 23186053 次。

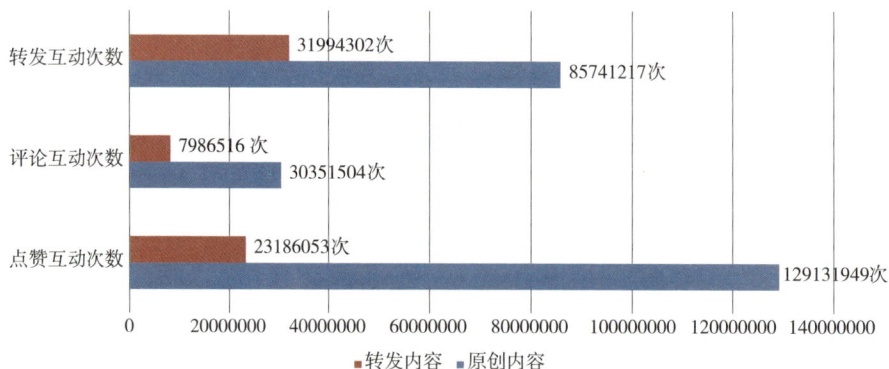

图 3-76　个人微博内容互动情况数量统计

个人微博点赞互动次数在 2014 年之前增长缓慢，2014 年后增长速度较快，2018 年 11 月至 2019 年 5 月出现断崖式下降，继而速度减缓，随后迅速回升。自微博出现，个人微博的评论互动次数一直保持稳定的增长态势。个人转发互动次数一直保持相对稳定的增长态势，偶发性突增与下滑并存。

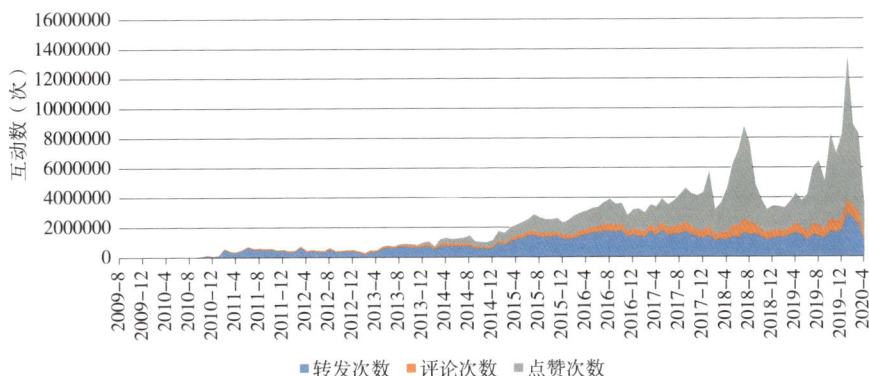

图 3-77　个人微博内容互动情况趋势

结论：个人微博中原创内容的互动效果要显著好于转发内容，在互动形式中，转发的互动形式一直占比较多，但是近年来点赞互动形式占比逐渐增加，并且历年点赞次数总和超过了转发形式的互动次数。

（七）事业单位微博

1. 事业单位微博主体构成

科学传播事业单位微博共 158 个，已认证 117 个，未认证 41 条。共发帖 484986 条，其中原创微博 351274 条，转发微博 133712 条，平均每个用户发帖约 3067 条。从事业单位微博的主办部门来看，主要是政府所属事业单位和科研院所下属的事业单位。

北京和广东地区的事业单位微博信息发布数量远高于其他行政省区（市）。北京地区的事业单位微博用户有"中国地震台网速报""中国数字科技馆""中国科普博览"等，主办单位主要是国家以及北京的天文馆、各大医院、疾控中心、科技活动中心等事业单位。广东省地区的事业单位微博用户有"广东天气""佛山天气""广州动物园"等，主办单位主要有广东省的气象台、动物园、天文台、科学中心等各类事业单位。

　　按照发帖数量排序，前 10 的事业单位分别是广东天气、陕西科普 V、天津天气、佛山天气、中国数字科技馆、中国地震台网速报、上海辰山植物园、北京海淀健康教育、美丽云南微科普、西宁野生动物园（见表 3-13）。

表 3-13　发帖数量排名前 10 的事业单位微博

序号	名称	行业类别	认证名称	关注数量	粉丝数量	微博数量	微博链接
1	广东天气	政府—气象	广东省气象服务中心	284	1850729	47203	https://weibo.com/910620121
2	陕西科普 V	政府—宣传	陕西省科普宣传教育中心官方微博	849	93951	47200	https://weibo.com/u/3186302852
3	天津天气	政府—气象	天津市气象服务中心官方微博	237	1051242	39941	https://weibo.com/qxfwzx
4	佛山天气	政府—气象	广东省佛山市公共气象服务中心官方微博	401	795682	35752	https://weibo.com/fssqxj
5	中国数字科技馆	政府—科普	中国科学技术馆官方微博	525	8055943	32151	https://weibo.com/cdstm
6	中国地震台网速报	政府—应急—地震	国家地震台网官方微博	351	9178941	21987	https://weibo.com/ceic
7	上海辰山植物园	政府—市政—园林环卫	辰山植物园以精研植物，爱传大众为使命，是大家的绿色博物馆	712	500462	17023	https://weibo.com/csnbg
8	北京海淀健康教育	政府—卫健—疾控应急	北京市海淀区疾病预防控制中心健康教育所官方微博	632	20879	14723	https://weibo.com/82405661

续表

序号	名称	行业类别	认证名称	关注数量	粉丝数量	微博数量	微博链接
9	美丽云南微科普	政府—科普	云南省科普资源信息中心（云南省科学技术协会企事业工作中心）	1382	41886	11018	https://weibo.com/u/5609595788
10	西宁野生动物园	机构场所—城市公园	西宁野生动物园	2029	23249	10606	https://weibo.com/529642012

按照粉丝数量排序，前10的事业单位分别是中国地震台网速报、中国数字科技馆、中国科普博览、广东天气、长沙市疾控中心、中国路网、天津天气、佛山天气、北京天文馆、上海辰山植物园（见表3-14）。

表 3-14　粉丝数量排名前 10 的事业单位微博

序号	名称	行业类别	认证名称	关注数量	粉丝数量	微博数量	微博链接
1	中国地震台网速报	政府—应急—地震	国家地震台网官方微博	351	9178941	21987	https://weibo.com/ceic
2	中国数字科技馆	政府—科普	中国科学技术馆官方微博	525	8055943	32151	https://weibo.com/cdstm
3	中国科普博览	媒体网站	中国科学院科普云平台	512	3144943	7853	https://weibo.com/caskepu
4	广东天气	政府—气象	广东省气象服务中心	284	1850729	47203	https://weibo.com/910620121
5	长沙市疾控中心	政府—卫健—疾控应急	湖南省长沙市疾病预防控制中心官方微博	334	1359923	3845	https://weibo.com/u/1770713970
6	中国路网	政府—交通运输—交通局	交通运输部路网监测与应急处置中心官方微博	252	1169890	6808	https://weibo.com/luwangzhongxin

续表

序号	名称	行业类别	认证名称	关注数量	粉丝数量	微博数量	微博链接
7	天津天气	政府—气象	天津市气象服务中心官方微博	237	1051242	39941	https://weibo.com/qxfwzx
8	佛山天气	政府—气象	广东省佛山市公共气象服务中心官方微博	401	795682	35752	https://weibo.com/fssqxj
9	北京天文馆	其他—其他机构	北京天文馆官方微博	112	726872	8746	https://weibo.com/bjtwg
10	上海辰山植物园	政府—市政—园林环卫	辰山植物园以精研植物，爱传大众为使命，是大家的绿色博物馆！	712	500462	17023	https://weibo.com/csnbg

2. 传播趋势

2011年和2012年是事业单位微博注册的高峰期，注册数量最多的月份有3个，为2011年4月、2011年12月和2012年3月。

从信息传播总体发展趋势来说，2009年至2010年，事业单位微博处于缓慢增长期，2011年至2014年是快速发展期。2014年之后是平稳发展期，在取样期内，2019年是发帖数量最多的年份，达到67718条；2020年2月是发帖数量最多的月份，达到7927条。

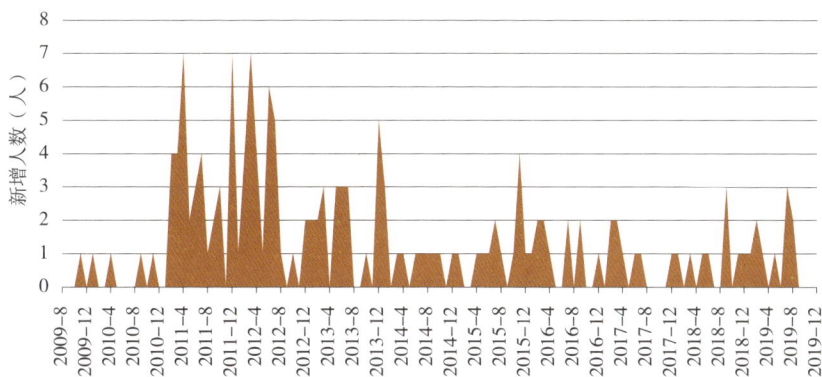

图 3-78　事业单位微博用户注册发展趋势

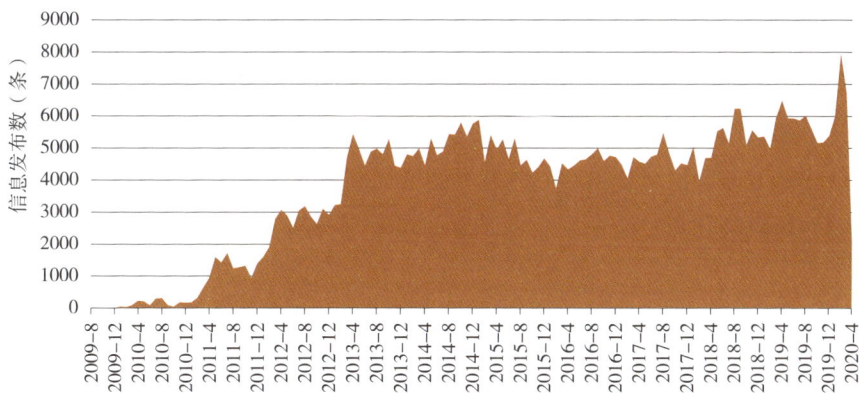

图 3-79　事业单位微博科学传播信息量月度趋势

图 3-80　事业单位微博科学传播信息量年度趋势

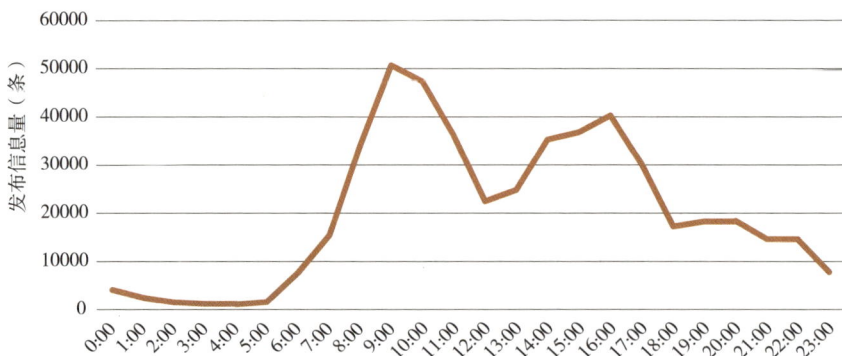

图 3-81　事业单位微博每天活跃时段分布

事业单位微博内容传播活跃时段主要分布在 9:00 左右和 16:00 左右。

3. 事业单位微博主要传播话题

与政府微博等类似，在事业单位微博的主要传播话题中，原创微博话题指数较转发话题指数低一些，转发类微博话题通常与爱国情绪抒发有关，更能引发用户的共鸣。

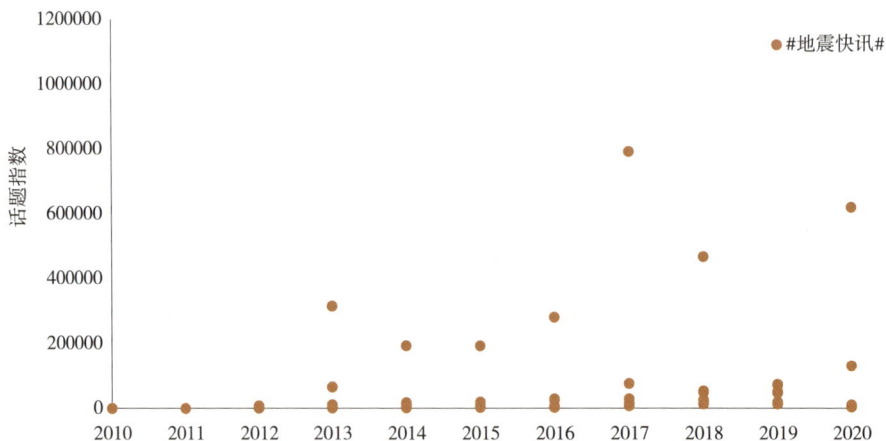

图 3-82　事业单位微博排名靠前的原创微博话题指数

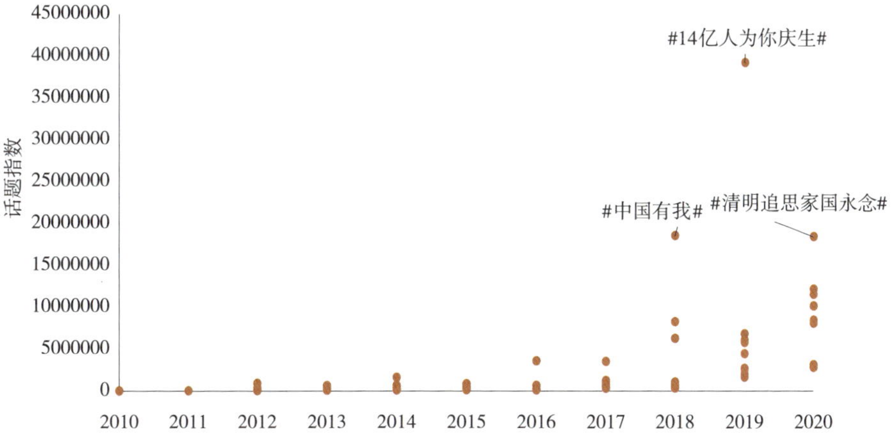

图 3-83 事业单位微博排名靠前的转发微博话题指数

图 3-84 事业单位微博原创微博话题词云

图3-85　事业单位微博转发微博话题词云

结论：事业单位微博传播话题主要包括两部分，一是与地震等灾害相关的话题，另一部分是与爱国情绪抒发相关的话题。原创内容多与灾害类话题相关，转发内容多与爱国情绪抒发相关。事业单位微博转发内容传播互动效果显著好于原创内容。

4. 事业单位微博主要传播形式分析

事业单位微博主要传播形式是图片。图片占比73.8%，其中原创图片26201条，占比23.4%，转发图片56443条，占比50.4%。视频占比18.3%，其中原创视频7036条，占比6.3%，转发视频13461条，占比12.0%。文章占比8.0%，其中原创文章2573条，占比2.3%，转发文章6337条，占比5.7%。

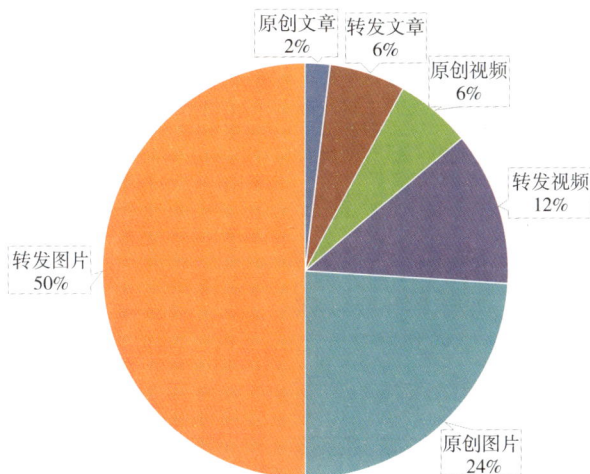

图 3-86　事业单位微博主要传播形式分布

　　2010 年 1 月至 2016 年 6 月，文章和视频的传播数量不高，2016 年 6 月以后文章和视频的传播量呈现缓慢的增长态势，2020 年 3 月是最高点。2010 年 1 月至 2019 年 2 月，图片的传播量呈现较为平稳的态势，2020 年 3 月是图片传播量最高的月份。

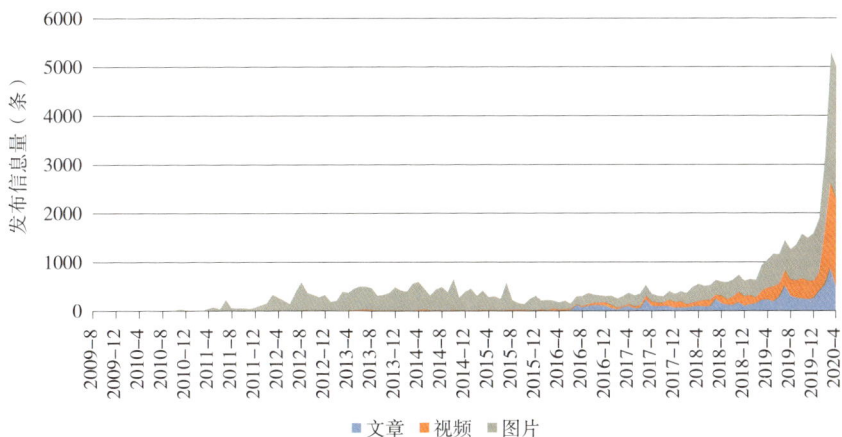

图 3-87　事业单位微博主要传播形式发展趋势

结论：图片是事业单位微博主要的传播形式，其次是视频，最后是文章。但是近年来文章和视频的传播量有显著增加。

5. 事业单位微博内容传播互动效果评价

事业单位的原创微博互动数量远高于转发微博的内容。原创内容的转发互动次数为 9011576 次，评论互动次数为 8032861 次，点赞互动次数为 16823648 次。转发内容的转发互动次数为 841401 次，评论互动次数为 730809 次，点赞互动次数为 966541 次。

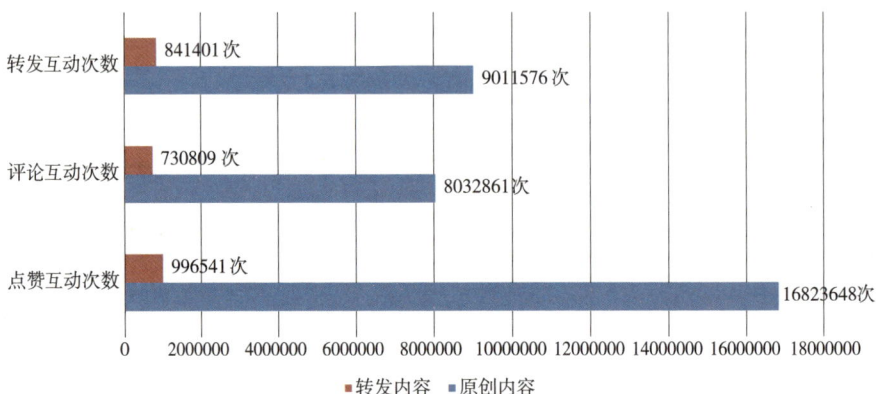

图 3-88　事业单位微博内容互动情况数量统计

事业单位的转发互动次数、评论互动次数和点赞互动次数基本上比较平稳，中间偶尔有突发式的高峰值。转发次数有两次高峰值，一是 2013 年 12 月，二是 2017 年 8 月。评论次数也有两次高峰值，一是 2013 年 12 月，二是 2017 年 8 月。点赞互动次数一直呈现稳定的增长态势，2017 年 8 月有一次峰值，2019 年 6 月后发展态势良好，增速较快，样本期内的历年峰值是 2020 年 2 月。

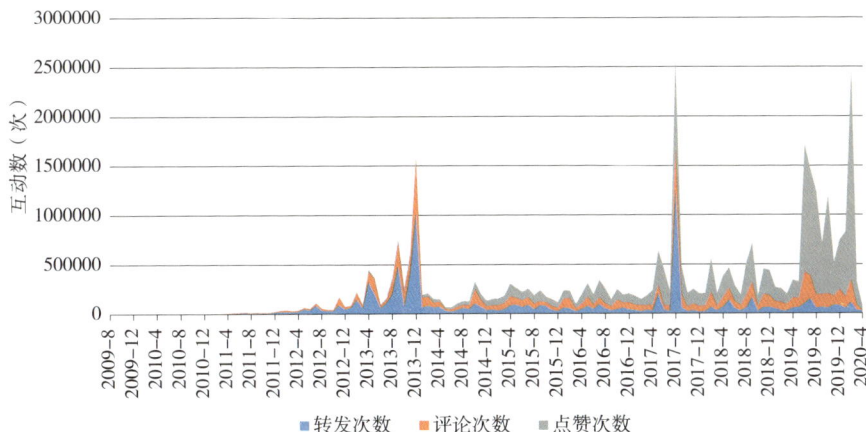

图 3-89 事业单位微博内容互动情况趋势

结论：事业单位的原创微博互动效果远高于转发微博的互动效果。从互动形式来说，2014 年之前转发互动占比较高，但是近年来点赞次数显著上升，成为很重要的互动形式。

（八）教育机构微博

1. 教育机构微博主体构成

教育机构微博用户有 127 个，已认证 34 个，未认证 93 个；共发帖 70162 条，其中原创微博 38589 条，转发微博 31573 条。按照教育机构微博的主办部门来看，主要是高校院系及一些偏重基础研究和科普教育的研究机构，除此之外还有一些科技馆、实践团（队）等。

从教育机构所属的地域来看，北京和广东地区的微博信息传播数量显著高于其他地区。北京的教育机构微博有"北化消防""宣武科技馆""北京科技大学志愿者"等，主要由北京高校社团、实践团等主办。广东省教育机构微博有"惠州学院青协科普队""广州货币金融博物馆""广东食品药品学院中药科普协会"等，主办单位主要是学校的科普队和科普社等。

按照微博发帖数量的多少，排名前 10 的教育机构微博有：西安科技大学微博协会、AT 在科普公益人的路上、成都理工大学广告系、黄河科技学院新闻传播学院团委、安庆师范学院大学生科普协会、宣武科技馆、2017级播音三班团支部、华中科技大学广告系、成都理工大学传艺学生会、中国科学院昆明植物研究所（见表3-15）。

表3-15 发帖数量排名前10的教育机构微博

序号	名称	行业类别	认证名称	关注数量	粉丝数量	微博数量	微博链接
1	西安科技大学微博协会	高校—学生社团	西安科技大学微博协会官方微博	483	18555	17681	https://weibo.com/xustweixh
2	AT在科普公益人的路上	—	—	1157	632	5537	https://weibo.com/hnmrxz
3	成都理工大学广告系	高校—大学院系	成都理工大学传播科学与艺术学院广告系官方微博	222	3121	4042	https://weibo.com/cdutcbxtzz
4	黄河科技学院新闻传播学院团委	高校—大学院系	—	94	123	3025	https://weibo.com/u/5205357668
5	安庆师范学院大学生科普协会	高校—学生社团	安庆师范学院大学生科普协会官方微博	816	1157	2857	https://weibo.com/u/3109560695
6	宣武科技馆	政府—科普	北京市宣武青少年科学技术馆官方微博	518	18443	2641	https://weibo.com/u/2060214017
7	2017级播音三班团支部	—	—	6	55	2614	https://weibo.com/u/6334198855
8	华中科技大学广告系	高校—大学院系	华中科技大学新闻与信息传播学院广告学系官方微博	149	841	2196	https://weibo.com/hustad

序号	名称	行业类别	认证名称	关注数量	粉丝数量	微博数量	微博链接
9	成都理工大学传艺学生会	高校—学生会	成都理工大学传播科学与艺术学院学生会官方微博	241	916	2023	https://weibo.com/u/5065570362
10	中国科学院昆明植物研究所	政府—教育	中国科学院昆明植物研究所官方微博	182	28320	1596	https://weibo.com/u/1853568305

按照粉丝数量的多少，排名前 10 的教育机构是中国科学院昆明植物研究所、西安科技大学微博协会、宣武科技馆、探索那星空、北京科技大学志愿者、重庆人文科技学院文新学院、成都理工大学广告系、北化消防、e 创前行益响未来——科普传播乡村、创新机器人科普体验馆（见表 3–16）。

表 3–16　粉丝数量排名前 10 的教育机构微博

序号	名称	行业类别	认证名称	关注数量	粉丝数量	微博数量	微博链接
1	中国科学院昆明植物研究所	政府—教育	中国科学院昆明植物研究所官方微博	182	28320	1596	https://weibo.com/u/1853568305
2	西安科技大学微博协会	高校—学生社团	西安科技大学微博协会官方微博	483	18555	17681	https://weibo.com/xustweixh
3	宣武科技馆	政府—科普	北京市宣武青少年科学技术馆官方微博	518	18443	2641	https://weibo.com/u/2060214017
4	探索那星空	高校—学生社团	中国地质大学（武汉）行星科普团队官方微博	44	16748	1592	https://weibo.com/e2ds

续表

序号	名称	行业类别	认证名称	关注数量	粉丝数量	微博数量	微博链接
5	北京科技大学志愿者	高校—学生社团	北京科技大学团委官方微博	295	4960	789	https://weibo.com/ustbvolunteers
6	重庆人文科技学院文新学院	高校—大学院系	西南大学育才学院文学与新闻传播学院官方微博	495	4025	668	https://weibo.com/wenxinxueyuan
7	成都理工大学广告系	高校—大学院系	成都理工大学传播科学与艺术学院广告系官方微博	222	3121	4042	https://weibo.com/cdutcbxtzz
8	北化消防	高校—大学部处	北京化工大学保卫处消防科	561	1420	398	https://weibo.com/u/6580578110
9	e创前行益响未来——科普传播乡村	—	—	69	1366	8	https://weibo.com/u/5713484138
10	创新机器人科普体验馆	高校—项目活动	浙江纺织服装职业技术学院创新机器人科普体验馆官方微博	79	1350	253	https://weibo.com/u/3772477727

2. 传播趋势

总体而言，教育机构微博的注册量呈现间断式发展，有的月份没有新增。2012年11月是注册的最高点，当月注册了7个新用户。

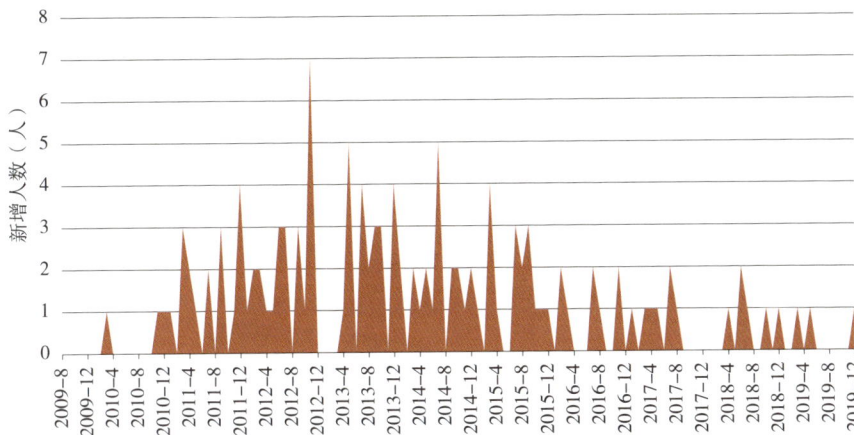

图 3-90　教育机构微博用户注册发展趋势

2011 年 3 月，教育机构微博首次发帖，2014 年 3 月前后是发帖数量的快速增长期。随后至 2020 年，教育机构微博发帖量总体呈现降低趋势。从年度信息发布量来看，2014 年是历年信息发布的高峰。从月度信息发布量来看，历年发帖量最高的月份是 2013 年 12 月。

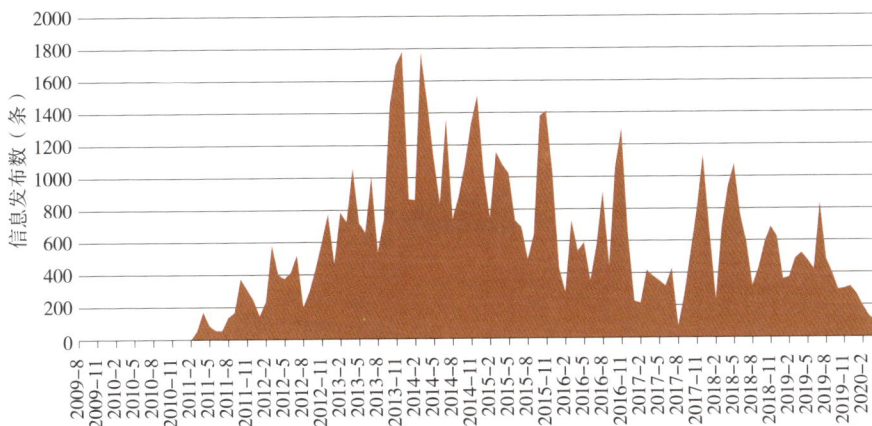

图 3-91　教育机构微博科学传播信息量月度趋势

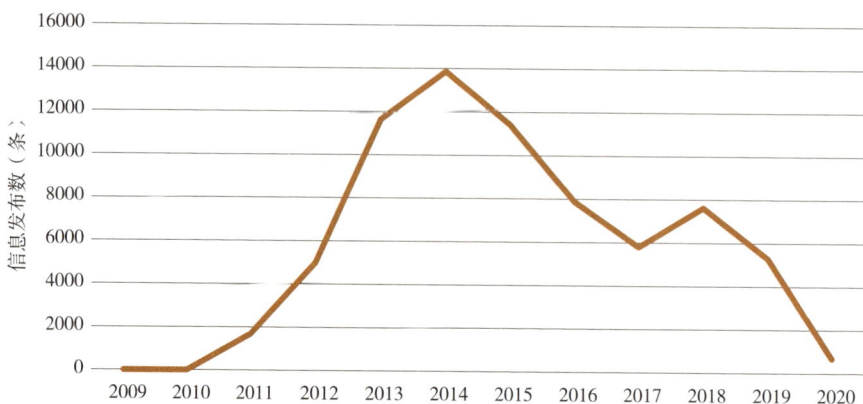

图 3-92　教育机构微博科学传播信息量年度趋势

教育机构微博每天活跃的时段与个人微博相似，活跃度最高的时间段是 8:00—11:00，其次是 22:00—23:00。但是从整体而言，除却凌晨 0:00—6:00，其余时间教育机构微博都较为活跃。

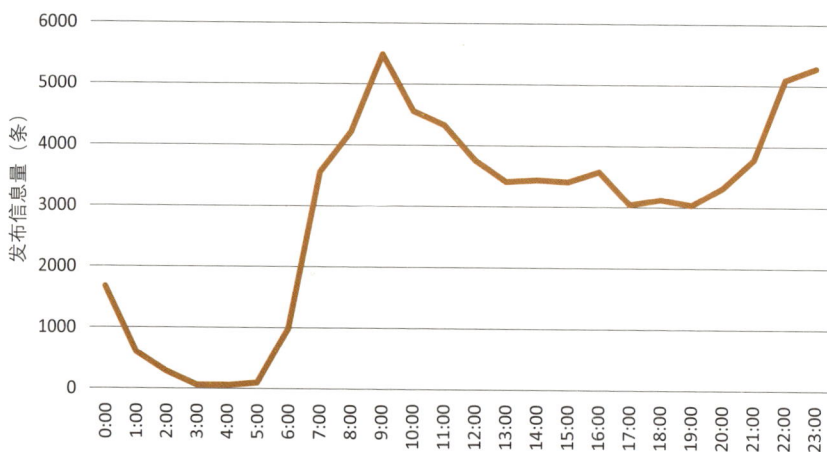

图 3-93　教育机构微博每天活跃时段分布

3. 教育机构微博主要传播话题

教育机构原创微博话题指数远低于转发微博话题指数，原创微博中排名靠前的话题有 # 传艺班级风采大赛 #、# 夜聊百科 # 等。转发微博中排名靠前的话题有＃有 R9s 拍照更清晰＃，话题指数 96553000；＃里约奥运＃，话题指数 77902852；＃双十一来了＃，话题指数 55506688，以上三个话题均在 2016 年出现。

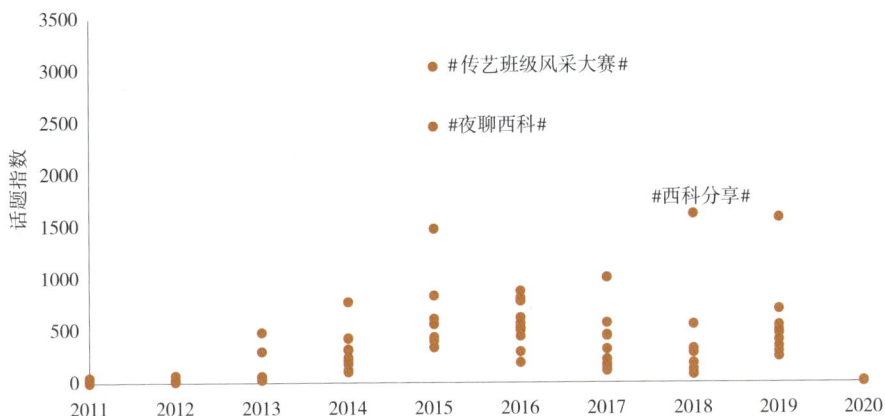

图 3-94　教育机构微博排名靠前的原创微博话题指数

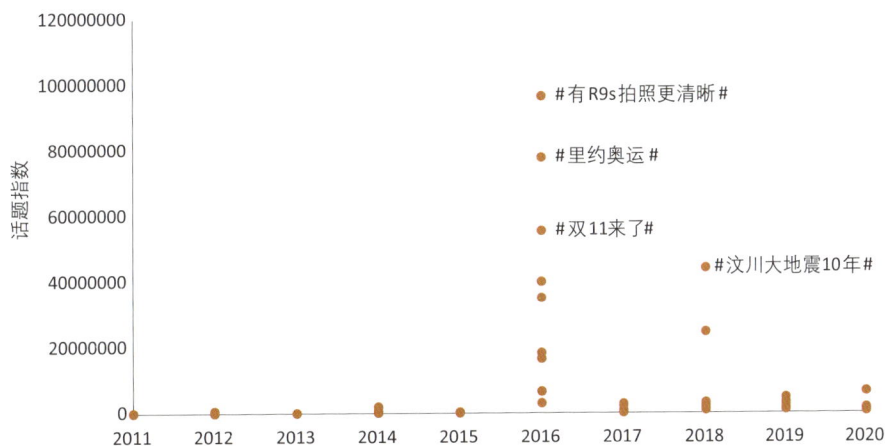

图 3-95　教育机构微博排名靠前的转发微博话题指数

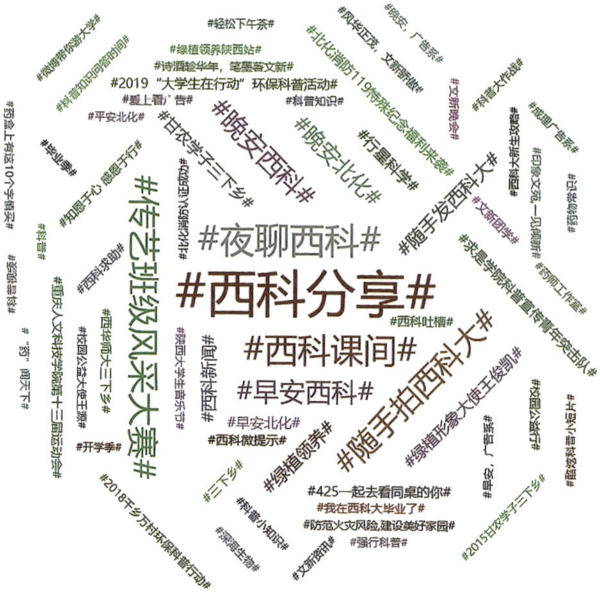

图 3-96　教育机构微博原创微博话题词云

图 3-97　教育机构微博转发微博话题词云

结论：教育机构微博话题通常包括两个部分，一是与新闻相关的话题，内容较为广泛；二是与高校相关的话题。原创内容的话题指数显著低于转发内容，原创内容话题多与高校相关，转发内容多与新闻相关。

4. 教育机构微博主要传播形式分析

教育机构微博传播形式主要是图片，占比84.5%。其中原创图片11257条，占比34.3%；转发图片16483条，占比50.2%。其次是视频，占比13.8%。其中原创视频339条，占比10.3%；转发视频1135条，占比3.5%。传播量最低的是文章，占比1.7%。其中原创文章379条，占比1.1%，转发文章189条，占比0.6%。

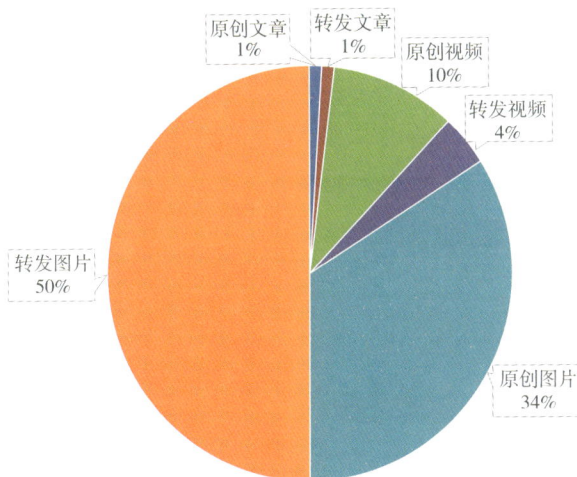

图3-98　教育机构微博主要传播形式分布

图片的传播量远大于文章和视频。历年视频和图片传播量最高点都是2018年5月，历年文章传播量最高点是2018年6月。

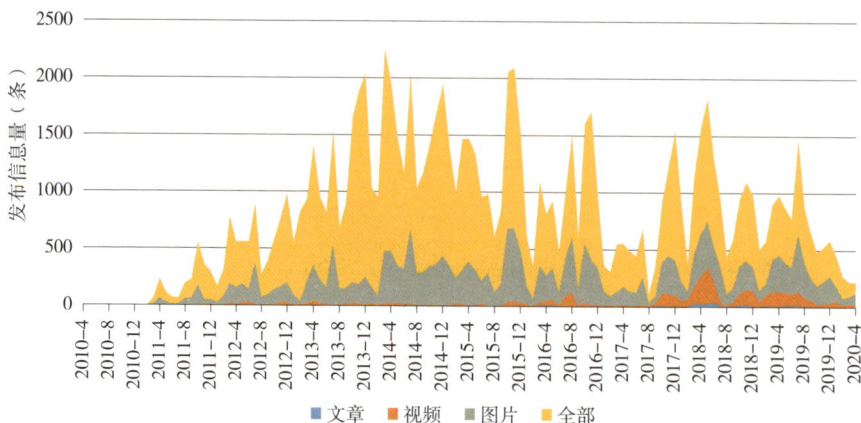

图 3-99 教育机构微博主要传播形式发展趋势

5. 教育机构微博内容传播互动效果评价

教育机构微博原创内容的互动次数高于转发内容。原创内容的转发互动次数为 53745，评论互动次数为 77119，点赞互动次数为 132327。转发内容的转发互动次数为 17569，评论互动次数为 12323，点赞互动次数为 25982。

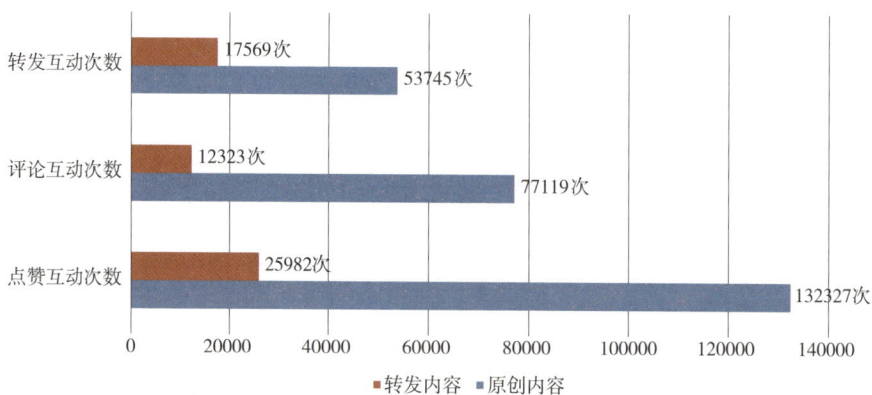

图 3-100 教育机构微博内容互动情况数量统计

从总量上看，教育机构微博内容互动的高峰期有两个，一是 2013 年 11 月至 2016 年 3 月，二是 2019 年 7 月至 9 月。历年转发次数最高的月份是 2015 年 5 月。点赞次数在 2019 年之前呈现山峰式的状态，峰值是 2015 年 10 月。历年点赞次数最高的是 2019 年 9 月。评论次数在 2019 年 6 月之前呈现起伏错落的山峰式，峰值是 2015 年 11 月。历年评论次数最高的是 2019 年 9 月。

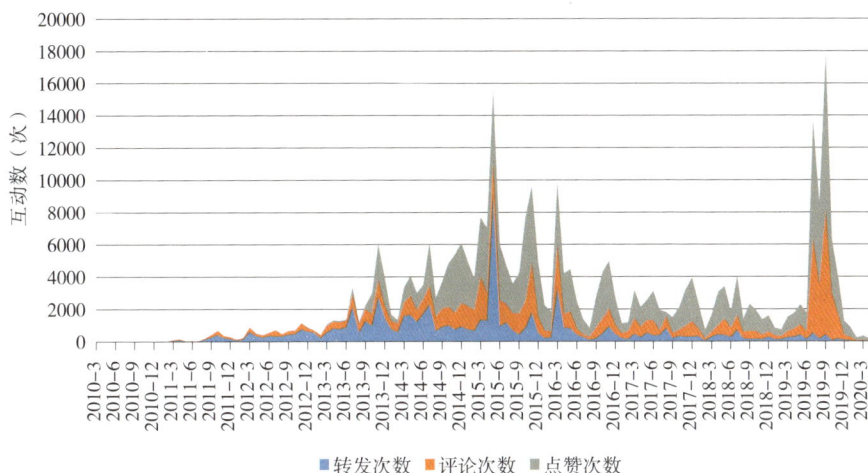

图 3-101　教育机构微博内容互动情况趋势

结论：教育机构微博原创内容互动效果显著好于转发内容，从总体而言，点赞互动是最主要的互动形式。

（九）其　他

1. 其他类微博主体构成

其他类微博用户 42 个，都是认证用户，共发帖 346720 条，其中原创微博 246715 条，转发微博 100005 条。这些微博大多是新浪产品内部账号。

按照发帖数量多少排名，前 10 的其他类微博是：首都专家微博群、科学公园、网易航空航天、科技馆论坛、微博科普、MV 医学微视、生命奥秘博物馆、科分院社区、微博内科、微博公开课（见表 3-17）。

表 3-17 发帖数量排名前 10 的其他类微博

编号	名称	行业类别	认证名称	关注数量	粉丝数量	微博数量	微博链接
1	首都专家微博群	政府—教育	首都专家微博群官方微博	348	801785	23769	https://weibo.com/u/2670216585
2	科学公园	—	科学公园官方微博	765	1145747	19897	https://weibo.com/sciencepark
3	网易航空航天	机构自媒体—其他	航空科普博主	1029	36099	15849	https://weibo.com/u/3212621714
4	科技馆论坛	—	科技馆论坛kjgbbs.com官方微博	2364	5952	11285	https://weibo.com/kjgbbs
5	微博科普	新浪产品—内部账号	微博科普官方微博	1914	1213015	9411	https://weibo.com/u/5776349093
6	MV 医学微视	媒体网站	医学微视官方微博	677	257560	4806	https://weibo.com/mvyxws
7	生命奥秘博物馆	机构场所—博物馆	生命奥秘博物馆官方微博新浪微博社区委员会专家成员	1532	113152	4579	https://weibo.com/shengmingaomi
8	科分院社区	政府—基层组织	成都市武侯区跳伞塔街道科分院社区官方微博	474	724	4502	https://weibo.com/u/2881828344
9	微博内科	新浪产品—内部账号	微博内科官方微博	93	927012	4238	https://weibo.com/u/6489421213
10	微博公开课	新浪产品—内部账号	微博公开课官方微博	265	724261	3090	https://weibo.com/u/5910012528

　　按照粉丝数量多少排名，前 10 的其他类微博是微博科普、科学公园、微博儿童科普、微博内科、微博机械、奇妙心理学、宇宙探索、微博航天、微博奶业、首都专家微博群（见表 3-18）。

表 3-18　粉丝数量排名前 10 的其他类微博

序号	名称	行业类别	认证名称	关注数量	粉丝数量	微博数量	微博链接
1	微博科普	新浪产品—内部账号	微博科普官方微博	1914	1213015	9411	https://weibo.com/u/5776349093
2	科学公园	—	科学公园官方微博	765	1145747	19897	https://weibo.com/sciencepark
3	微博儿童科普	新浪产品—内部账号	微博儿童科普官方微博	88	962210	532	https://weibo.com/u/7072253315
4	微博内科	新浪产品—内部账号	微博内科官方微博	93	927012	4238	https://weibo.com/u/6489421213
5	微博机械	新浪产品—内部账号	微博科普机械科技科普官方微博	21	888709	2543	https://weibo.com/u/5910010529
6	奇妙心理学	新浪产品—内部账号	微博科普心理学科普官方微博	156	827458	2404	https://weibo.com/u/5905688808
7	宇宙探索	新浪产品—内部账号	微博科普天文航天科普官方微博	23	820650	1412	https://weibo.com/u/5907285478
8	微博航天	新浪产品—内部账号	微博航天官方微博	198	817941	2625	https://weibo.com/u/5910260781
9	微博奶业	新浪产品—内部账号	微博科普奶业科普官方微博	37	803246	622	https://weibo.com/u/6152734862
10	首都专家微博群	政府—教育	首都专家微博群官方微博	348	801785	23769	https://weibo.com/u/2670216585

2. 传播趋势

2011 年 2 月，其他类微博用户发布信息首次突破 10 条，2011 年后，用户发帖数量呈现相对平稳的增长态势。2018 年 12 月是历年发帖量最多的月份，为 4641 条。

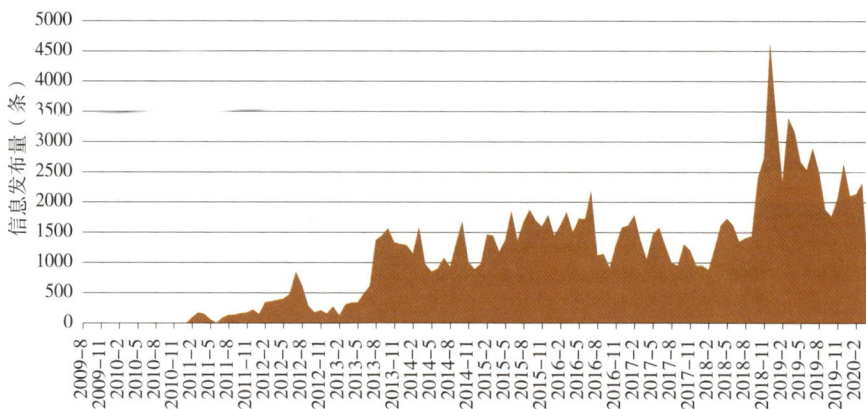

图 3-102　其他类微博科学传播信息量月度趋势

　　总体而言，其他类微博用户每年发布科学传播类信息的数量保持相对稳定增长态势，2019 年达到顶点，为 31314 条。

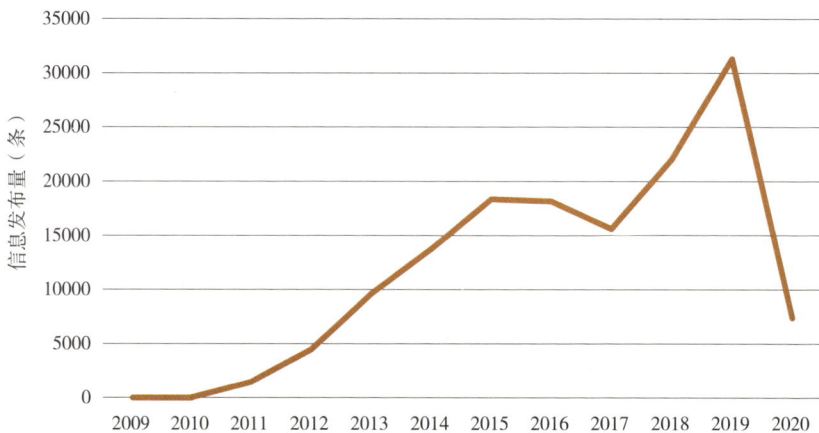

图 3-103　其他类微博科学传播信息量年度趋势

3. 其他类微博内容传播互动效果评价

　　其他类微博原创内容的互动次数远高于转发内容。原创内容的转发互动次数为 2175750，评论互动次数为 1107703，点赞互动次数为 382085。转发内容的转发互动次数为 250865，评论互动次数为 71935，点赞互动次数为 145731。

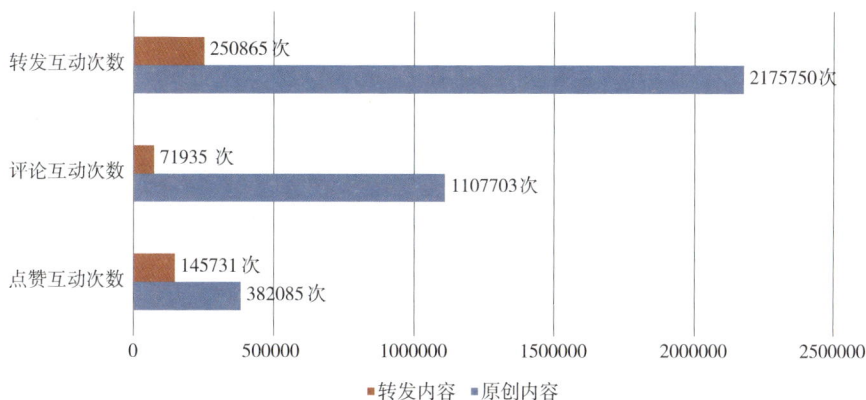

图 3-104　其他类微博内容互动情况数量统计

2013 年 3 月至 11 月是其他微博用户转发互动和评论互动高峰期，2013年 7 月是转发互动和评论互动的最高点。2013 年后点赞互动次数呈现平稳增长态势，2019 年 1 月是历年点赞互动次数的最高点。

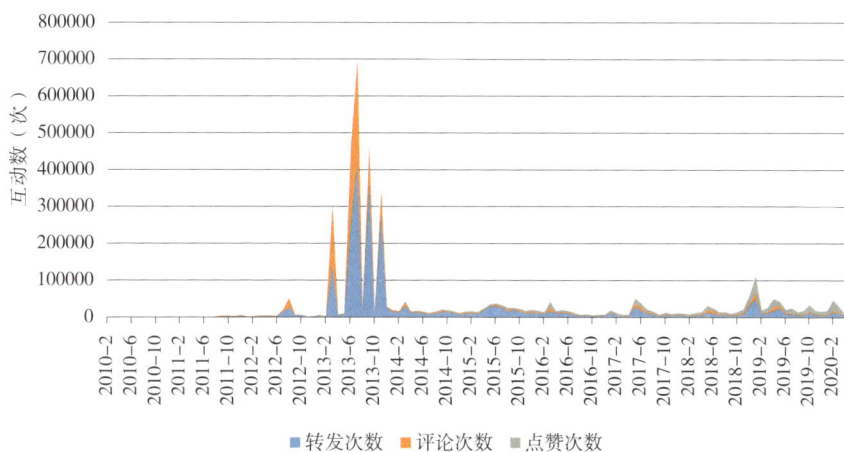

图 3-105　其他类微博内容互动情况趋势

由于"其他类"微博数量偏少，所以不对"其他类"微博的主要传播形式和主要传播话题进行分析。

三、总结、对比及分析

总体来看，微博平台科学传播有着微博平台本身发展的特征。2009 年至 2010 年是所有主体发展的低潮期，随后至 2013 年，科学传播用户数量和信息发布量都开始逐年增长。2014 年至 2016 年持续稳定发展，2017 年至 2020 年是科学传播类微博发展态势良好的时期，这与微博本身的发展阶段不谋而合。

（一）不同主体科学传播微博特点

1. 传播主体及发布信息数量

从微博用户注册数量来看，科学传播爱好者个人注册微博数量最多，达到 1426 个；机构类微博最多的是社团组织微博 418 个；企业微博 264 个；媒体微博 210 个，事业单位微博 158 个，教育机构微博 127 个，政府微博 89 个，科研机构微博 34 个。科学传播爱好者个人微博数量多说明微博平台已经成为科学爱好者个人开展科学传播的载体；社团组织微博数量多可以说明科技类学协会组织传播主体已经是微博科学传播的主力军了。

从微博发布信息数量来看，科学传播爱好者个人发布信息数量最多，达到 4632501 条；机构类微博中发布信息数量最多的是媒体微博，发布了 715657 条，其次是政府微博发布 700671 条，社团组织微博发布 568442 条，事业单位微博发布 484986 条，企业微博发布 346720 条，科研机构微博发布 56851 条。政府部门微博数量虽然少，但是发布信息数量多，原因是气象、消防、灾害管理部门是政府微博的主要注册部门，这些部门已经把微博作为与公众进行灾害信息沟通和应急传播的主要平台。个人微博用户基数大，发布的信息数量远大于机构微博，在微博平台上开展科学传播更活跃。教育机构微博和科研机构微博发布信息不多，均只占总数的 1%。

从不同主体微博平均发布的信息数量来看，政府微博平均发布信息数量最多，达到 7873 条，说明政府部门对于微博问政的重视。其次是媒体微博平均发布 3407 条，科学传播爱好者个人微博平均发布 3249 条，事业单位微博平均发布 3067 条，科研机构微博平均发布 1673 条，社团组织微博平均发布 1360 条。发布信息最少的是教育机构微博，平均发布 552 条。

从不同地区微博数量及不同主体微博发布信息数量来看，不同地区的科学传播微博数量与当地的科技经济发展水平紧密相关，科技经济发达地区的微博数量和微博发布信息数量明显具有优势。总体来看，占比一半以上的科学传播微博用户分布在北京、广东和上海地区。其中，北京地区的科学传播微博数量占比达到全国数量的 29%。从不同类型主体来看，广东地区的政府部门微博数量突出，云南地区的社团组织微博数量突出。

政府部门微博和其他微博的认证用户比例较高，事业单位、媒体、科研机构、企业和个人微博的认证用户比例也均超过 50%，而社团组织和教育机构微博的认证用户比例较低。

通过对微博平台科学传播主体的综合分析发现，个人微博是最为活跃的主体，并且个人微博的科学传播数据量从各方面来说，都处于较高的位置。

2. 传播趋势

大部分微博主体的科学传播趋势与微博本身的传播趋势一致，经历了缓慢增加与快速增长、调整期、稳步增长这三个发展阶段，只有政府微博和个人微博总体一直处于增长趋势。

除了个人微博的活跃时间是晚上以外，其余主体微博的活跃时间都是 9:00—11:00 左右和 14:00—16:00 左右。

3. 传播话题

政府微博、媒体微博和事业单位微博的传播话题主要有两类：一是与地震、火灾等突发性灾害事件相关的话题，二是爱国情绪抒发的话题；科研机构微博、教育机构微博和科学爱好者个人微博发布的话题比较广泛；社会组织微博和企业微博发布的话题集中在爱国情绪抒发类和综合科技类。

4. 传播形式

所有微博的主要传播形式都是图片，其次是视频，近年来传播形式更加丰富起来。

5. 传播效果

总的来看，科学传播类微博上的转发信息传播互动效果要好于原创信息。从互动形式来看，前几年的主要互动形式是转发，近年来互动形式主要是点赞。

（二）存在的问题

1. 传播内容具有雷同性。从整体上看，微博平台的科学传播并未形成一个良好的生态圈，传播话题雷同性较高。一是科学传播微博与其他微博在传播话题上的雷同；二是不同注册主体的科学传播微博传播话题的雷同性严重。这反映出微博平台科学传播主体对自身定位没有明确的标签化。

2. 与转发内容相比，原创内容的传播互动效果较差。从不同主体微博原创内容和转发内容话题指数来看，总的来说，原创内容的话题指数较转发内容话题指数低，在原创内容里，排名靠前的话题种类较多，而指数较高的转发类话题大部分是与国家民族命运息息相关的话题，体现了家国情怀，或者是具有正向的引导力量，可以广泛引起用户共鸣的话题。

3. 机构类微博活跃度不如个人微博。通过数据来看，无论是账号数量、账号活跃度、内容创新性还是科学传播行为的积极性，个人微博都比组织机构类的微博表现突出。。

4. 媒体以传播信息为己任。通过分析媒体微博，并与其他类主体进行对比，发现媒体微博对于科普的重视度还可以进一步加强，应更加充分发挥自身优势开展科学传播。

第四章 微博平台科学传播话题及内容分析

这部分通过分别对比原创话题与转发话题、互动数量高与互动数量低的话题、突发事件中代表性话题的传播主体、传播内容、传播形式、传播时间、传播地域等，分析不同类型话题的科学传播特点。

一、原创类话题与转发类话题对比分析

（一）原创类话题

经统计，2009 年 8 月至 2020 年 4 月，一共有 205537 个科学传播原创类微博话题。按照原创微博数量多少对话题进行排序，选取微博数量最多的 30 个代表性话题作为原创话题 Top30，分别是 #陕西科普#、#地震快讯#、#科普#、#微博公开课#、#趣味科普#、#趣味实验#、#趣味实验室#、#制造业强国#、科普大作战#、#白菜情报局# 等（见表 4-1）。

表 4-1 原创微博话题 Top30

序号	话题	最早发布时间	原创总数	原创点赞数量	原创评论数量	原创转发数量
1	#陕西科普#	2014-01-21 15:03:00	38903	14200	4449	8229
2	#地震快讯#	2012-11-25 7:59:00	33869	6401420	3068909	3046528
3	#科普#	2010-09-26 10:34:00	31322	212527	57862	139642
4	#微博公开课#	2018-09-3 11:20:00	29218	265518	58385	180496

续表

序号	话题	最早发布时间	原创总数	原创点赞数量	原创评论数量	原创转发数量
5	#趣味科普#	2014-02-11 12:37:00	29012	9937	3117	4567
6	#趣味实验#	2017-05-25 19:19:00	27721	10690	2110	1614
7	#趣味实验室#	2015-08-31 10:38:00	25863	6864	1045	1525
8	#科普大作战#	2015-08-14 15:16:00	23609	152053	33643	86135
9	#制造业强国#	2016-01-02 15:19:00	21447	1058593	302616	897910
10	#白菜情报局#	2017-05-17 14:04:00	20361	3600	482	199
11	#预警信息#	2011-09-15 17:42:00	18690	27803	9214	19700
12	#天文酷图#	2014-07-07 9:29:00	16206	333406	42879	128513
13	#科技#	2011-05-04 10:20:00	16032	348356	103561	249871
14	#每日健康百科#	2017-05-25 16:28:00	13802	917228	81800	951856
15	#天文#	2010-04-19 1:58:00	12347	60202	16636	26539
16	#急急侠话科普#	2016-01-23 12:42:00	11171	66478	20738	86497
17	#动物世界#	2012-01-12 16:34:00	10412	22722	3664	6273
18	#科普小知识#	2011-10-12 15:56:00	10154	57885	10659	18564
19	#科普一下#	2013-11-29 20:08:00	9640	31114	4616	12832

序号	话题	最早发布时间	原创总数	原创点赞数量	原创评论数量	原创转发数量
20	#Ted 演讲 #	2011-12-07 16:00:00	9306	2127	111	1904
21	# 发明 #	2016-08-18 15:05:00	9295	3589	399	1954
22	# 相机 #	2011-04-08 8:50:00	8300	1511	256	484
23	# 手机 #	2011-05-17 8:46:00	8003	2882	1475	1111
24	# 天文视频 #	2014-07-28 19:27:00	7729	229434	37660	139222
25	# 芝麻开门 #	2013-05-03 20:30:00	7309	60898	42614	33890
26	# 技巧 #	2016-03-20 11:18:00	7216	409	51	205
27	# 萌宠小窝窝 #	2019-05-07 11:17:00	7064	94857	27214	44798
28	# 玩的就是创意 #	2015-01-01 22:52:00	6715	98207	8456	17673
29	# 科普机械 #	2016-07-14 12:37:00	6620	18399	4406	18415
30	# 情感 #	2014-06-18 11:38:00	6604	14086126	1354544	918345

1. 传播主体

从 30 个原创类代表性话题的发布主体分布来看，机构传播主体在微博科学传播方面扮演了重要角色。机构微博注重履行机构职责，往往凭借自身的专业性优势注重原创，传播专业性较强的科普知识；比较来说，个人微博在原创类话题中的活跃度不高。在机构微博用户中，政府部门、社团组织、科研机构、教育机构、媒体、事业单位对原创类话题的贡献最大，企业的表现力最低，说明企业在微博科学传播方面的潜力还未完全发挥，各类主体在不同话题中发布信息的数量也有差别。以下选取几个微博话题，呈现其发布主体的内容传播情况。

图 4-1 ＃陕西科普＃话题微博发布主体

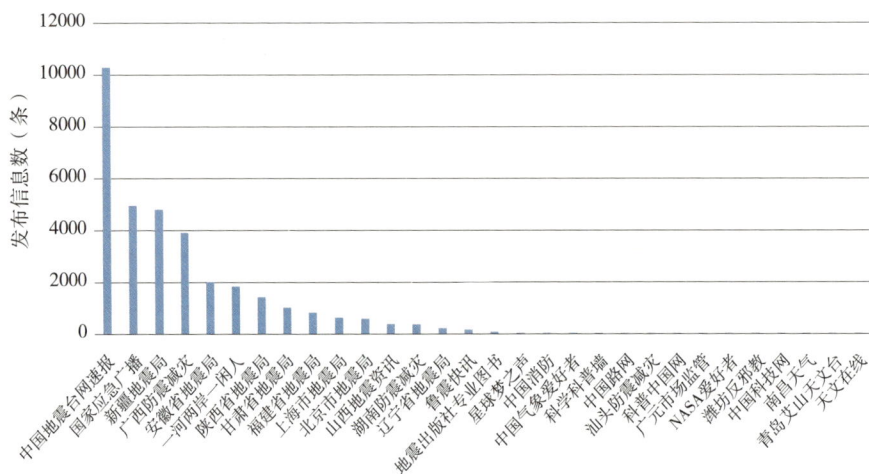

图 4-2 ＃地震快讯＃话题微博发布主体

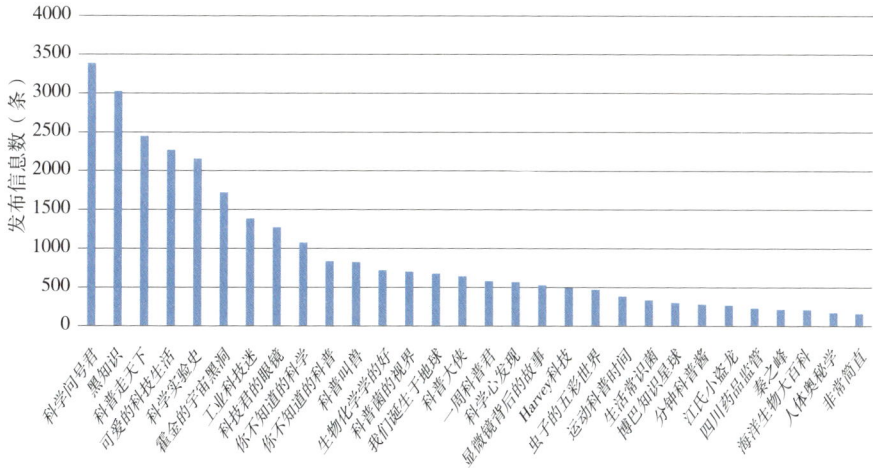

图 4-3 ＃科普＃话题微博发布主体

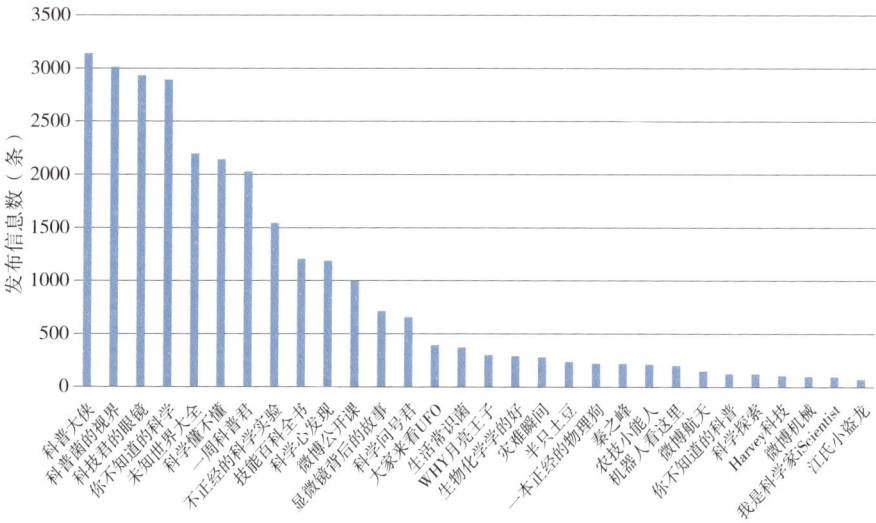

图 4-4 ＃微博公开课＃话题微博发布主体

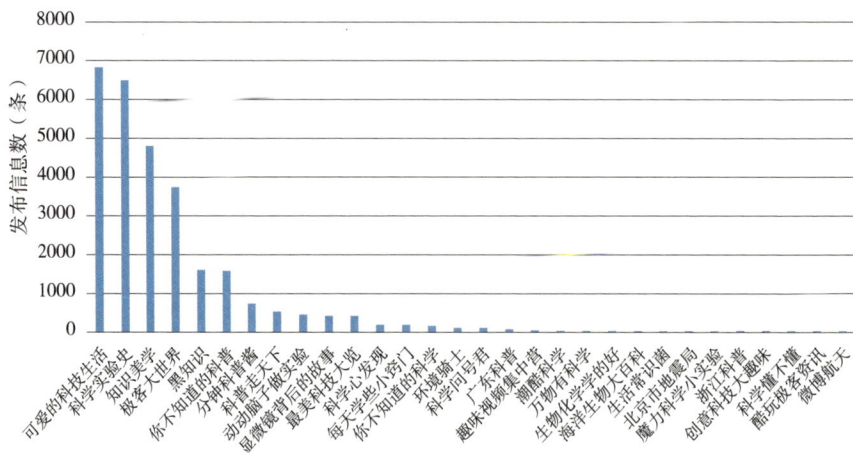

图 4-5 ＃趣味科普＃话题微博发布主体

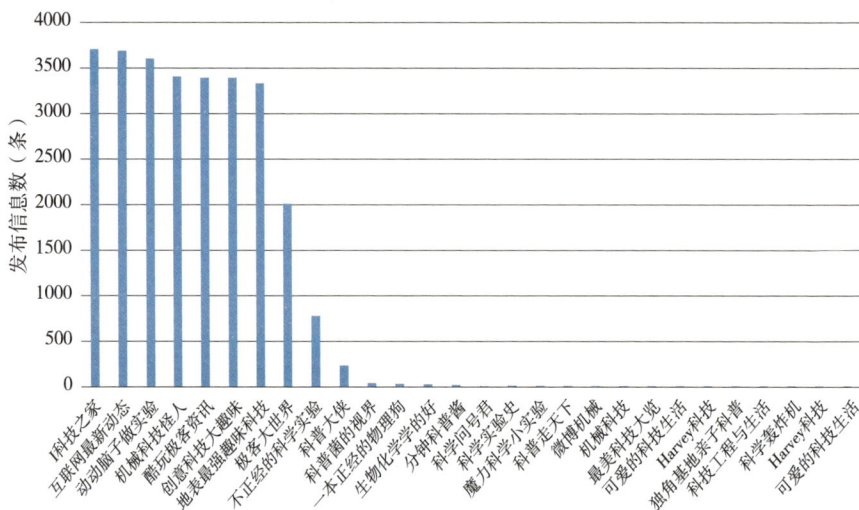

图 4-6 ＃趣味实验＃话题微博发布主体

2. 传播内容

从这 30 个原创类话题的名称可以看出，大部分话题是综合类科普或者专业类话题。从这些话题的内容词云分布来看，综合类科普话题的关键词内容分布比较分散；专业科技类话题的关键词内容分布相对比较集中。例如，

#陕西科普#、#科普#、#趣味科普#、#科普大作战#这些综合类科普话题内容词云的高频词分布较分散；#地震快讯#、#制造业强国#等偏专业类话题内容词云的高频词相对比较集中，基本上都是地震类的词语和制造业方面的词语。

图 4-7　#陕西科普#话题微博内容词云

图 4-8　#科普#话题微博内容词云

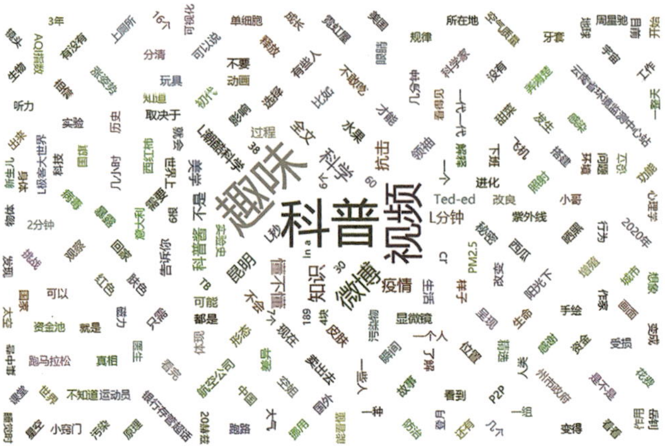

图 4-9　#趣味科普#话题微博内容词云

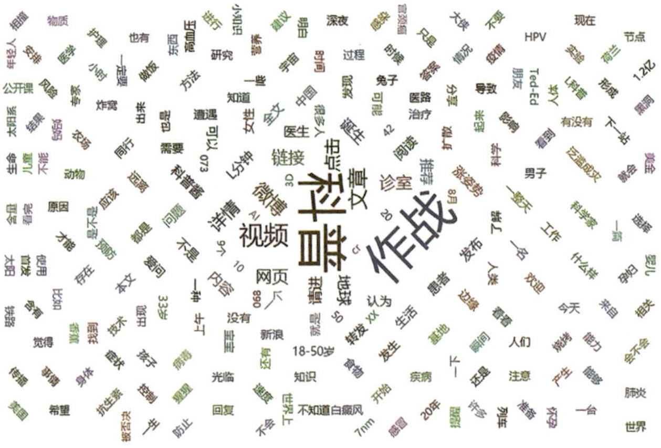

图 4-10　#科普大作战#话题微博内容词云

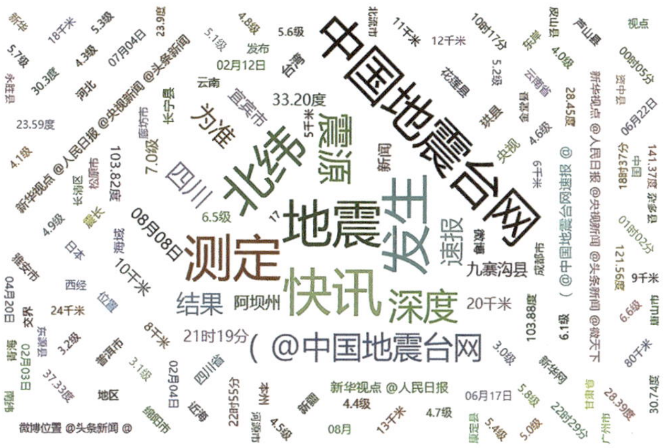

图 4-11　# 地震快讯 # 话题微博内容词云

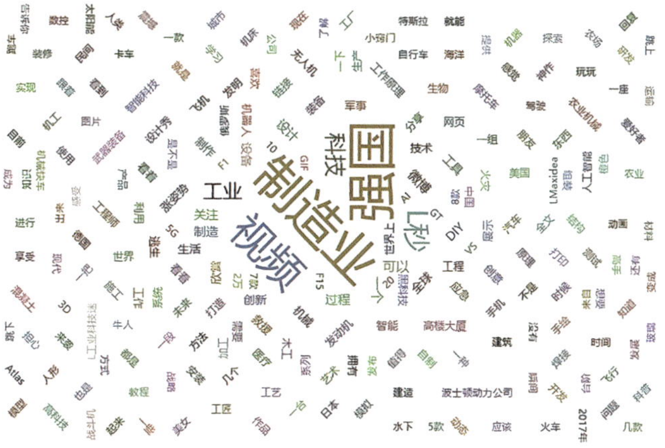

图 4-12　# 制造业强国 # 话题微博内容词云

3. 传播趋势

从这些原创类话题的传播时间分布来看，这些话题传播通常有持续性，但是不同话题的传播趋势分布并不均衡，有的时间段很密集，有的时间段相对稀疏。有的话题在传播期间的传播数量比较平均，有的话题在传播期间的传播数量分布不平均，时高时低，没有表现出明显的规律。相对来说，专业类话题的传播趋势分布稍显均衡些。

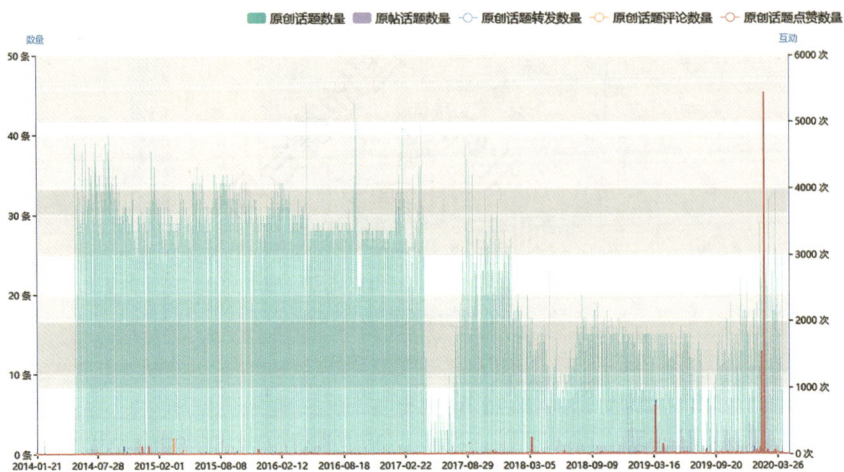

图 4-13　＃陕西科普＃话题传播趋势

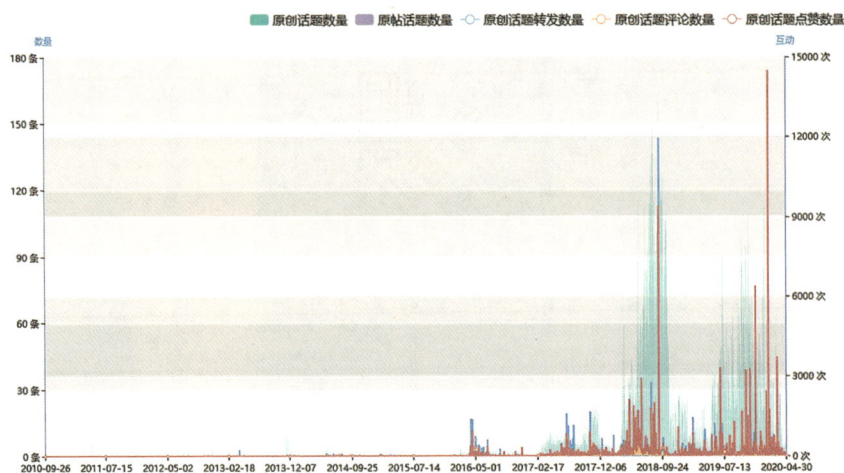

图 4-14　＃科普＃话题传播趋势

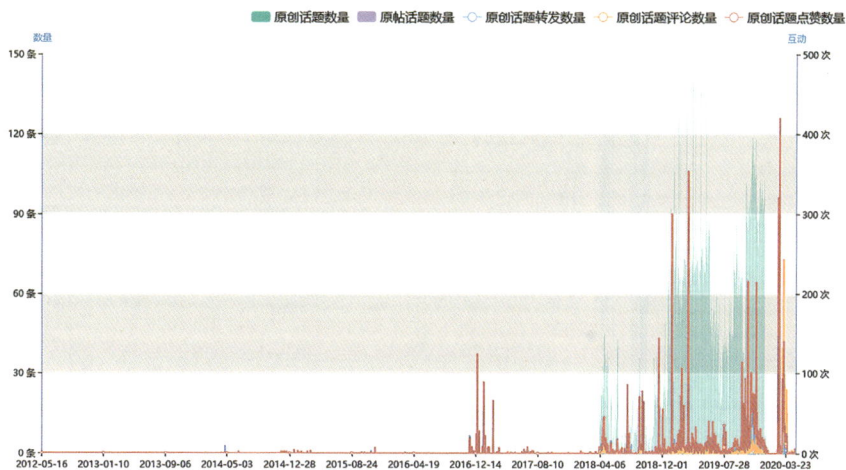

图 4-15 ＃趣味科普＃话题传播趋势

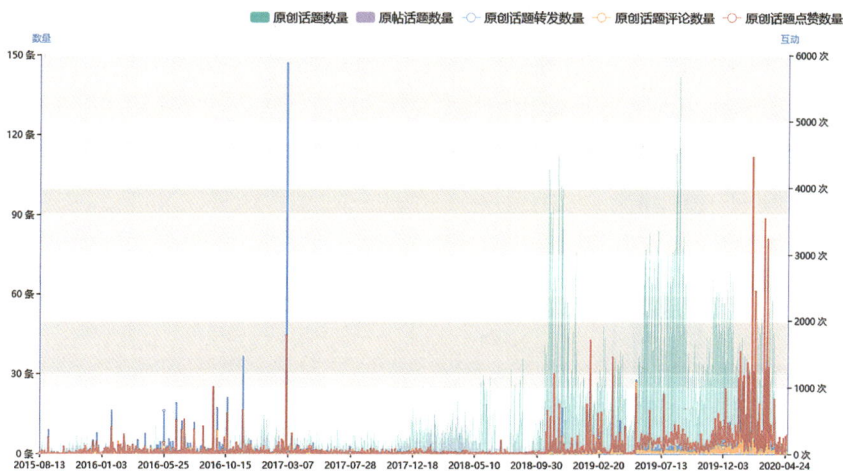

图 4-16 ＃科普大作战＃话题传播趋势

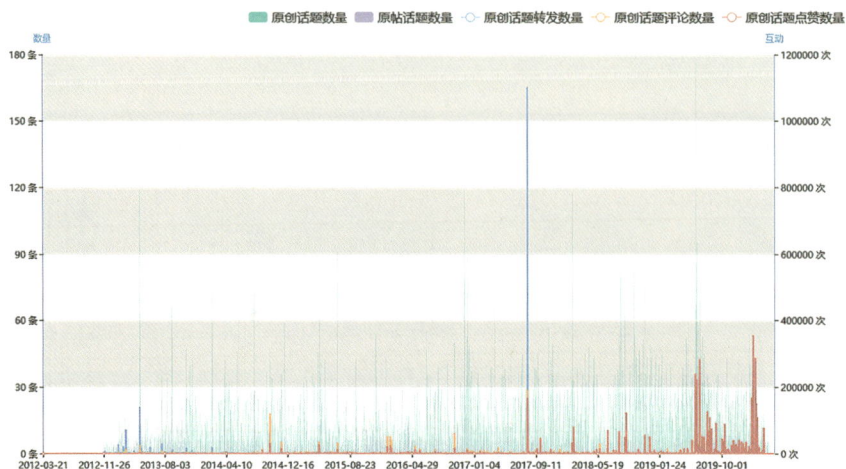

图 4-17 # 地震快讯 # 话题传播趋势

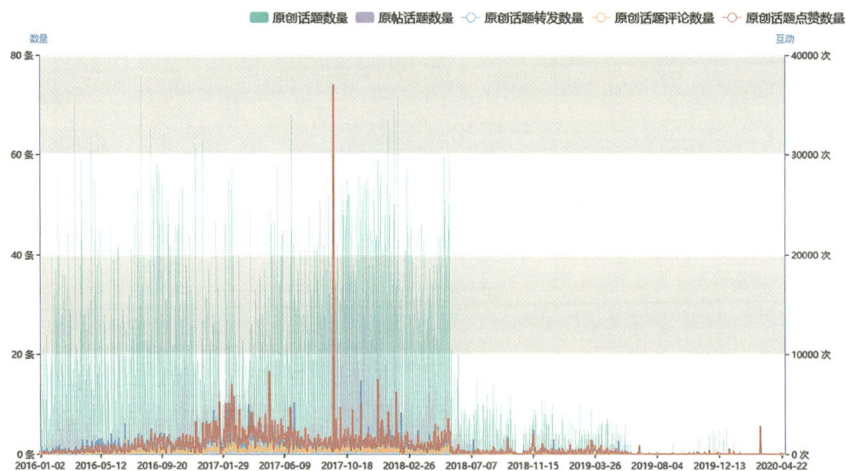

图 4-18 # 制造业强国 # 话题传播趋势

4. 传播互动效果

总体来看，原创类话题的互动数量还可以，但是从原创类话题的互动趋势来看，并没有表现出明显的规律，话题的微博信息数量与话题的互动数量没有表现出正相关的关系，微博数量最多的话题其互动数量不一定就最多。

与综合类话题相比，专业类话题的微博互动数量更多些。例如，#地震快讯#、#制造业强国#，#天文酷图#、#每日健康百科#、#天文#、#天文视频#、#科普机械#等话题的转发次数、点赞次数和评论次数更多。

（二）转发类话题

转发类话题指的是转发微博时提到的话题，包括两部分：一是转发微博话题；二是原帖微博话题（如图所示）。转发类话题分为两个部分进行分析，第一部分分析转发微博包含的所有话题（简称转发微博话题），第二部分分析原帖中的话题（简称原帖话题）。

图 4-19　转发微博话题和原帖微博话题标识图

1. 转发微博话题

据统计，2009 年 8 月至 2020 年 4 月，一共有 252386 个转发类微博话题。按照转发微博数量多少对话题进行排序，选取微博数量最多的 30 个代表性话题作为转发话题 Top30，分别是 #多肉工厂#、#科普之窗#、#科普

漾濞 #、# 科普巍山 #、# 大理网络科普 #、# 雾霾大科普 #、# 红楼梦解密 #、# 全民科学素质提升专项行动 #、# 国家地理纪录片 #、# 机械快车 # 等（见表 4-2）。

表 4-2　转发微博话题 Top30

序号	话题	最早发布时间	转发话题总数	转发话题点赞数量	转发话题评论数量	单纯转发话题数量
1	#多肉工厂#	2014-11-19 23:26:00	10863	49116	25676	8686
2	#科普之窗#	2011-08-25 10:47:00	10383	5566	1393	4314
3	#科普漾濞#	2015-03-31 14:15:00	9502	8872	3494	7280
4	#科普巍山#	2015-05-24 22:24:00	8750	6551	1849	2657
5	#大理网络科普#	2015-08-23 23:18:00	7554	3531	389	3691
6	#雾霾大科普#	2016-12-29 14:39:00	6112	8388	2380	3582
7	#红楼梦解密	2016-12-28 9:01:00	6001	8341	2273	3516
8	#全民科学素质提升专项行动#	2015-04-08 11:14:00	5786	4687	1603	4474
9	#国家地理纪录片#	2014-12-8 9:09:00	5505	18454	2302	8457
10	#机械快车#	2016-01-15 16:21:00	4412	45882	12853	61057
11	#制造业强国#	2016-01-03 13:02:00	4224	77614	21873	69580
12	#植物帮帮看#	2013-01-28 14:41:00	4136	15770	18942	19189
13	#科普大理微平台#	2015-07-02 21:08:00	4029	3117	522	1926
14	#科普南涧#	2015-05-22 12:25:00	3860	2442	960	1496

序号	话题	最早发布时间	转发话题总数	转发话题点赞数量	转发话题评论数量	单纯转发话题数量
15	#最新Harvey科技资讯#	2017-04-24 1:15:00	3500	3363	1468	5402
16	#日本#	2011-06-24 22:18:00	3302	5080	1362	2436
17	#陕西科普#	2014-02-14 9:57:00	3084	405	71	216
18	#乃馨心语#	2018-01-8 6:02:00	3043	4053	1314	1826
19	#骑士征程#	2016-02-16 12:18:00	2910	4900	464	1678
20	#刘涛#	2016-12-22 18:34:00	2877	4041	1281	1557
21	#军报快讯#	2014-04-15 15:33:00	2840	3901	1144	1423
22	#杭州#	2011-01-22 12:42:00	2822	4327	1093	2075
23	#科普大理市#	2015-08-14 16:04:00	2816	1442	104	2192
24	#生态系统#	2015-12-10 12:00:00	2759	3603	596	2900
25	#上海#	2010-11-21 13:39:00	2681	4033	1030	1980
26	#汕头#	2014-08-11 9:01:00	2628	3959	1009	1925
27	#小尚志大农业#	2016-03-18 19:17:00	2532	1392	1146	9467
28	#大理科普#	2015-01-29 10:40:00	2490	1263	171	1295
29	#科普永平#	2015-08-21 11:10:00	2389	1018	199	587
30	#华晨宇#	2013-11-19 22:31:00	2353	471	102	442

（1）传播主体

从 30 个转发类代表性话题发布主体分布来看，个人用户的参与度显著提升，但机构用户的传播力度依旧最大。政府部门微博的影响力高于其他传播主体微博，科学传播作用不容小觑；社团组织微博、科研机构微博和事业单位微博对不同话题的参与度也不尽相同，专业性较强的话题更能引起此类主体的关注和传播，这与其自身的身份和定位有关。以下选取一些与科普密切相关的话题，对其微博发布主体进行呈现。

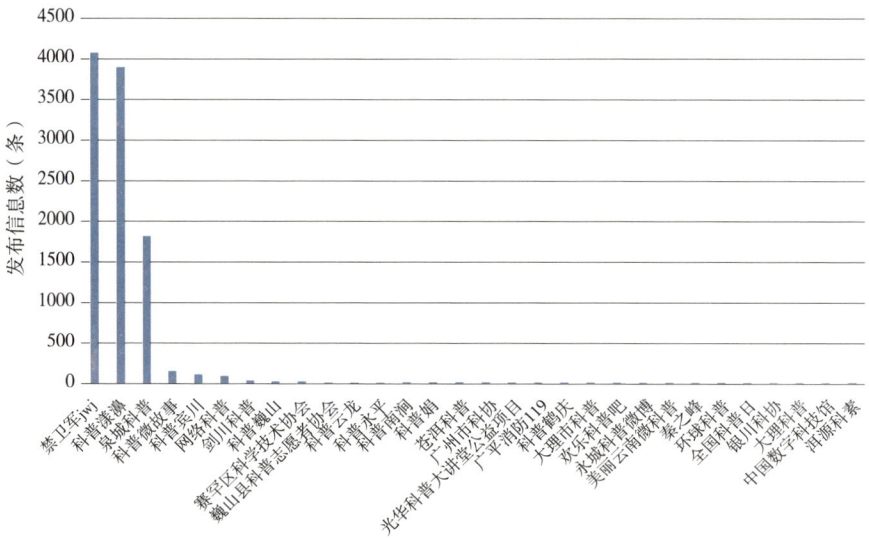

图 4-20　# 科普之窗 # 话题微博发布主体

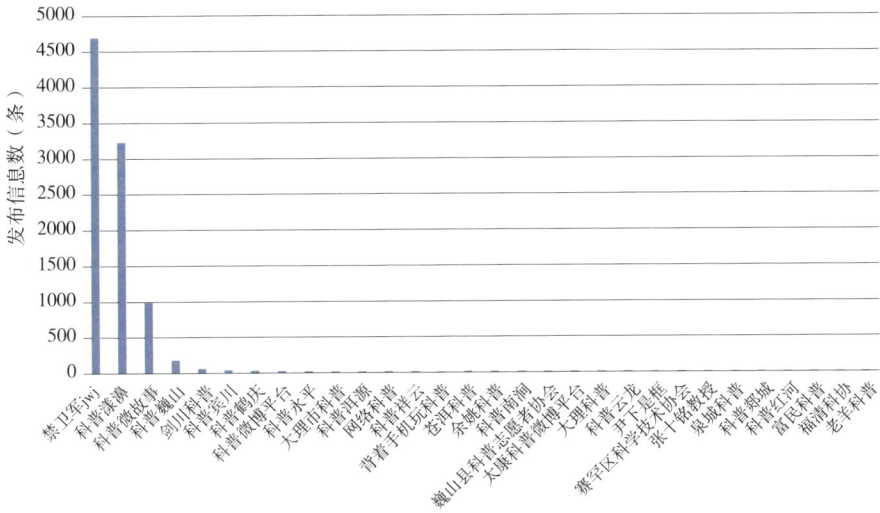

图 4-21　#科普漾濞#话题微博发布主体

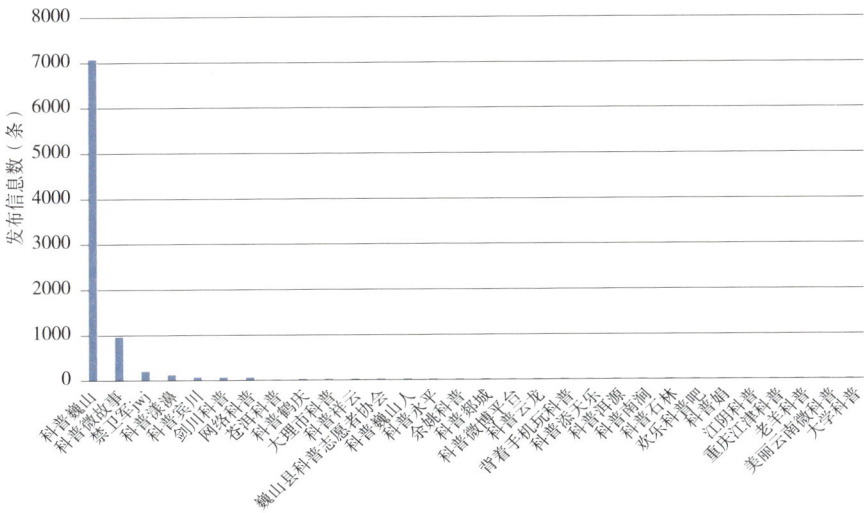

图 4-22　#科普巍山#话题微博发布主体

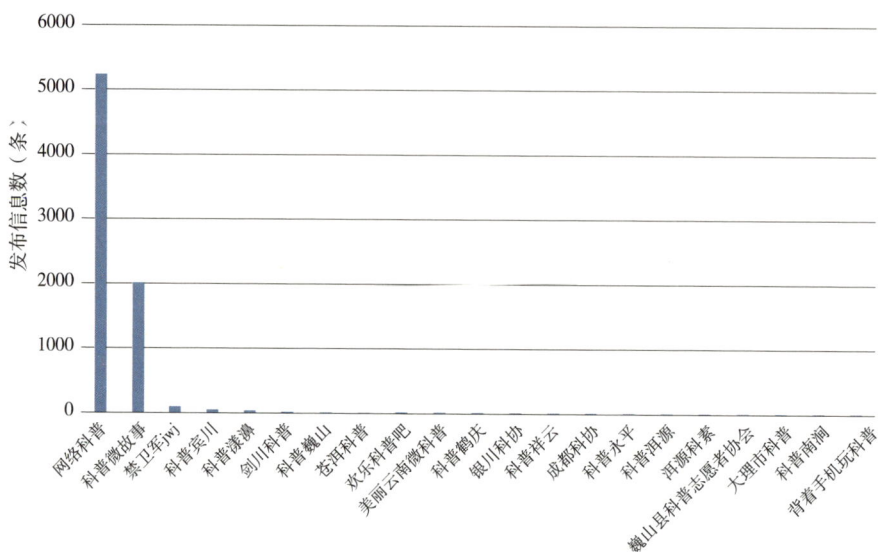

图 4-23　#大理网络科普#话题微博发布主体

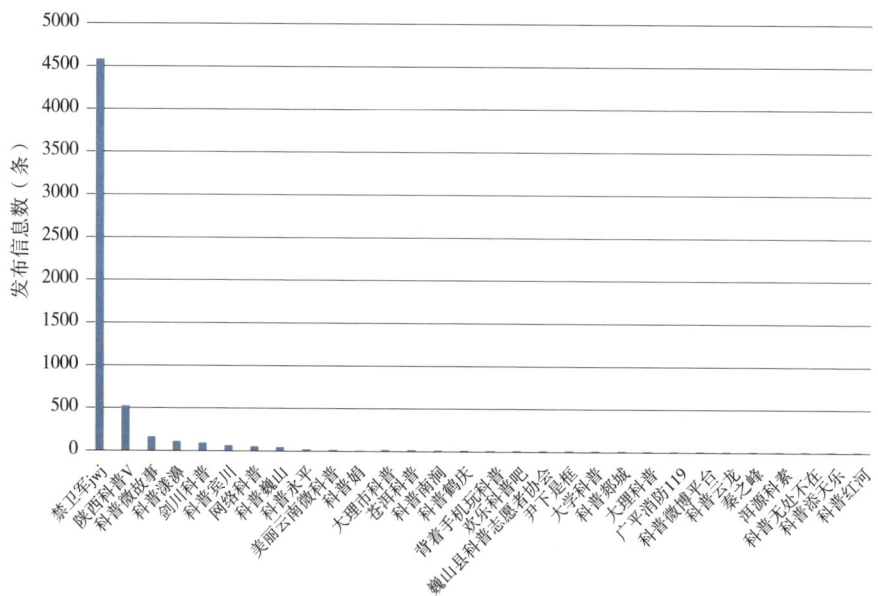

图 4-24　#全民科学素质提升专项行动#话题微博发布主体

（2）传播内容

转发类微博代表性话题与原创类微博代表性话题类似，名称包括专业类话题和综合类科普话题。例如，#多肉工厂#、#科普之窗#、#科普漾濞#、#科普巍山#、#大理网络科普#、#雾霾大科普#、#红楼梦解密#、#全民科学素质提升专项行动#、#国家地理纪录片#、#机械快车#等。从这些话题的内容词云分布来看，同样是专业类话题的关键词内容分布比较集中，综合科普类话题的关键词内容分布比较分散。例如，#科普之窗#、#科普漾濞#、#科普巍山#、#大理网络科普#、#雾霾大科普#等。

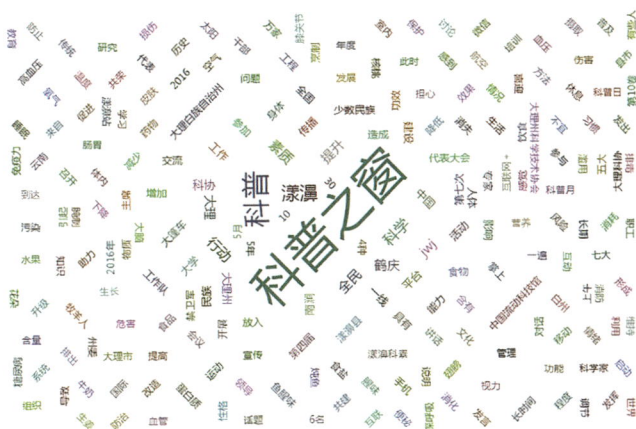

图 4-25 #科普之窗#话题微博内容词云

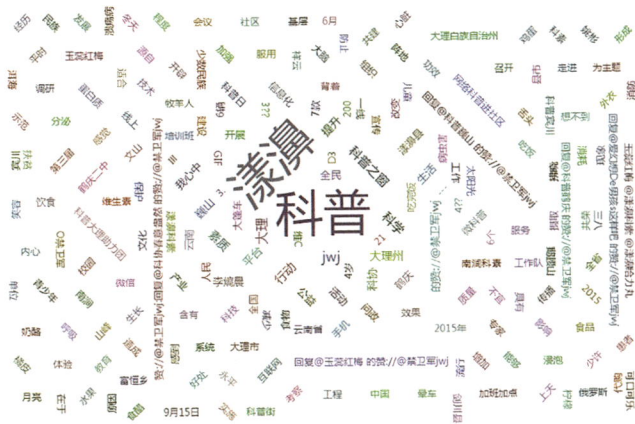

图 4-26 #科普漾濞#话题微博内容词云

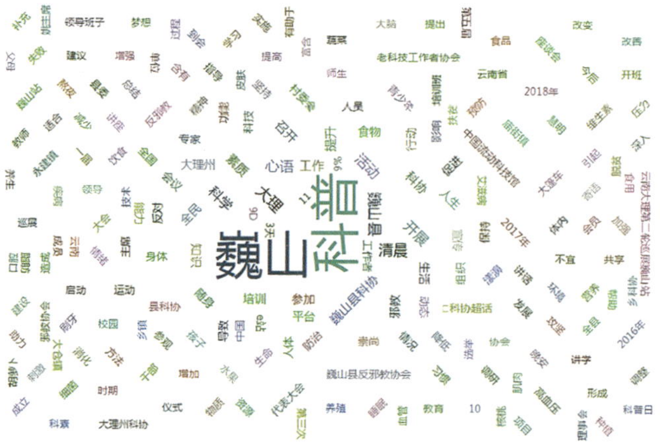

图 4-27 ＃科普巍山＃话题微博内容词云

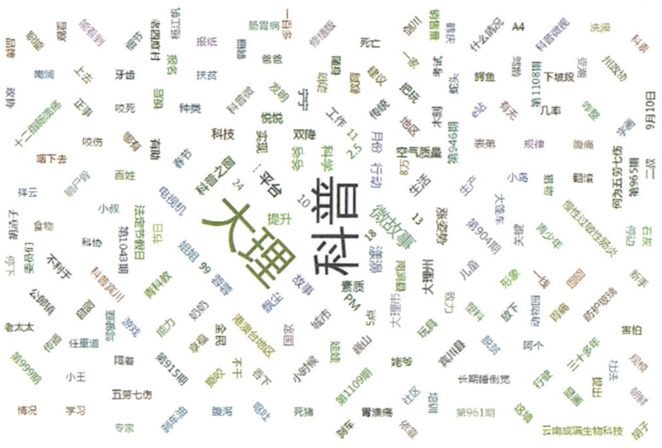

图 4-28 ＃大理网络科普＃话题微博内容词云

（3）传播趋势

从这些转发类话题的传播时间分布来看，这些话题传播通常也都有持续性，但是不同话题的传播趋势分布也不均衡，有的时间段很密集，有的时间段相对稀疏。有的话题在传播期间的传播数量比较平均，有的话题在传播期间的传播数量分布不平均，时高时低，没有表现出明显的规律。相对来说，专业类话题的传播趋势更加均衡些。

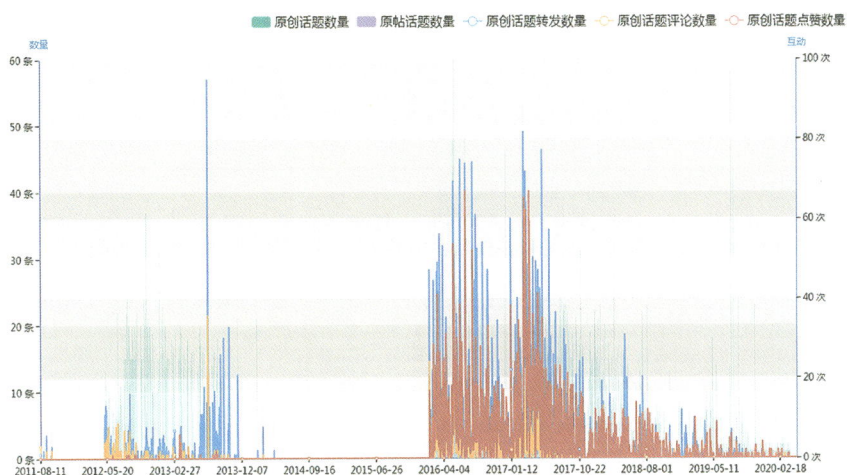

图 4-29　＃科普之窗＃话题传播趋势

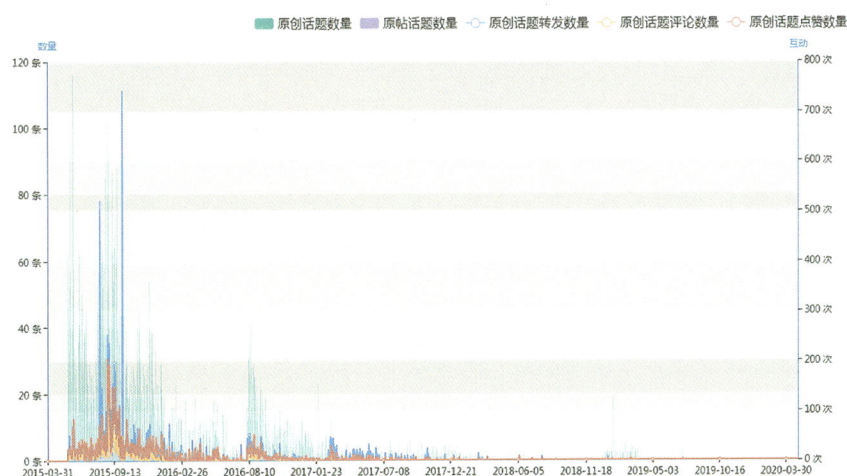

图 4-30　＃科普漾濞＃话题传播趋势

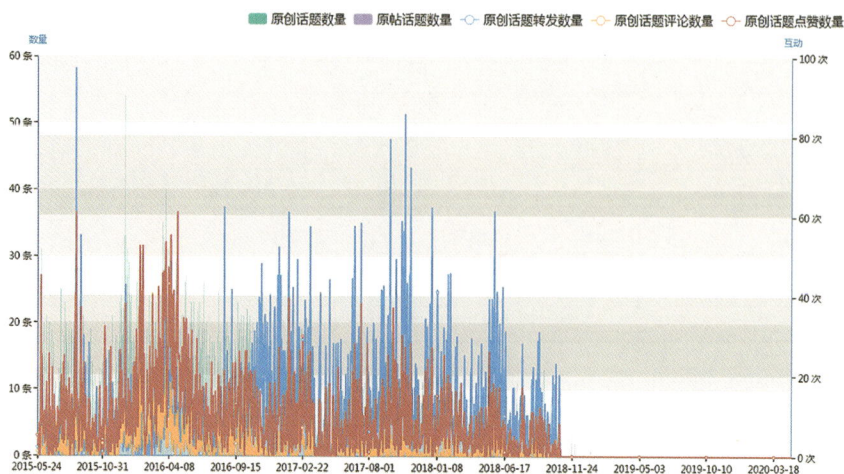

图 4-31　#科普巍山#话题传播趋势

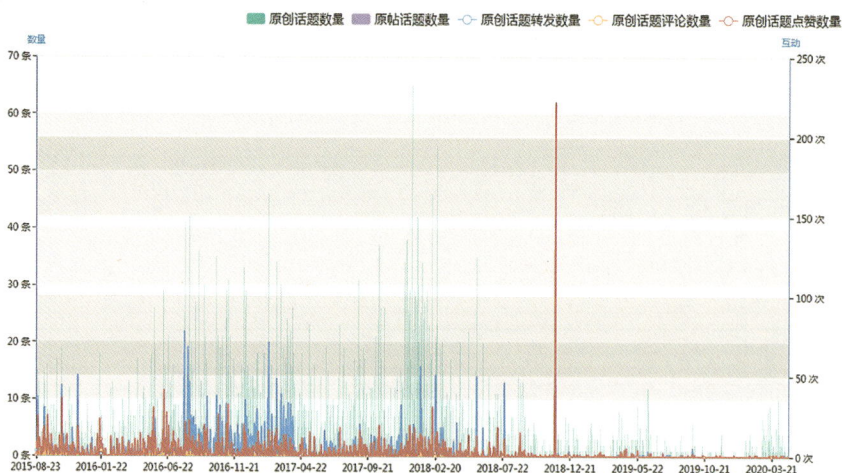

图 4-32　#大理网络科普#话题传播趋势

（4）传播互动效果

总体来看，转发类话题的互动数量较少，但是从转发类话题的互动趋势来看，并没有显现出明显的规律。话题的微博信息数量与话题的互动数量没有表现出正相关的关系，微博数量最多的话题其互动数量不一定最多。与综合科普类话题相比，专业类话题的微博互动数量更多些。

2. 原帖微博话题（Top30）

据统计，2009 年 8 月至 2020 年 4 月，一共有 205537 个原帖类微博话题。按照原帖微博信息数量多少对话题进行排序，选取微博信息数量最多的 30 个代表性话题作为原帖话题 Top30，分别是 #科普微故事 #、#科普大理微平台 #、#大理科普 #、#科普鹤庆 #、#地震快讯 #、#制造业强国 #、#科普微故事平台 #、#秒拍 #、#小尚志大农业 #、#红楼梦解密 #、#雾霾大科普 # 等（见表 4-3）。

表 4-3　原帖微博话题 Top30

序号	话题	最早发布时间	原帖总数	原帖点赞数量	原帖评论数量	原帖转发数量
1	#科普微故事#	2015-08-10 22:41:00	22162	123910	59299	632759
2	#科普大理微平台#	2015-07-02 21:08:00	15317	183397	59657	395027
3	#大理科普#	2015-01-29 10:40:00	8915	55049	35861	364752
4	#科普鹤庆#	2015-05-21 14:44:00	6290	50799	12031	81382
5	#地震快讯#	2012-03-21 6:54:00	5323	10190321	9168265	22263016
6	#制造业强国#	2016-01-03 13:02:00	5265	1164590	399836	1153088
7	#科普微故事平台#	2015-10-24 18:51:00	4495	28450	11967	118017
8	#秒拍#	2014-04-03 11:21:00	4484	7635671	3011827	7814952
9	#小尚志大农业#	2016-03-18 19:17:00	4064	29568	55740	374012
10	#红楼梦解密#	2016-12-28 9:01:00	3873	519735	1708791	2606309

序号	话题	最早发布时间	原帖总数	原帖点赞数量	原帖评论数量	原帖转发数量
11	#雾霾大科普#	2016-12-29 14:39:00	3599	63279	371806	561870
12	#科普巍山#	2015-05-24 22:24:00	3599	14445	4780	35917
13	#好人365#	2014-09-09 11:14:00	3447	832020	4687993	20161990
14	#国家地理纪录片#	2014-12-08 9:09:00	3364	37246	8048	35422
15	#科普微故事之儿童科普#	2017-03-24 22:04:00	3359	18541	7641	78448
16	#大理市科普#	2015-07-08 16:08:00	3277	23493	5629	48269
17	#大理州科学素质行动#	2015-03-16 18:40:00	3019	22199	8722	80519
18	#天文酷图#	2014-07-07 9:49:00	2943	374893	56668	410161
19	#天津天气#	2012-10-22 16:33:00	2883	3532	3506	11481
20	#科普微故事随身e站#	2017-08-05 14:26:00	2836	18248	8401	73656
21	#科普南涧#	2015-05-22 12:25:00	2723	19468	9294	40530
22	#党建声音#	2014-05-15 11:21:00	2550	36577	28804	232081
23	#消防知识#	2012-04-26 10:15:00	2549	92581	73625	284618
24	#消防提示#	2012-06-01 10:03:00	2533	56711	29533	380087
25	#科普群艺#	2016-09-26 18:09:00	2471	28878	5880	35955
26	#微博公开课#	2018-09-04 13:20:00	2448	1376868	292799	1095996

序号	话题	最早发布时间	原帖总数	原帖点赞数量	原帖评论数量	原帖转发数量
27	＃南涧科素＃	2015-06-08 20:14:00	2290	11221	3705	26295
28	＃关注＃	2011-04-02 10:07:00	2243	418152	502858	584266
29	＃科普大作战＃	2015-08-13 22:17:00	2225	184084	58157	218547
30	＃早安＃	2011-06-07 11:04:00	2111	1013067	102468	364440

（1）传播主体

从 30 个原帖类话题的发布主体分布来看，个人用户的参与度显著提升，但机构用户的传播力度依旧最大。政府部门微博的影响力高于其他传播主体微博，科学传播作用不容小觑。社团组织微博、科研机构微博和事业单位微博对不同话题的参与度也不尽相同，专业性较强的话题更能引起此类主体的关注和传播，这与其自身的身份和定位有关。

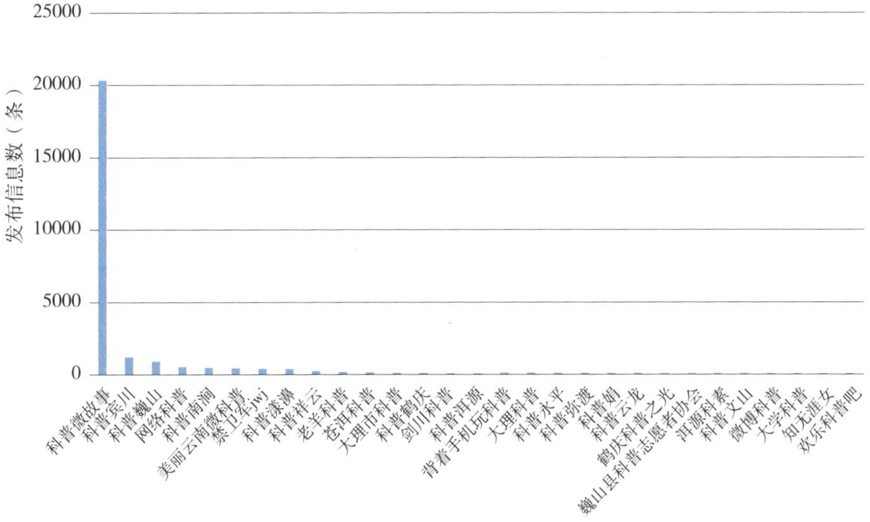

图 4-33 ＃科普微故事＃话题微博发布主体

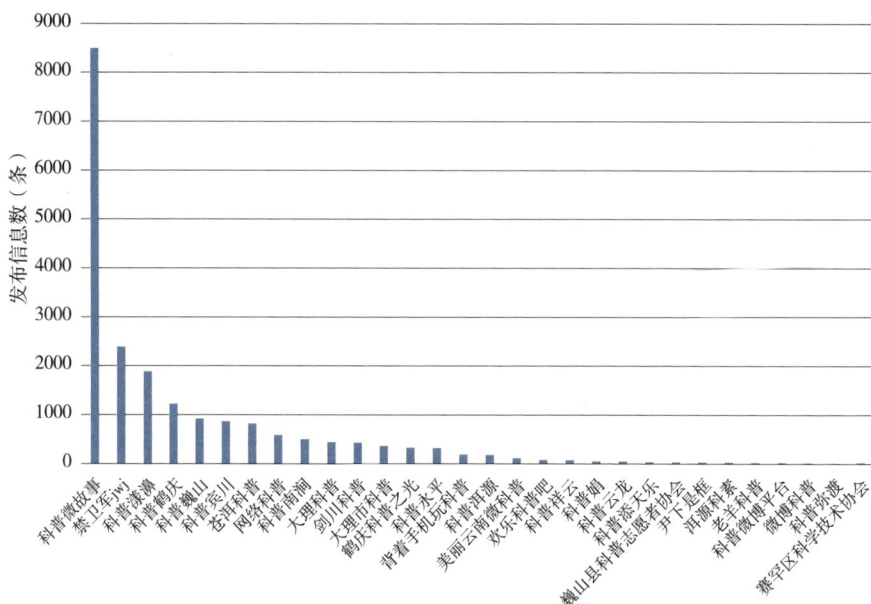

图 4-34　#科普大理微平台#话题微博发布主体

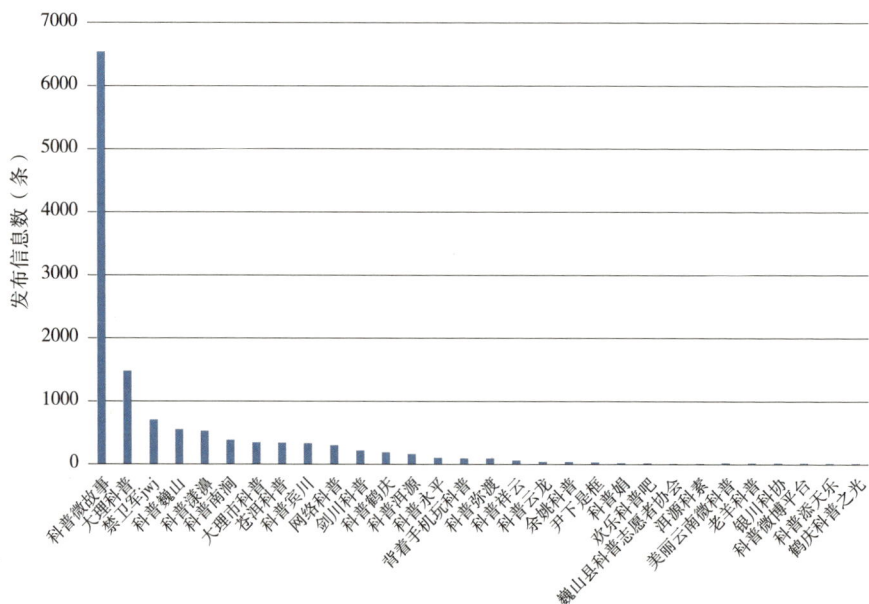

图 4-35　#大理科普#话题微博发布主体

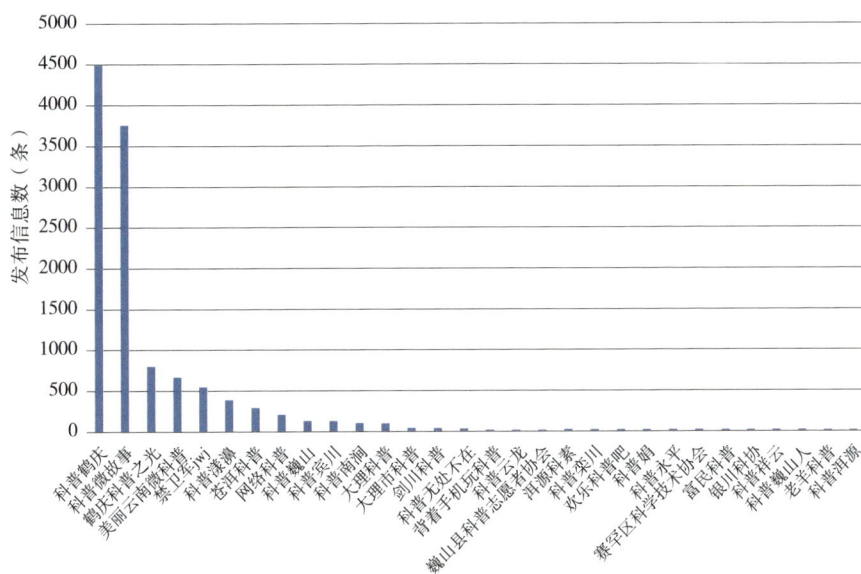

图 4-36　#科普鹤庆#话题微博发布主体

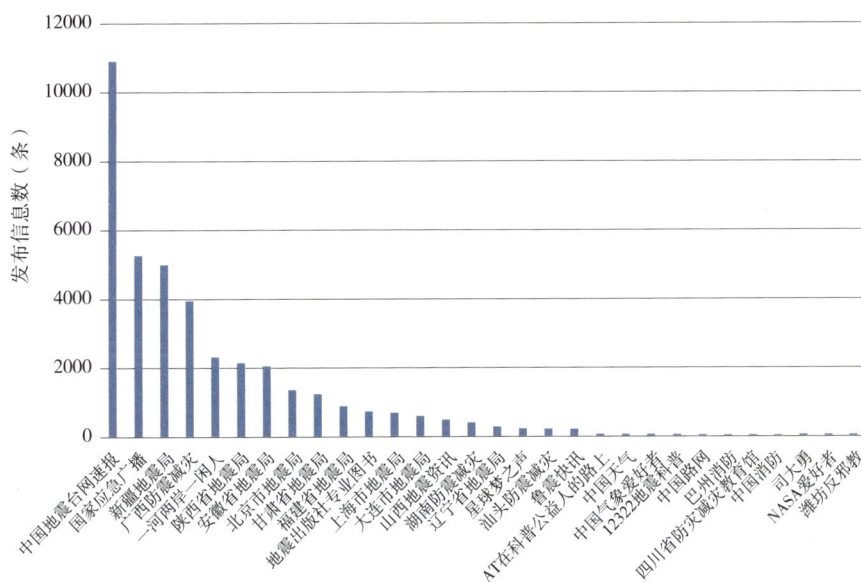

图 4-37　#地震快讯#话题微博发布主体

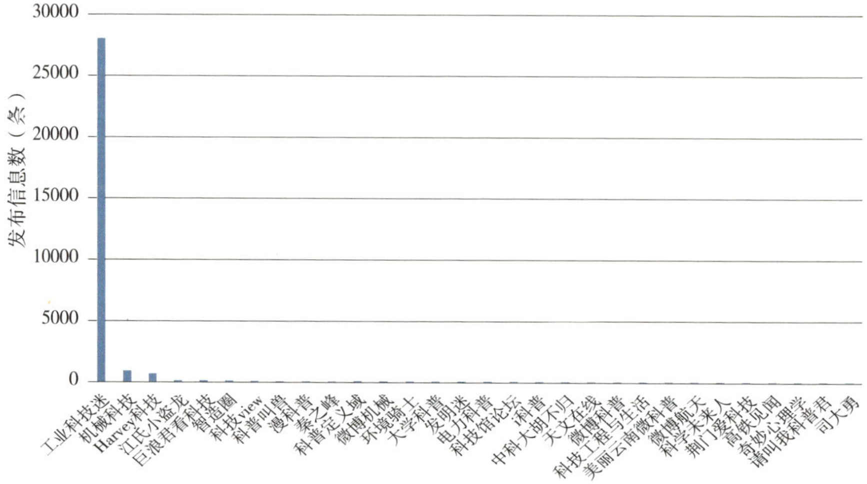

图 4-38　#制造业强国#话题微博发布主体

（2）传播内容

原帖类话题的名称同样包括综合类科普话题和专业类话题，例如，#科普微故事#、#科普大理微平台#、#大理科普#、#科普鹤庆#、#地震快讯#、#制造业强国#等，从这些话题的内容词云分布来看，同样是综合类科普话题的关键词内容分布比较分散，专业类话题的关键词内容分布相对集中。

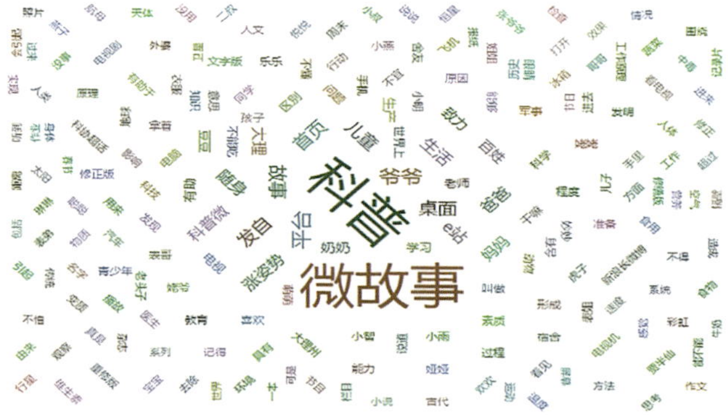

图 4-39　#科普微故事#话题微博内容词云

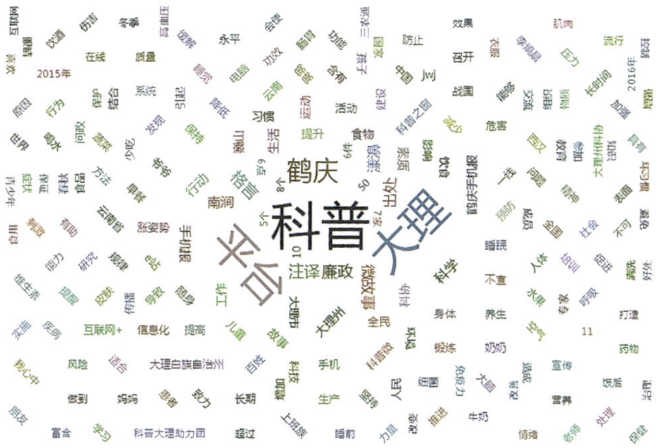

图 4-40 ＃科普大理微平台＃话题微博内容词云

图 4-41 ＃大理科普＃话题微博内容词云

171

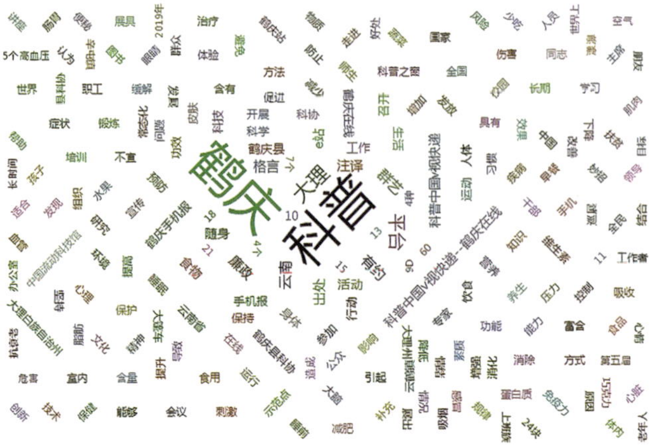

图 4-42　# 科普鹤庆 # 话题微博内容词云

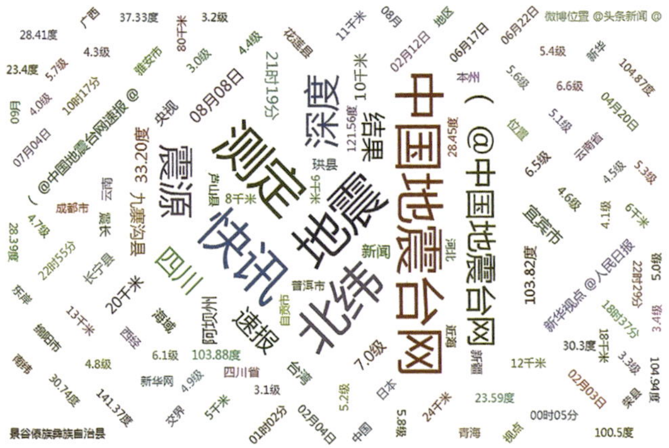

图 4-43　# 地震快讯 # 话题微博内容词云

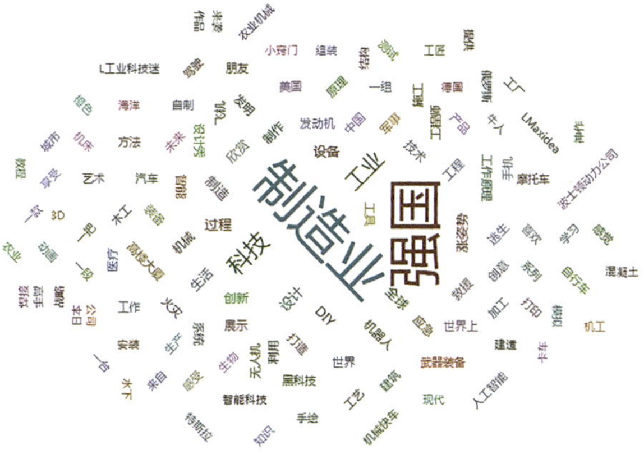

图 4-44　#制造业强国#话题微博内容词云

（3）传播趋势

从这些原帖类话题的传播时间分布来看，这些话题传播通常都有持续性，但是话题的传播趋势分布不均衡，有的时间段比较密集，有的时间段比较稀疏。有的话题在传播期间的传播数量比较平均，有的话题在传播期间的传播数量分布不平均，时高时低，没有表现出明显的规律。相对来说，综合类话题的传播趋势相对更加均衡，专业类话题传播趋势没有表现出一定的规律。

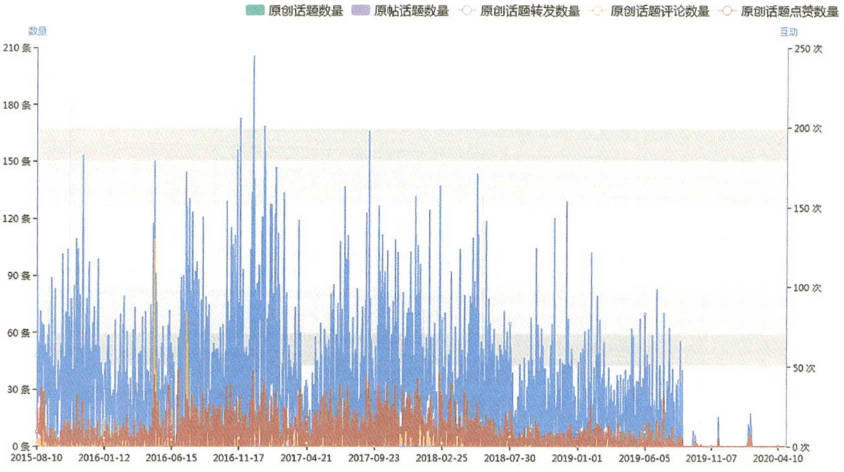

图 4-45　#科普微故事#话题传播趋势

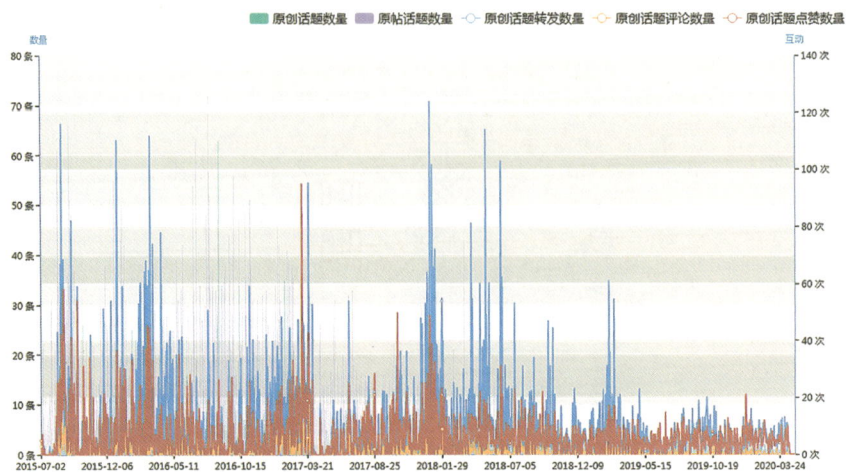

图4-46 #科普大理微平台#话题传播趋势

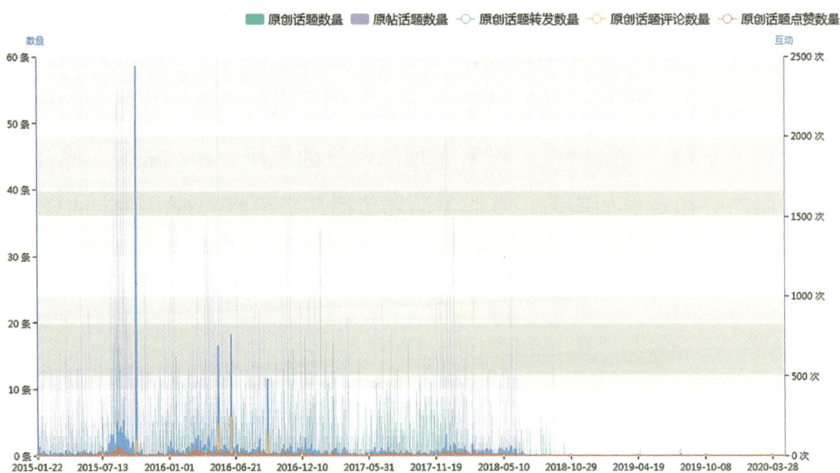

图4-47 #大理科普#话题传播趋势

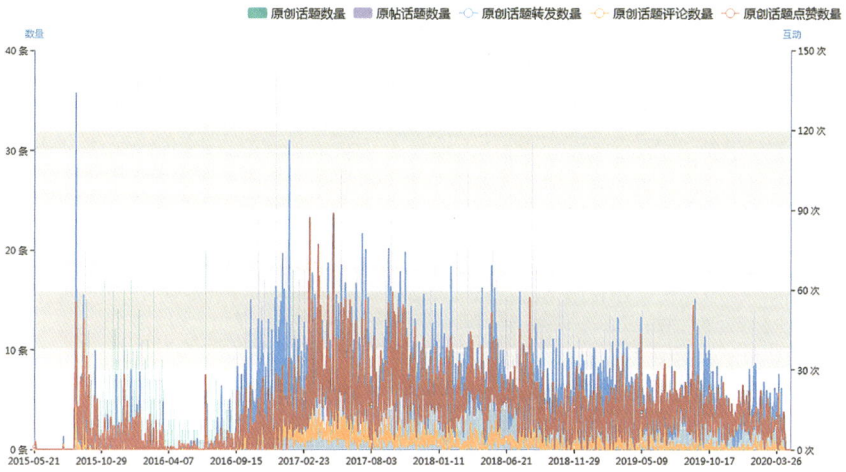

图 4-48　# 科普鹤庆 # 话题传播趋势

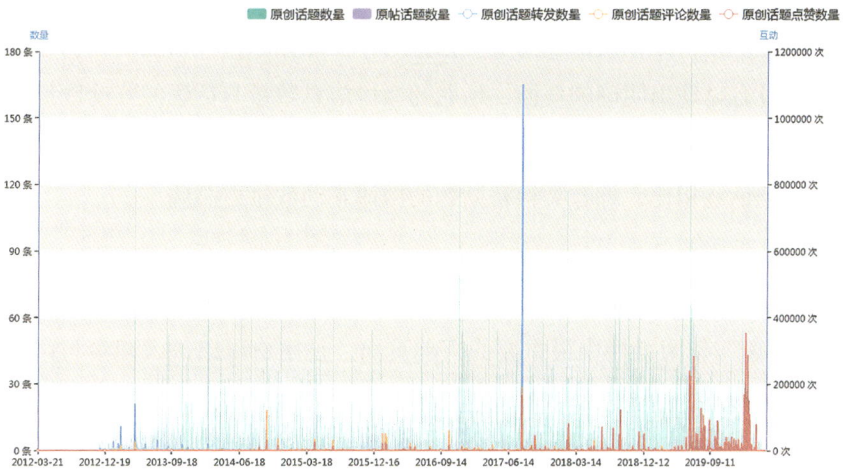

图 4-49　# 地震快讯 # 话题传播趋势

175

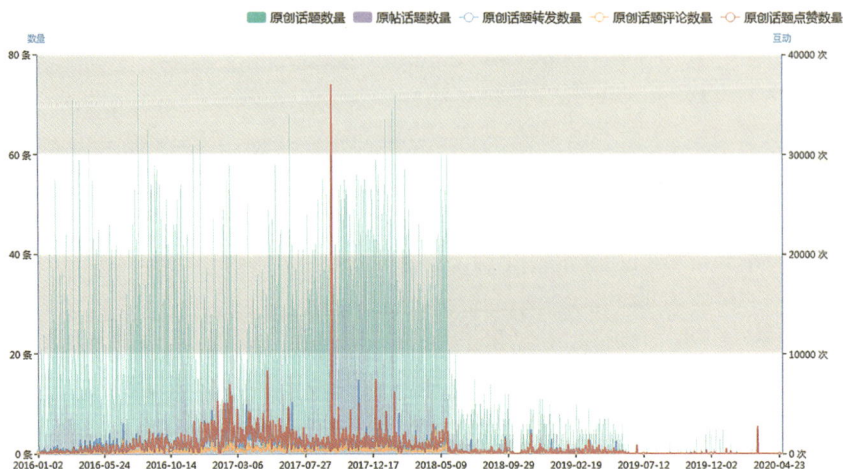

图 4-50 # 制造业强国 # 话题传播趋势

（4）传播互动效果

总体来看，原帖类话题的互动数量高，但是从原帖类话题的互动趋势来看，并没有显现出明确的规律，话题的微博信息数量与话题的互动数量没有表现出正相关的关系，微博信息数量最多的话题其互动数量不一定就最多。与专业类话题相比，综合类科普话题的微博互动数量更高些。

（三）对比分析

"话题"作为微博中最重要的兴趣页面，是用户可以进入并参与讨论的专题聚合页面，也是微博科学传播效果的重要"风向标"。通过对原创类话题和转发类话题的分析发现：

1. 在话题传播主体方面，机构用户对科学传播话题的影响力高于个人用户。其中，政府部门微博是话题传播的中坚力量，而企业微博的表现力在各类传播主体中最低，对话题传播的贡献也最低。

2. 在话题传播内容方面，不管是原创类微博话题还是转发类微博话题都是以综合科普类和专业类话题为主，科学传播微博在名副其实地发挥科学传播的功能。从内容来看，突发事件更易成为各类微博主体的传播话题，地震类话题相较其他话题最能引起用户的关注。

3．总体来看，原创类话题和转发类话题的传播趋势分布都不均衡，没有表现出明显的传播规律。

4．原创类话题和转发类话题的微博信息数量与话题的互动数量没有表现出正相关的关系，微博信息数量最多的话题互动数量不一定最多。

二、互动数量多的话题与互动数量少的话题对比分析

"互动数量"指的是转发、评论、点赞的数量，这里只分析原创话题中互动数量多的话题和互动数量少的话题。

（一）互动数量多的话题

据统计，2009年8月至2020年4月，在选取出的科学传播类微博中，一共有385235个微博话题。按照互动数量多少对话题进行排序，选取其中互动数量多的30个代表性话题，分别是#情感#、#地震快讯#、#全国消防宣传月#、#逆火英雄#、#印象火焰蓝#、#制造业强国#、#每日健康百科#、#消防蓝朋友#、#一起去看月全食#、#森林驿站#等话题（见表4–4）。

表4–4　互动数量多的微博话题

话题	最早发布时间	原创点赞数量	原创评论数量	原创转发数量	原帖点赞数量	原帖评论数量	原帖转发数量
#情感#	2014–06–18 11:38:00	14086153	1354554	918356	1295516	112411	130213
#地震快讯#	2012–03–21 6:54:00	6402059	3069480	3047096	10190321	9168265	22263016
#全国消防宣传月#	2017–11–01 9:40:00	1053737	169890	2178409	1657002	211322	3080001

话题	最早发布时间	原创点赞数量	原创评论数量	原创转发数量	原帖点赞数量	原帖评论数量	原帖转发数量
#逆火英雄#	2019-04-01 19:56:00	308886	78514	1867915	4321275	1129014	29671750
#印象火焰蓝#	2019-10-20 8:00:00	1241821	263733	916826	1965034	257702	2457953
#制造业强国#	2016-01-02 15:19	1136207	324489	967490	1164590	399836	1153088
#每日健康百科#	2017-05-25 16:28:00	917309	81813	952146	388250	50925	348774
#消防蓝朋友#	2018-12-30 17:25:00	1390163	329413	229104	858801	203352	182266
#一起去看月全食#	2014-10-08 9:45:00	1311442	336796	99971	9234913	2437459	1209879
#森林驿站#	2019-01-03 13:30:00	339109	158594	542067	2000747	943540	3076336
#亮记生物鉴定#	2019-11-19 17:37:00	934540	40160	99803	4123800	149057	444852
#气象？生活#	2015-01-02 11:37:00	511476	250177	258668	172818	61595	115689
#我拍消防大赛#	2019-10-31 22:24:00	212092	17980	595922	896655	73246	2098129
#国家地理世界地球日#	2017-03-17 9:00:00	22409	8611	641917	147782	22060	3041295
#科技#	2011-05-04 10:20:00	374608	110602	273646	192279	82421	226172
#知乎小事#	2017-03-20 23:00:00	424882	140430	201236	21116	4648	27288
#国家地理世界地球日代言人吴磊#	2019-03-21 11:01:00	13653	4946	609503	36839	12869	3010503

话题	最早发布时间	原创点赞数量	原创评论数量	原创转发数量	原帖点赞数量	原帖评论数量	原帖转发数量
#蓝朋友的警告#	2019-01-31 14:22:00	197772	55005	411569	189478	49629	140447
#周震南造型#	2019-08-07 18:15:00	201013	71130	350208	13584	4991	7642
#汪涵#	2015-11-10 14:57:00	124313	8887	441332	318009	23320	1314526
#每日一图#	2011-02-14 20:24:00	416537	64118	177420	99789	25317	80472
#台风利奇马#	2013-10-20 10:01:00	575785	83626	36759	457722	61988	32021
#果壳科技日历#	2011-07-20 17:07:00	41588	113156	389021	37530	146206	662421
#新型冠状病毒来源是野生动物#	2020-01-21 16:57:00	544684	30528	27088	7574326	346509	832113
#请为消防车让行#	2019-12-03 20:00:00	173254	24601	301196	147556	18764	36443
#好奇博士#	2015-01-16 11:01:00	161056	55326	278311	10023	2696	17370
#临海全市被淹#	2019-08-10 14:13:00	556110	14824	9288	853298	104088	270389
#宇宙奥德赛#	2017-07-31 7:56:00	238501	63221	214010	727601	248035	954564
#魏老爸的科普#	2018-12-03 11:18:00	343494	124996	71966	32256	7364	5816
#微博公开课#	2018-09-03 11:20:00	266950	58709	184265	1376868	292799	1095996

1. 传播主体

从 30 个互动数量多的话题发布主体分布来看，机构用户发布数量最多，除了 #情感# 话题外，机构用户发布的话题和微博用户产生的互动更多，其中政府部门依旧扮演着重要的科普角色。#情感# 话题的发布者为个人用户，在话题互动数量上排名最高，说明人类社会通用话题的传播度很广。

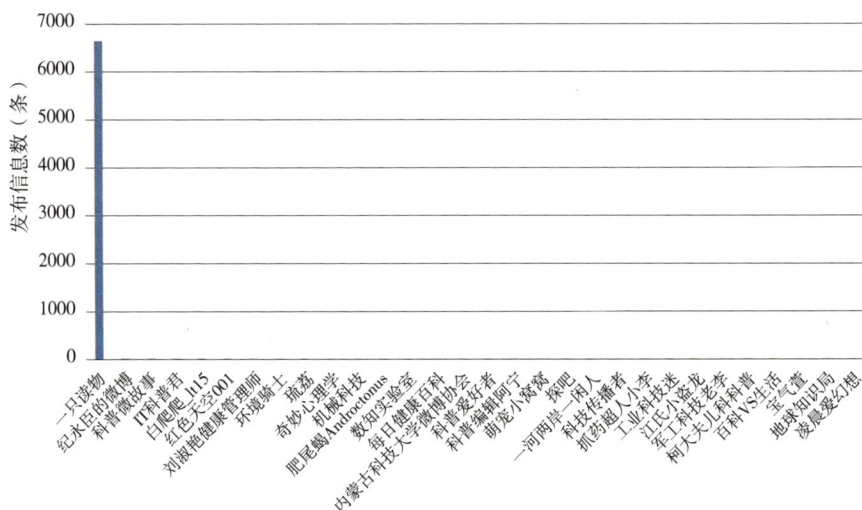

图 4-51　#情感# 话题微博发布主体

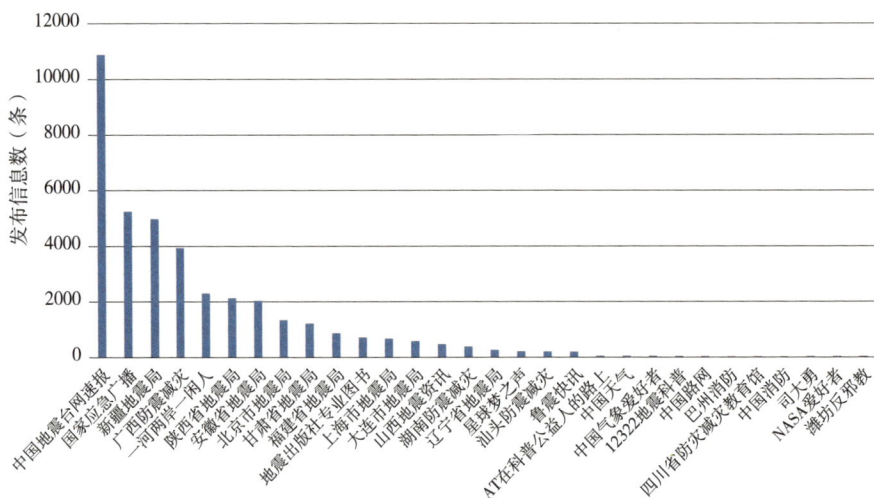

图 4-52　#地震快讯# 话题微博发布主体

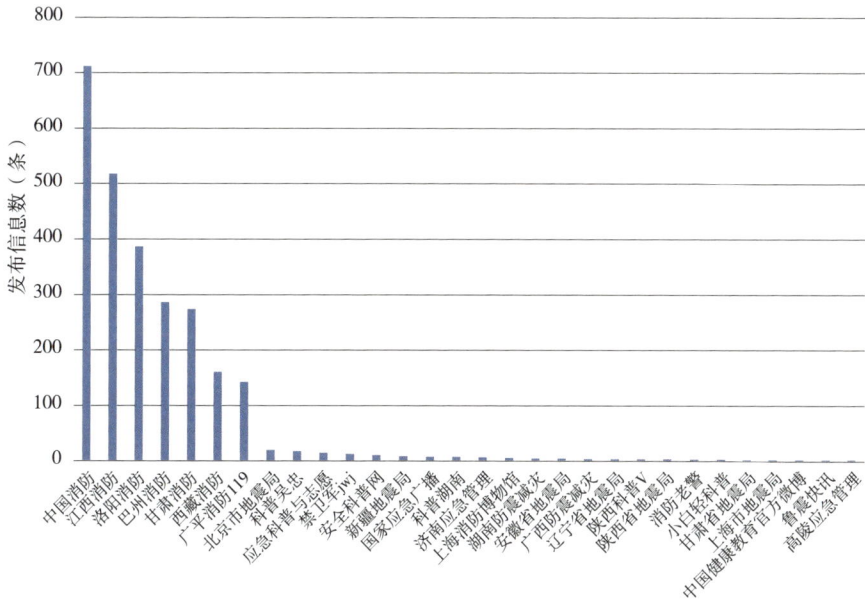

图 4-53　#全国消防宣传月#话题微博发布主体

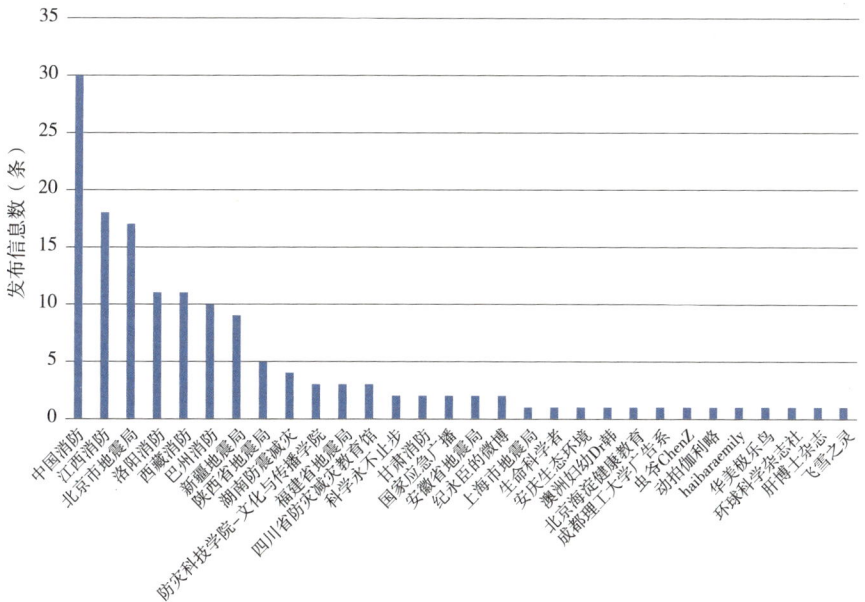

图 4-54　#逆火英雄#话题微博发布主体

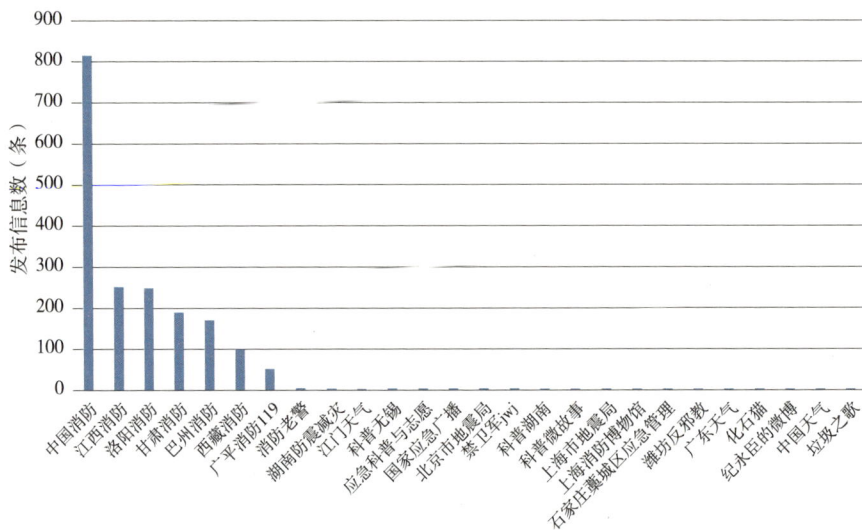

图 4-55　＃印象火焰蓝＃话题微博发布主体

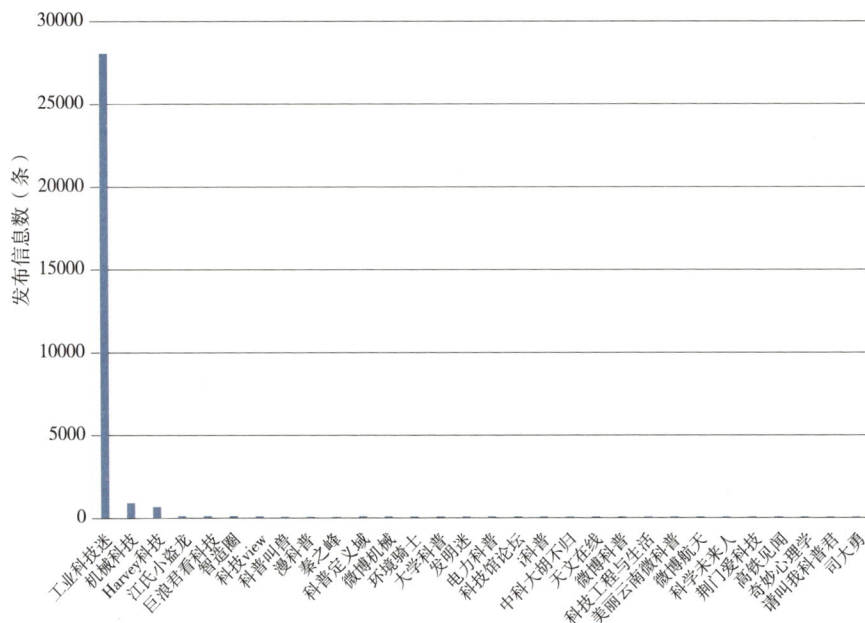

图 4-56　＃制造业强国＃话题微博发布主体

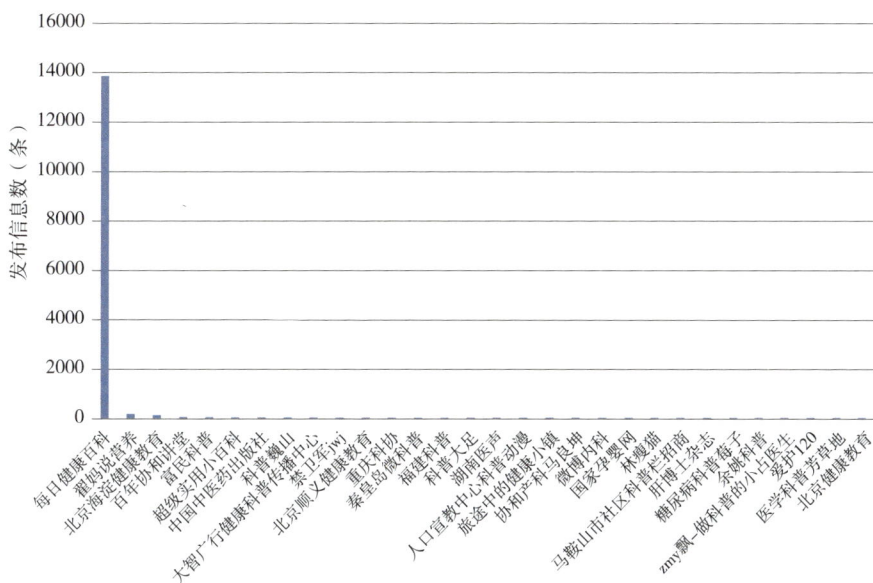

图 4-57　#每日健康百科#话题微博发布主体

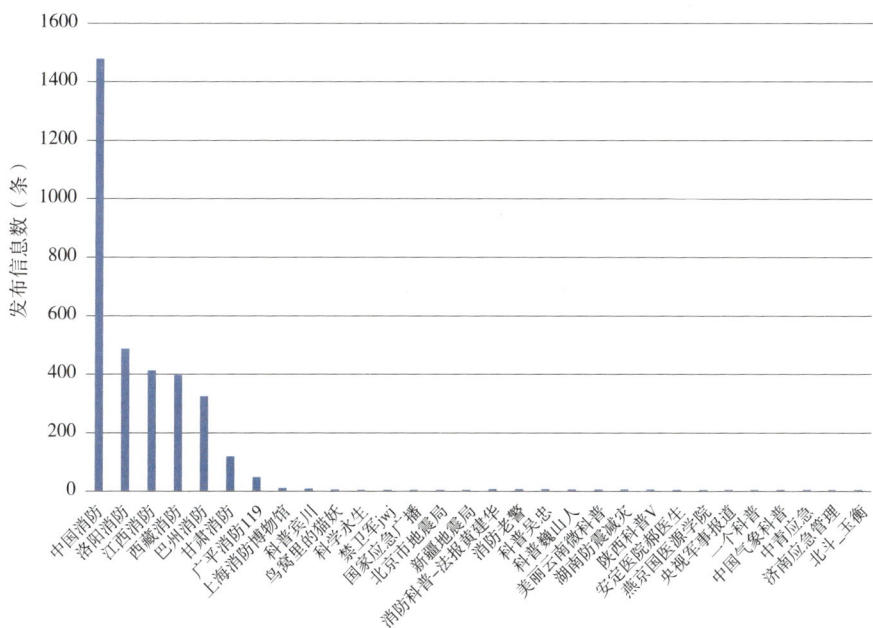

图 4-58　#消防蓝朋友#话题微博发布主体

2. 传播内容

互动数量多的话题名称更加偏向于安全类以及专业科技类。例如，# 地震快讯 #、# 全国消防宣传月 #、# 逆火英雄 #、# 印象火焰蓝 #、# 制造业强国 #、# 每日健康百科 #、# 消防蓝朋友 #、# 一起去看月全食 #、# 森林驿站 # 等，这类话题更容易引起微博用户的注意力和兴趣，互动效果更好。从这些话题的内容词云分布来看，话题关键词内容分布相对比较集中。

图 4-59　# 情感 # 话题微博内容词云

图 4-60　# 地震快讯 # 话题微博内容词云

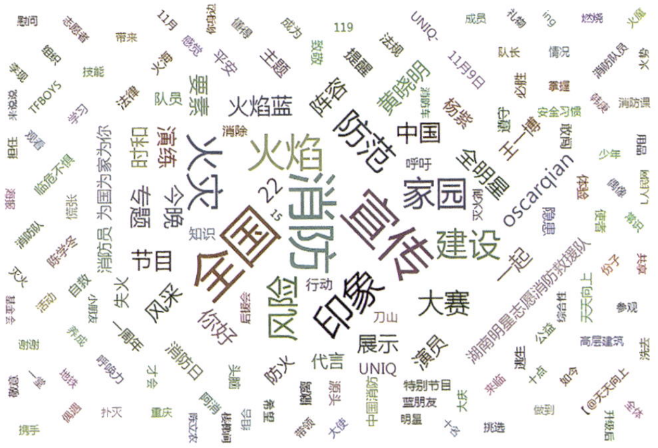

图 4-61 ＃全国消防宣传月＃话题微博内容词云

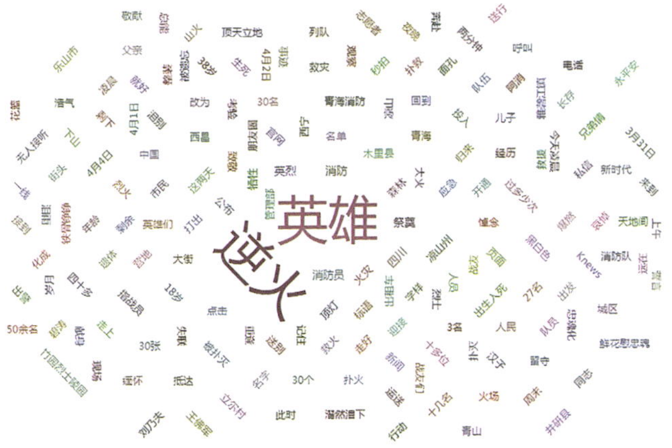

图 4-62 ＃逆火英雄＃话题微博内容词云

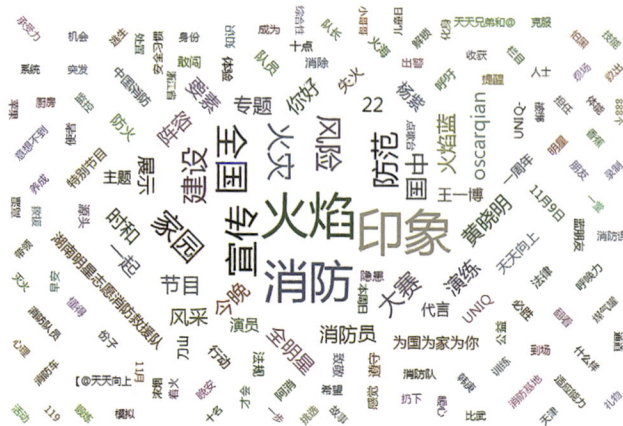

图 4-63　#印象火焰蓝#话题微博内容词云

图 4-64　#制造业强国#话题微博内容词云

图 4-65 ＃每日健康百科＃话题微博内容词云

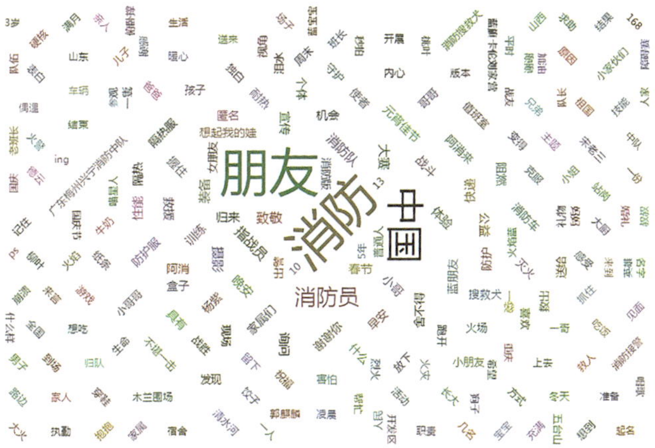

图 4-66 ＃消防蓝朋友＃话题微博内容词云

3. 传播趋势

从这些互动数量多的话题的传播内容时间分布来看，这些话题通常都有传播的持续性，但是话题的传播趋势分布不均衡，有的时间段相对密集，有的时间段相对稀疏。有的话题在传播期间的传播数量比较平均，有的话题在传播期间的传播数量分布不平均，时高时低，没有表现出明显的规律。相对来说，安全类话题传播趋势更加均衡，专业科技类话题传播趋势没有表现出一定的规律。

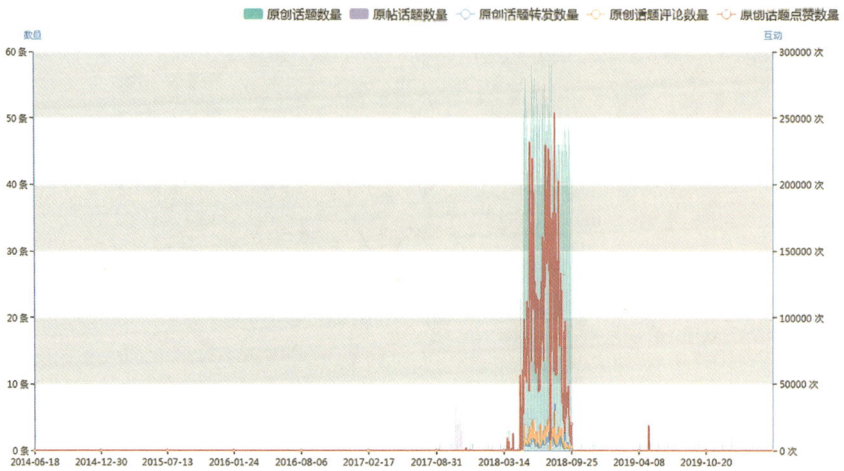

图 4-67　#情感#话题传播趋势

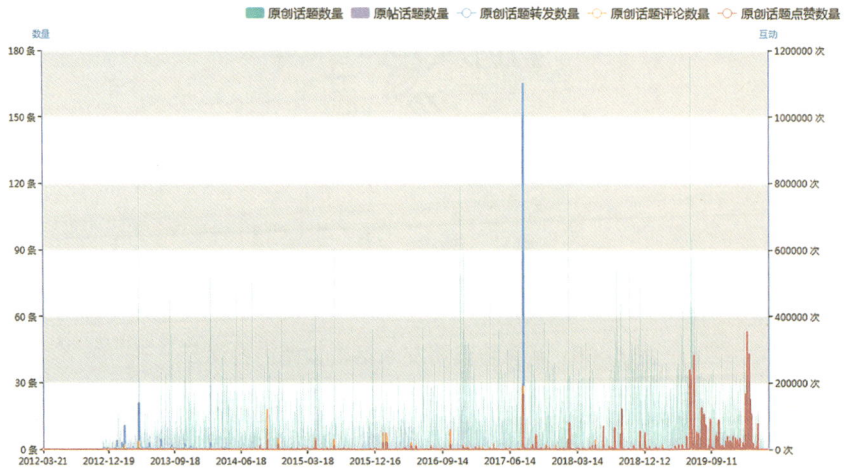

图 4-68　#地震快讯#话题传播趋势

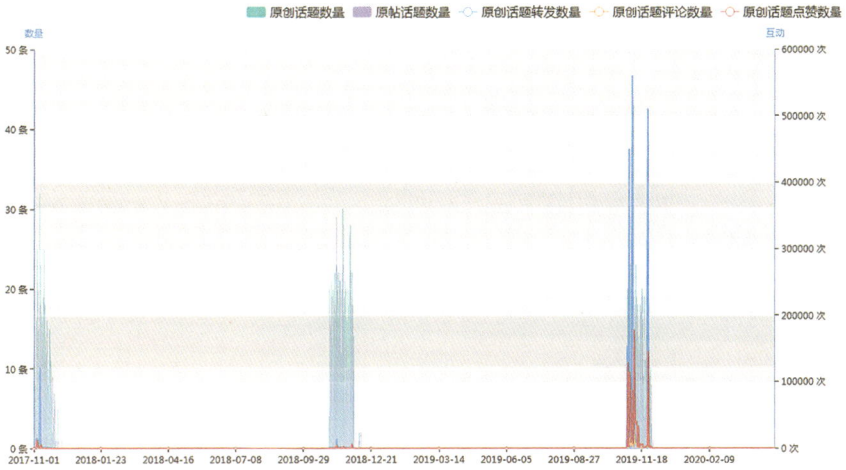

图 4-69　# 全国消防宣传月 # 话题传播趋势

图 4-70　# 逆火英雄 # 话题传播趋势

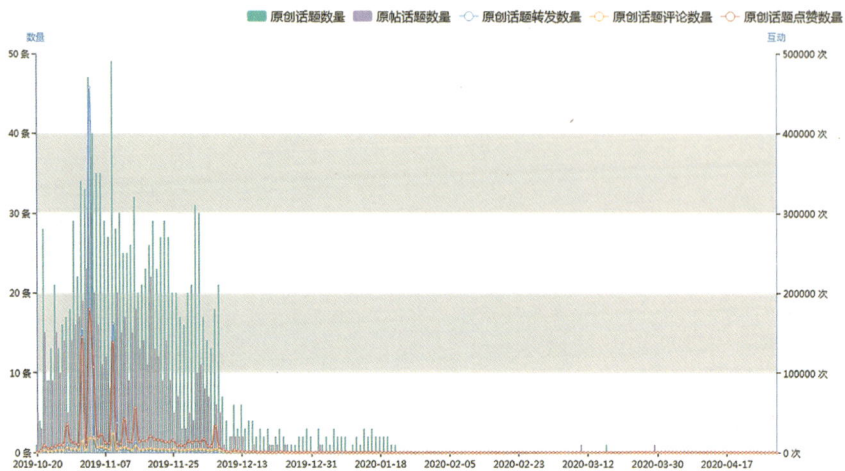

图 4-71　＃印象火焰蓝＃话题传播趋势

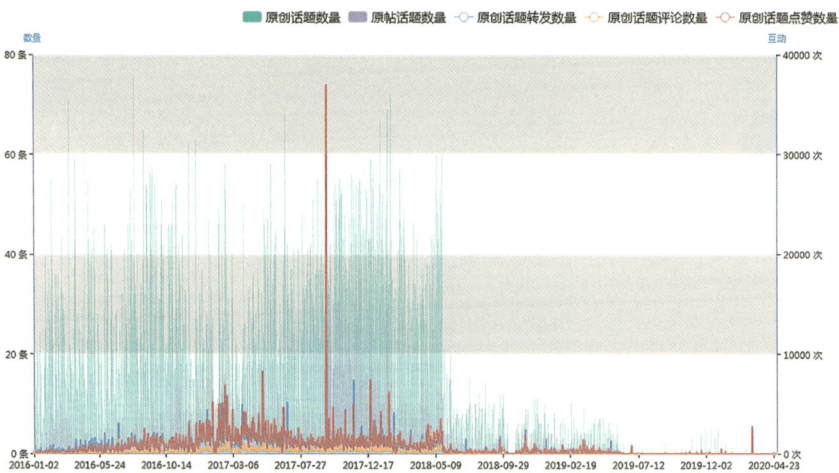

图 4-72　＃制造业强国＃话题传播趋势

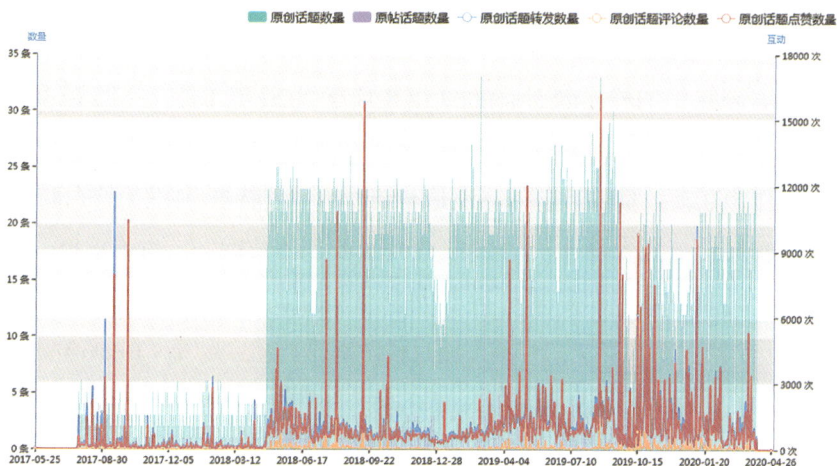

图 4-73　# 每日健康百科 # 话题传播趋势

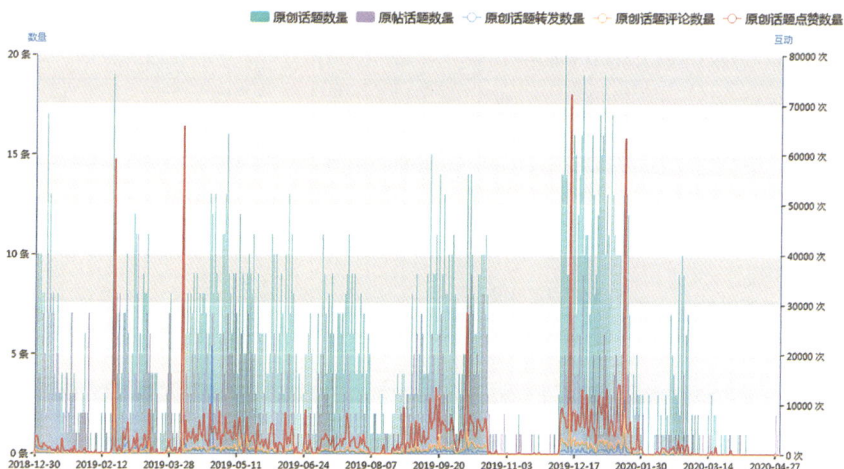

图 4-74　# 消防蓝朋友 # 话题传播趋势

4. 传播互动效果

从互动数量多话题的互动趋势来看，并没有显现出明确的规律，话题的微博信息数量与话题的互动数量没有表现出正相关的关系，微博信息数量最多的话题其互动数量不一定就最多。

（二）互动数量少的话题

据本研究中的样本统计，2009 年 8 月至 2020 年 4 月，一共有 385253 个微博话题。按照互动数量多少对话题进行排序，选取互动数量最少的 30 个话题作为互动数量少话题，分别是 #结合季节性特点 科学治好白癜风#、#加油 2020#、#致女友#、#地球不爆炸，我们不放假。宇宙不重启，我们不休息。#、#2020 爱你爱你#、#继共享单车后#、#花有万万种 ㇱ 娇媚依不同#、#/ 禁卫军 jwj: #、#//@ 大理州科学素质行动：#、#（Draco Malfoy），已经签约 CW 剧#等（见表 4-5）。

表 4-5 互动数量少的微博话题

话题	最早发布时间	原创点赞数量	原创评论数量	原创转发数量	原帖点赞数量	原帖评论数量	原帖转发数量
#结合季节性特点 科学治好白癜风#	2017-05-11 14:57:00	0	0	0	0	0	0
#加油 2020#	2019-12-25 16:53:00	0	0	0	0	0	0
#致女友#	2016-11-11 17:27:00	0	0	0	204	544	4416
#地球不爆炸，我们不放假。宇宙不重启，我们不休息。#	2017-02-09 10:20:00	1	0	1	0	0	0
#2020 爱你爱你#	2019-12-30 11:50:00	3	0	0	0	0	0
#继共享单车后#	2017-05-12 11:25:00	0	0	0	0	0	1
#花有万万种 ㇱ 娇媚依不同#	2016-11-22 20:53:00	0	0	0	34	80	889
#/ 禁卫军 jwj: #	2016-04-08 10:42:00	0	0	0	0	0	0
#//@ 大理州科学素质行动：#	2016-05-29 13:07:00	0	0	0	0	0	0

话题	最早发布时间	原创点赞数量	原创评论数量	原创转发数量	原帖点赞数量	原帖评论数量	原帖转发数量
#（Draco Malfoy），已经签约 CW 剧 #	2016-07-08 10:45:00	0	0	0	677	484	5203
#智化寺又一重大研究成果向您呈现——如来殿天花彩画仿真复原成功 #	2017-05-05 15:23:00	0	1	1	0	0	0
# ?? 疫后想去看的大自然奇观 ?? #	2020-02-25 22:32:00	0	0	0	5	1	10
# @– 蛇语者 – 张亮：与蛇共舞 为蛇正名 #	2013-07-19 19:04:00	0	0	0	0	15	29
# ^0^ 合家欢乐 ^0^ 万事如意 ^0^ #	2017-03-14 11:14:00	0	0	0	45	42	2074
# "大丰收植保万里行暨大丰收·《农业科技报》苹果秋季管理合作启动会" #	2019-08-25 09:19:00	1	0	1	0	0	0
# @– 蛇语者 – 张亮：与蛇共舞 为蛇正名 #	2013-07-19 19:04:00	0	0	0	0	15	29
# ?? 疫后想去看的大自然奇观 ?? #	2020-02-25 22:32:00	0	0	0	5	1	10
# / 禁卫军 jwj：#	2016-04-08 10:42:00	0	0	0	0	0	0
# //@ 大理州科学素质行动：#	2016-05-29 13:07:00	0	0	0	0	0	0
#（Draco Malfoy），已经签约 CW 剧 #	2016-07-08 10:45:00	0	0	0	677	484	5203
#智化寺又一重大研究成果向您呈现——如来殿天花彩画仿真复原成功 #	2017-05-05 15:23:00	0	1	1	0	0	0

话题	最早发布时间	原创点赞数量	原创评论数量	原创转发数量	原帖点赞数量	原帖评论数量	原帖转发数量
#换位空间有好运#	2016-10-05 22:57:00	1	1	0	0	0	0
#锦葵#	2016-10-28 00:00:00	1	0	0	0	0	0
#净衣#	2016-08-29 23:54:00	0	1	0	0	0	0
#柳下慧不慧#	2016-12-08 00:02:00	1	0	0	0	0	0
#你的三十很有价值#	2016-09-09 23:20:00	0	0	0	0	0	0
#诗情话意#	2016-08-25 23:34:00	2	0	0	0	0	0
#万圣之节，生死恍惚#	2016-11-05 09:13:00	0	1	0	0	0	0
#° 我们，在一个空间里相遇#	2016-09-28 22:04:00	1	11	11	0	0	0
#° 一个房间的作用#	2016-09-22 09:33:00	1	0	11	0	0	0

1. 传播主体

从 30 个互动数量少的话题的发布主体分布来看，此类话题发布主体单一，个人用户和机构用户都有参与，其中个人用户和事业单位发布的话题最多，但未能引起受众的关注。

2. 传播内容

互动数量少的话题名称大多是更加偏向于松散、混乱和主题意义不明确的情绪类内容。例如，#结合季节性特点 科学治好白癜风#、#加油 2020#、#致女友#、#地球不爆炸，我们不放假。宇宙不重启，我们不休息。#、#2020 爱你爱你#、#继共享单车后#、#有万万种 ⁰ 娇媚依不同#、#/ 禁卫军 jwj：#、#//@ 大理州科学素质行动：#、#（Draco Malfoy），已经签约 CW 剧 # 等。话题本身的吸引力和影响力不足，导致互动效果差。从这些话题的内容词云分布来看，话题内容分布比较分散，基本没有出现高频词，大都是综合类方面的词语。从这些互动数量少的话题的传播时间分布来看，这些话题未能一直传播，话题的传播数量总体都很低（趋势图略）。

图 4-75　# 结合季节性特点 科学治好白癜风 # 话题微博内容词云

图 4-76　# 加油 2020 # 话题微博内容词云

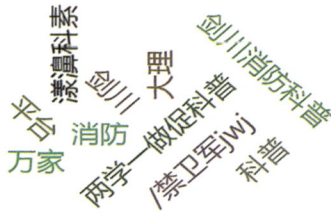

图 4-77　#/ 禁卫军 jwj:# 话题微博内容词云

图 4-78　#//@ 大理州科学素质行动：# 话题微博内容词云

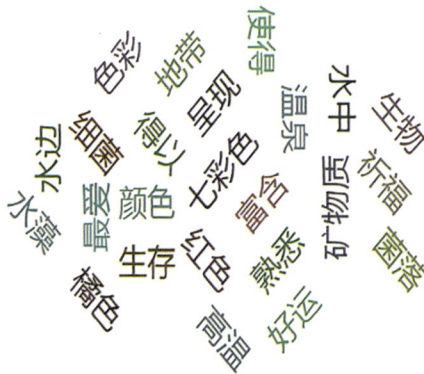

图 4-79　# ?? 疫后想去看的大自然奇观 ??# 话题微博内容词云

（三）对比分析

话题的互动数量作为微博内容热度的反映和体现，是微博主体所发布内容产生的转发、评论、点赞等互动行为的重要数据统计指标。通过对互动数量多的话题和互动数量少的话题对比分析发现：

1. 话题主题与传播主体分析。互动数量多的话题主要是安全相关类话题及专业类话题，互动数量少的话题主要集中在松散的情绪情感内容方面。在话题传播主体方面，机构用户发布的话题数量明显高于个人用户，但知识型意见领袖呈现散点传播状态，对科学知识的传播影响力正在凸显；政府部门、科研机构和社团组织由于自身的权威性和专业性，与受众的互动数量更多，受众对机构用户发布的科学传播话题产生的互动多于个人用户。

2. 总体来看，互动数量多的话题比互动数量少的话题传播趋势稍显均衡，但两类话题在话题传播趋势上都没有表现出明显的传播规律。互动数量多的话题和互动数量少的话题的微博数量与话题的互动数量没有表现出正相关的关系，微博数量最多的话题其互动数量不一定最多；互动数量少的话题通常内容质量较差，表明受众更加喜爱和需要优质话题。

三、突发事件类话题案例分析

本部分主要以 2020 年上半年爆发的新冠病毒肺炎疫情事件为案例分析突发事件类微博话题传播特点。

（一）新冠病毒肺炎疫情微博科学传播数据筛选及概况

本研究运用"冠状病毒""新冠""疫情""雷神山""火神山""武汉""战疫有我""肺炎""卫健委""疾控""钟南山""核酸检测""隔离""金银潭""红十字""双黄连""防疫""新增病例""方舱""COVID-19""2019-nCoV""确诊""复工申请""N95""企业复工""蝙蝠""穿山甲""新型病毒""口罩""医护人员""战疫"等新冠病毒肺炎疫情的相关

词汇，从被认定的科学传播类微博数据中检索抓取，获得 2019 年 12 月至 2020 年 3 月 1 日期间与新冠病毒肺炎疫情相关的微博数据 77260 条，再通过人工复核，删除掉与新冠病毒肺炎不相关的数据后，剩余 76579 条新冠病毒肺炎疫情微博内容数据作为研究样本。

在最终筛选出的 76579 条新冠病毒肺炎疫情微博数据中有 43743 条机构微博信息、32836 条个人微博信息。数据维度包括两大部分：第一部分数据是微博账号的基本信息，具体包括微博账号名称、头像、微博主体分类、关注数量、粉丝数量、微博数量、认证名称、认证类型、行业、简介、标签、公司、地区、教育、邮箱、性别、生日、注册日期；第二部分数据是微博内容的相关信息，具体包括微博账号名称、微博主体分类、博文类型、发布时间、发布方式、微博内容、转发、评论、点赞。如果是转发类微博信息，还包括原文作者、原文发布时间、原文发布方式、原文微博内容、原文转发、原文评论、原文点赞的属性描述。

（二）传播内容主题

随着新冠肺炎疫情发展变化，微博内容的传播主题也在发生变化。总的来说，内容主题可以分为三方面：一是关于病毒认识的信息传播；二是关于新冠病毒防控治疗方面的信息传播；三是疫情防控与复工复产方面的信息传播。从微博内容的属性来看，疫情期间科学传播类微博发布的内容信息可以分为两类：一类是科学知识类议题信息；另外一类是非科学知识类议题信息。

1. 科学知识类议题信息

科学知识类议题信息主要包括新冠病毒肺炎疫情的成因、防控、危害影响等内容。由于新冠病毒肺炎疫情事件防控基本上是一边开展科研探索认识新冠病毒一边传播信息，因此在这个过程中有大量的科学知识类信息通过微博传播。

原创微博数量最多的 10 个话题里有 5 个都是科普相关议题，分别是数量排名第一的 #科学抗击疫情# 话题、排名第三的 #健康科普汇#、排名第四的＃科普小知识＃、排名第五的＃新型冠状病毒＃和排名第十的＃陕西科普＃。

原创微博点赞数量最多的话题是＃新型冠状病毒来源是野生动物＃，评论数量最多的话题是＃科学抗击疫情＃、＃新型冠状病毒来源是野生动物＃，转发数量排名第二、第三和第四的话题依次是＃科学抗击疫情＃、＃新型冠状病毒＃、＃返朴解惑新型肺炎＃。

2．非科学知识类议题信息

非科学知识类议题信息，包括相关的新闻评论、疫情通报、政策解读、抗疫精神宣传等。

原创微博数量最多的 10 个话题里有 5 个是非科学知识类议题，分别是排名第二的＃疫情速报＃、排名第六的＃联防联控江西在行动＃、排名第七的＃爱心守望情暖赣鄱＃、排名第八的＃抗疫一线江西党员勇争先＃、排名第九的＃抗击疫情江西在行动＃。

3．不同主体传播话题

（1）政府微博

政府微博发布信息数量最多的 10 大话题分别是＃抗击疫情气象在行动＃、＃万众一心抗击新冠肺炎＃、＃共同战疫＃、＃武汉加油＃、＃最新疫情地图＃、＃火焰蓝守护平安＃、＃加油 2020 年＃、＃健康医达＃、＃众志成城抗击疫情＃、＃临河区＃。从这些话题可以看出，虽然政府微博发布的信息也包括科学知识类议题信息。例如对病毒的阶段性科学认识、病毒病理学鉴定结果、官方公布的病毒防护方案、政府发布的应对措施等。但是政府微博发布的信息不以科学知识类议题为重，而是以政策信息和动员全社会力量参与防疫的倡议为主（见表 4–6 按原创总数排序，前 16 名）。

表 4-6　政府微博信息数量最多的话题

序号	话题	最早发布时间	原创总数	原创点赞数量	原创评论数量	原创转发数量	原帖总数	原帖点赞数量	原帖评论数量	原帖转发数量
1	#抗击疫情气象在行动#	2020-01-29 13:47:00	266	6920	1590	1297	55	2491	1355	2489
2	#万众一心抗击新冠肺炎#	2020-01-25 20:42:00	211	43024	4833	7734	49	44744	5036	9597
3	#共同战疫#	2020-01-26 16:29:00	209	81519	12233	21114	99	7926395	472917	1243283
4	#武汉加油#	2020-01-22 11:55:00	202	73504	22500	8224	89	5048257	410007	93705639
5	#最新疫情地图#	2020-01-25 19:33:00	175	48163	6676	12223	57	99075	11457	18044
6	#火焰蓝守护平安#	2020-01-21 17:00:00	170	32646	7763	12313	84	22572	6035	17640
7	#加油2020年#	2020-01-23 10:02:00	140	14491	2440	3352	36	2447	648	1524
8	#健康医达#	2020-01-02 10:28:00	136	38	21	10	0	0	0	0
9	#众志成城抗击疫情#	2020-02-05 11:55:00	128	49	24	13	1	0	1	2
10	#临河区#	2020-02-05 17:36:00	113	41	22	12	1	0	1	2
11	#新型冠状病毒#	2020-01-24 11:41:00	105	12761	2193	4438	84	25309	5011	9988
12	#巴彦淖尔防控疫情第一线#	2020-02-05 11:55:00	103	44	24	12	1	0	1	2
13	#抗击新型肺炎第一线#	2020-01-22 17:48:00	101	28985	2665	3140	15	859939	79534	7737936

续表

序号	话题	最早发布时间	原创总数	原创点赞数量	原创评论数量	原创转发数量	原帖总数	原帖点赞数量	原帖评论数量	原帖转发数量
14	#市场监管动态#	2020-01-24 14:30:00	97	20	22	10	6	3	14	13
15	#全民战疫#	2020-02-02 7:30:00	95	54775	12314	19804	55	72381	6762	21808
16	#社区工作#	2020-02-05 11:55:00	91	40	22	11	1	0	1	2

（2）媒体微博

媒体微博发布的内容有一部分是来自政府的官方信息，另一部分是媒体记者针对公众关心的问题采写的相关报道。

媒体微博发布排名前10的热点话题有#联防联控江西在行动#、#爱心守望情暖赣鄱#、#抗疫一线江西党员勇争先#、#抗击疫情江西在行动#、#科宝快讯#、#新型肺炎冠状病毒#、#每日小知识#、#关注新冠肺炎#、#新冠肺炎科普#、急急侠话科普#。能够看出，媒体微博发布的信息既有科学知识类议题，也有非科学知识类议题（见表4-7按原创总数排序，前16名）。

表4-7 媒体微博信息数量最多的话题

序号	话题	最早发布时间	原创总数	原创点赞数量	原创评论数量	原创转发数量	原帖总数	原帖点赞数量	原帖评论数量	原帖转发数量
1	#联防联控江西在行动#	2020-02-04 13:47:00	729	39	4	36	0	0	0	0
2	#爱心守望情暖赣鄱#	2020-02-04 20:31:00	727	38	3	36	0	0	0	0
3	#抗疫一线江西党员勇争先#	2020-02-04 20:31:00	727	38	3	36	0	0	0	0

续表

序号	话题	最早发布时间	原创总数	原创点赞数量	原创评论数量	原创转发数量	原帖总数	原帖点赞数量	原帖评论数量	原帖转发数量
4	#抗击疫情江西在行动#	2020-02-08 18:14:00	703	35	3	34	0	0	0	0
5	#科宝快讯#	2020-01-26 15:08:00	206	834	271	657	2	7	3	6
6	#新型肺炎冠状病毒#	2020-01-26 15:08:00	171	729	236	578	0	0	0	0
7	#每日小知识#	2020-01-14 17:30:00	170	5636	257	445	9	65	10	32
8	#关注新冠肺炎#	2020-01-31 11:20:00	155	634	182	288	6	1236	241	375
9	#新冠肺炎科普#	2020-01-26 15:13:00	132	588	93	194	2	5	2	7
10	#急急侠话科普#	2020-01-04 14:52:00	128	1920	403	1684	0	0	0	0
11	#新型冠状病毒感染肺炎#	2020-01-19 10:05:00	112	1257	233	272	39	63176	13309	13018
12	#医药卫生报#	2020-01-25 9:55:00	100	701	117	156	2	5	3	7
13	#武汉加油#	2020-01-24 10:23:00	100	3079	519	2896	21	528993	43154	265734
14	#全国确诊新型肺炎病例#	2020-01-23 8:27:00	96	1251	274	362	11	826956	29579	12197
15	#疫情联防联控实时播报#	2020-01-27 20:01:00	96	637	228	230	3	56420	6465	1824
16	#共同战疫#	2020-01-27 10:14:00	88	7229	2266	3361	19	724800	34996	24552

（3）社团组织微博

从社团组织微博发布信息的话题分布来看，尽管有一部分是非科学知识类议题的信息，但是以科学知识类议题为主。从社团组织微博发布的内容看，科学知识类信息大部分都是转发来自政府部门或者媒体的信息，自创内容偏少（见表 4-8 按原创总数排序，前 16 名）。

表 4-8　社团组织微博信息数量最多的话题

序号	话题	最早发布时间	原创总数	原创点赞数量	原创评论数量	原创转发数量	原帖总数	原帖点赞数量	原帖评论数量	原帖转发数量
1	#新型冠状病毒#	2020-01-21 16:57:00	38	264	60	836	13	2190	466	2193
2	#武汉加油#	2020-01-22 0:28:00	36	875	102	184	20	1023860	92119	15241666
3	#共同战疫#	2020-01-29 10:04:00	21	261	25	110	30	657655	53157	932819
4	#闷死病毒#	2020-02-06 18:44:00	19	390	73	203	10	198	33	224
5	#生活百科#	2020-01-21 13:15:00	19	346	54	348	11	249	57	344
6	#健康科普#	2020-01-20 19:15:00	18	13	5	7	1	8	0	6
7	#新型冠状病毒感染肺炎#	2020-01-22 22:13:00	17	213	20	68	26	387014	31532	61494
8	#志愿服务#	2020-03-03 11:11:00	17	23	9	13	0	0	0	0
9	#科学辟谣#	2020-01-18 16:47:00	17	2413	545	1096	12	5320	1077	1894
10	#福建科普·闽江科学传播学者在行动#	2020-02-05 14:13:00	17	1	0	1	0	0	0	0

序号	话题	最早发布时间	原创总数	原创点赞数量	原创评论数量	原创转发数量	原帖总数	原帖点赞数量	原帖评论数量	原帖转发数量
11	#抗疫胜利#	2020-02-18 19:26:00	16	5	4	7	0	0	0	0
12	#最新疫情地图#	2020-01-25 22:31:00	15	1069	136	139	4	279796	19798	11035
13	#关注#	2020-01-09 12:38:00	15	4	0	0	123	2646	3143	5028
14	#抗击新型肺炎第一线#	2020-01-23 13:25:00	15	80	12	21	6	63935	6732	7700
15	#时事科普#	2020-01-09 10:34:00	15	5	6	4	0	0	0	0
16	#专家建议防疫多吃蔬果奶类大豆#	2020-02-11 15:38:00	14	180	37	192	0	0	0	0

（4）事业单位微博

事业单位微博发布的前 10 大热点话题中有 6 个偏科学知识类的议题，分别是#科普小知识#、#陕西科普#、#新型冠状病毒#、#每日科普资讯#、#新冠病毒肺炎防控知识#、#新型冠状病毒感染肺炎#，事业单位微博话题以科学知识类议题为主（见表 4-9 按原创总数排序，前 16 名）。

中国科学院下属事业单位——中科院网络中心运营的中国科普博览微博疫情期间围绕公众舆论关注热点开展深层科学原理解读，发挥了科研机构在科学传播中应该发挥的作用。例如，针对公众对 2020 年 1 月 20 日病例激增的疑问，发布了标题为"为什么突然增加了这么多确诊病例？因为有了病毒核酸检测试剂盒"的微博文章，文章深入浅出讲解了核酸检测试剂盒的科学检测原理；2020 年 2 月份又先后发布了"传染病暴发时，为什么都要先隔离？""各种信息'轰炸'下，你的心情越来越差了吗？""新药是如何从实验室走向市场的？""新冠病毒疫苗是如何研发的？""科学战疫，复工前最重要的不是想起密码，而是心理建设""抗体是如何与病原体进行'抗争'的？"等微博文章。这些文章尝试分析科学问题背后的深层原理，让公众学习。

表 4-9　事业单位微博信息数量最多的话题

序号	话题	最早发布时间	原创总数	原创点赞数量	原创评论数量	原创转发数量	原帖总数	原帖点赞数量	原帖评论数量	原帖转发数量
1	#科普小知识#	2020-01-11 13:00:00	643	7619	1860	2282	14	5908	1664	2640
2	#陕西科普#	2020-01-11 13:00:00	638	7618	1859	2281	8	5426	1580	1946
3	#陕西防控新型肺炎#	2020-01-30 17:00:00	558	2012	256	298	9	7	1	19
4	#新型冠状病毒#	2020-01-21 10:13:00	342	10729	2388	16170	24	4508	766	5169
5	#中国路网#	2020-01-21 11:57:00	298	1003	180	118	0	0	0	0
6	#疫情防控，公路交通在行动#	2020-01-31 14:14:00	251	836	198	107	0	0	0	0
7	#每日科普资讯#	2020-01-03 16:57:00	224	6	0	16	0	0	0	0
8	#新冠病毒肺炎防控知识#	2020-02-12 9:22:00	169	13	3	120	0	0	0	0
9	#新型冠状病毒感染肺炎#	2020-01-22 10:18:00	164	307	105	318	17	117584	9649	6831
10	#防控疫情从我做起#	2020-02-02 9:05:00	146	6066	3165	3326	24	653	354	1093
11	#科学抗击疫情#	2020-02-06 10:11:00	135	868	174	585	9	110	13	101
12	#科学事务所#	2020-01-09 10:49:00	123	1570	202	933	11	219	33	178

序号	话题	最早发布时间	原创总数	原创点赞数量	原创评论数量	原创转发数量	原帖总数	原帖点赞数量	原帖评论数量	原帖转发数量
13	#小路微分享#	2020-01-21 11:57:00	116	271	17	18	0	0	0	0
14	#健康科普汇#	2020-01-21 9:16:00	113	156	33	260	88	33123	4048	34396
15	#预防新型冠状病毒肺炎#	2020-01-24 16:10:00	105	7436	1382	8996	6	792	92	887
16	#中国路网路况信息#	2020-01-23 17:06:00	103	269	25	21	0	0	0	0

（5）企业微博

从企业微博排名前 10 的热点话题来看，同样包括科学知识类议题和非科学知识类议题（见表 4-10 按原创总数排序，前 16 名）。

表 4-10　企业微博信息数量最多的话题

序号	话题	最早发布时间	原创总数	原创点赞数量	原创评论数量	原创转发数量	原帖总数	原帖点赞数量	原帖评论数量	原帖转发数量
1	#健康科普汇#	2019-12-31 17:09:00	525	1085	278	1977	22	1774	319	1773
2	#新型冠状病毒快讯#	2020-01-21 13:21:00	507	1718	442	2234	4	173	51	45
3	#新型肺炎实时进展#	2020-01-29 19:21:00	373	167	11	9	0	0	0	0
4	#关注新型肺炎#	2020-01-24 14:07:00	317	153	5	4	0	0	0	0
5	#战疫必胜#	2020-02-09 18:16:00	195	100	3	1	0	0	0	0
6	#疫情速报#	2020-01-24 9:14:00	180	30	2	13	0	0	0	0

序号	话题	最早发布时间	原创总数	原创点赞数量	原创评论数量	原创转发数量	原帖总数	原帖点赞数量	原帖评论数量	原帖转发数量
7	#湖南身边事#	2020-02-02 9:03:00	138	69	8	2	0	0	0	0
8	#共同战疫#	2020-01-27 20:22:00	128	4194	476	924	3	144265	22454	241839
9	#打赢疫情防控阻击战#	2020-02-16 22:13:00	110	1	2	1	0	0	0	0
10	#战疫有我#	2020-02-03 10:11:00	109	23	0	3	1	44	0	22
11	#全民战疫#	2020-02-05 12:27:00	107	5	0	1	1	65	8	85
12	#新冠肺炎#	2020-02-06 20:31:00	104	1099	124	196	2	559844	14854	13539
13	#普及疫情防控知识#	2020-02-16 22:13:00	103	1	0	1	0	0	0	0
14	#疫情防控知识传播在行动#	2020-02-16 22:13:00	102	1	0	1	0	0	0	0
15	#战胜疫情#	2020-02-16 22:13:00	102	1	0	1	0	0	0	0
16	#疫情防控告知传播先行#	2020-02-16 22:13:00	102	1	0	1	0	0	0	0

（6）科研机构微博

科研机构微博发布的科学知识类议题信息主要有两类，一类是与病毒研究有关的，一般是转载官方媒体发布的信息；另一类是科研机构针对公众关注的问题进行内容原创，开展深层科学原理解读。在这次疫情科学传播中科研机构发布的原创微博不多。原因可能有两方面：一是科研机构注册的微博数量本身就少；二是疫情暴发时正处于科研机构过年放假期间。

（7）个人微博

个人微博发布的科学知识议题一部分是转发媒体或者政府发布的信息，还有一部分是个人创作的内容。总的来说，个人微博信息同样包括科学知识类议题和非科学知识类议题（见表4-11按原创总数排序，前16名）。

表4-11 个人微博信息数量最多的话题

序号	话题	最早发布时间	原创总数	原创点赞数量	原创评论数量	原创转发数量	原帖总数	原帖点赞数量	原帖评论数量	原帖转发数量
1	#科学抗击疫情#	2020-02-05 21:21:00	1440	177186	26982	73447	217	380861	42465	183020
2	#战疫打卡行动#	2020-02-10 11:14:00	421	4763	1997	2353	71	664651	110130	331502
3	#抗击新型肺炎第一线#	2020-01-22 19:09:00	395	93697	7927	14493	247	5847936	510548	17642711
4	#最新疫情地图#	2020-01-23 23:35:00	336	42031	6598	4882	106	4470058	250811	572192
5	#抗击新型肺炎我们在行动#	2020-01-24 12:43:00	306	22508	3846	5651	104	2349482	193244	756244
6	#全国确诊新型肺炎病例#	2020-01-22 23:25:00	168	179495	14716	13095	121	7358809	400751	1012067
7	#新型冠状病毒#	2020-01-09 8:35:00	159	63207	6211	49636	200	6809771	410453	1670190
8	#武汉加油#	2020-01-21 17:45:00	137	12762	3483	4153	244	22729210	1905703	193348002
9	#科普大作战#	2020-01-01 21:59:00	132	4414	583	1893	13	1971	360	1910
10	#返朴解惑新型肺炎#	2020-01-16 15:14:00	121	58442	4972	43990	21	37491	2643	34342

续表

序号	话题	最早发布时间	原创总数	原创点赞数量	原创评论数量	原创转发数量	原帖总数	原帖点赞数量	原帖评论数量	原帖转发数量
11	#生命医学#	2019-12-31 23:06:00	114	1469	1088	101	2	38	24	10
12	#关注新型肺炎#	2020-01-25 13:07:00	112	24359	2830	10211	103	3321838	134689	60870
13	#科普小知识#	2020-01-14 13:41:00	106	790	164	320	87	2511	286	538
14	#萌宠小窝窝#	2020-01-02 15:52:00	97	711	452	519	0	0	0	0
15	#共同战疫#	2020-01-26 14:16:00	84	1187	338	655	68	20578110	924624	901763
16	#聚焦海南新型肺炎疫情#	2020-01-25 9:12:00	75	441	550	30	0	0	0	0

第五章 微博平台超话社区运营机制研究

2016 年 6 月，为方便粉丝交流互动，新浪微博推出兼具"微博话题 + 兴趣内容社区"特点的二级超级话题社交平台，即"超话"。本章通过对明星微博超话社区进行案例研究，提出微博超话社区运营机制模型，为改进科普类超话社区运营机制提供参考。

一、微博超话社区的概念与特点

微博超话社区概念界定将从两个方面展开，首先通过总结梳理学界和业界对微博超话社区的定义提出微博超话社区的内涵；其次，通过将微博超话社区与微博平台本身和其他社区型平台对比，分析微博超话社区的特点，提出微博超话社区的特点。

（一）微博超话社区概念

百度百科对于超话社区的定义是，超话社区是新浪打造的一款集合超级话题与社区功能的产品，粉丝可以使用超话社区为自己喜欢的明星应援、组织粉丝活动。微博超话社区既有超级话题的特点，又有网络虚拟社区的特点。下面，将从网络虚拟社区和超级话题两方面梳理微博超话社区的定义。

微博超话社区是虚拟社区的一种表现形式。虚拟社区最早随着 BBS 出现，之后因为网络技术的发展衍生出一系列社区型产品，如新浪微博超话社区和百度贴吧等，为用户创造和共享有价值的信息提供了空间。1993 年，瑞格尔德（Howard Rheingold）将"虚拟社区"（Virtual Community）定义为"一群主要藉由计算机网络彼此沟通的人们，他们彼此有某种程度的认识，分享某种程度的知识和信息，在很大程度上如同对待朋友般彼此关怀，从而所形成的团体"。《2010 年中国网络社区研究报告》中明确定义了网络社区是拥有多种表现形式的网上互动平台，是将共同兴趣的访问者集中于同一主题的虚拟平台。

通常对超话社区的理解为"网络热点话题的汇集地"。实际上网络热点话题更准确的定义是：网络媒介在特定时间、特定范围中传播、分享并被网络用户高度关注的话题，该话题可以对现实生活中的人和事甚至对整个社会产生巨大影响，因此称之为网络热点话题。同时网络热点话题不受传统官方机构如政府部门和社会组织的影响，或许最初由官方机构发布相关信息，但是话题传播及产生影响的过程都在网络中进行。在微博的超话社区中，"话题"的界定还存在一些不同。从"热点话题"的等级升级为符合微博超话社区的"超级话题"，需要满足两个条件，即要满足申请开通超级话题的人数超过 200 人和话题具有持续讨论性的特点。从这两个方面可以看出、相比于普通话题，超级话题拥有关注者多且话题热度持续性强的特点。

而超话社区作为"超级话题"汇聚地，就是关于特定话题的便捷入口，其中遍布海量相关内容和信息，吸引了对超话感兴趣的特定粉丝或是短时期内对话题感兴趣的人群，他们共同聚集在超话社区内交流讨论。超话社区是对微博场域中的内容资源和用户资源的整合。超话社区是明星粉丝们的线上聚集地，随着微博垂直化运营战略的深入展开，作为其延伸产品的超话社区话题更加多元，目前的微博超话社区可以向用户提供多种兴趣领域的话题交流。从超话社区排行看，除了好友关注和推荐，已有明星、电视剧、音乐、科普、读书等 49 类，已存在的兴趣社区高达 100 多万个。

综上所述，微博超话社区是微博发展到一定阶段，为了加强其对用户的吸引力，通过整合与拓展微博场域中的内容资源和用户资源，打造的一款与微博具有同根性的虚拟社区型产品。

（二）与微博平台普通话题相比，微博超话社区的特点

超级话题就是一个"虚拟社区"，来源于微博原本的"话题"功能，它可以让有共同爱好的人集中在一起并就某个共同话题畅所欲言。在这个虚拟

社区里，不仅可以让普通用户得到更多、更好的交流机会，还可以使微博中用户感兴趣的优质内容得到沉淀。微博超话作为超级热点话题的聚集平台，与微博平台上的普通话题相比有以下特点：

1. 超话社区粉丝集中性强，有团队意识。在互联网应用逐渐普及的背景下，用户需求更加追求个性化和多元化。人们更多使用虚拟平台来展示和表达自己的兴趣，微博超话实现了资源共享、交流便捷、兴趣导向、隐私保护等特点。在这里，用户可以为自己的关注点和兴趣爱好找到归属，在精神层面实现交流的满足。微博超话平台的管理具有自发性，由主持人来帮助制定超话社区的规范，在不同话题中有不同的规章制度来约束粉丝的行为，粉丝更具有团队意识。

2. 超话社区的话题持续时间长且通常为非短期热点。"热点话题"通常具有可讨论性，也就是说话题要具有张力。超话社区中的超级话题通常是后续跟进性强的话题，可以在之后的很长时间内保持话题的热度，这样的话题不仅可以横向在波及人群中发展，也可以纵向按时间轴延展，最大程度上吸引人们的关注。这样的话题一般是娱乐性的话题居多，比如电视剧类话题，在电视剧前期宣传时就会出现，然后拥有稳定的粉丝群，热度会一直持续到电视剧结束也不会降低。

3. 超话社区的组织管理性强。社区看似松散的管理与趋于模糊的等级关系使得成员内部长久的和谐稳定成为可能，这对于维持整个超话的平稳有重要意义。每个超话都有自己的主持人来维持管理，删除有害的内容信息或者带动话题的粉丝进行互动。超级话题的日常运营需要细致和严格的操作步骤，例如诸多明星榜单里面有着非常明确的打榜规则和影响力提升的明细要求。此外，管理者们的位置也不是一直不变的，而是根据活跃度处于动态变化中，每个普通粉丝都有可能使自己成为话题主持人。

4. 超话社区存在一定的商业目的。商业化时代，情感共鸣可能不再是单纯内心真实情感的表达，而可能是被精心设计出来迎合大众喜好的超级话题，最终实现利润最大化。这些被精心设计的超级话题考虑了用户喜好和用户参与度等多个指标，符合用户的思维方式，可以使用户更完全地参与话题，更加受用户的欢迎，从而增大用户流量，实现商业目的。

二、微博超话社区运营机制

"机制"对应的英语词语是 Mechanism，最初是一个机械学和物理学概念，意指"机器的构造和工作原理"。后来，"机制"的概念开始应用到不同领域，形成了不同的"机制"含义。

在社会科学领域，通常来说，机制是指社会系统、现象或活动的构成要素及其之间的关系以及运行方式。本研究中的微博超话社区运行机制是一种信息传播与管理机制，是指信息传播的形式、方法以及流程等各个环节，是传播要素之间的关系和信息在要素之间运行的规律。传播要素包括传播主体、传播方式、传播内容、传播效应以及传播受众等构成的统一体。微博超话社区运行机制本质是它把人的社会关系引入到信息传播中，使社会关系成为影响信息传播效果的一个重要因素。

超话社区运营机制是超话社区实现正常运转的内在方式和途径。根据超话社区运营的关键影响要素，我们建立一个超话社区运营机制模型（图5-1）。超话社区运营机制是由兴趣相投的情感群体、与微博紧密相连的信息传播平台、有效的激励机制、精心设计的话题矩阵和分工协作的管理团队构成的有机系统。

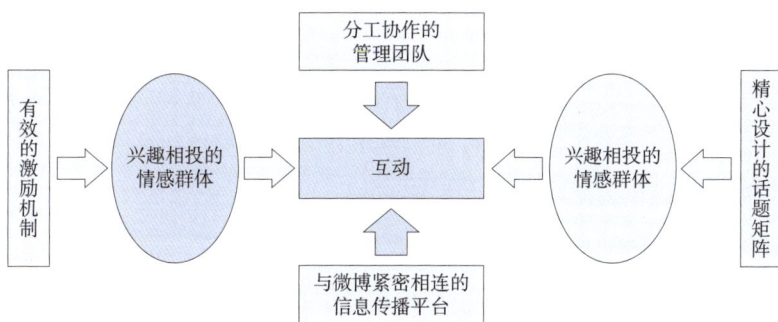

图 5-1　微博超话社区运营机制模型图

（一）兴趣相投的情感群体

兴趣相投的情感群体是指建立在共同兴趣爱好、价值取向上的社会群体，例如游戏迷、某个明星的粉丝群等。相较于血缘、地缘、职业缘等一些无法主动选择的关系，兴趣相投的情感群体之间的关系更加紧密，拥有更多共同话题。兴趣相投的情感个体可以借助互联网聚集在同一个社区或者网站，通过发帖或浏览帖子找到志趣相投的同伴，暂时摒弃现实社会的身份、职业、性别、教育背景带来的圈层差异，与互联网上的陌生人畅所欲言。

兴趣相投的情感群体成员之间的良性互动在某种程度上可以填补情感空缺，营造和谐的社区氛围、增进整个粉丝群体的感情，让超话社区不再是冰冷的信息查询、粉丝任务发布与接收的平台，建立起粉丝与社区之间的感情连接，形成一种正向情感循环。

按照群际关系理论，个体在社会生活中总是在不断地寻找特定的群体归属，由此进行自我归类，并与其他群体进行区分。当个体将自己归属到某一群体时，会与所属群体建立一种特殊的情感联系。出于对某一共同兴趣爱好或者共同偶像的喜爱，超话社区的用户对待彼此更具亲切感和信任感。

（二）有效的激励机制

有效的激励机制可以从一定程度上解决虚拟社区先天的弱组织性与自发性的弊端，激发成员参与社区活动的积极性和创造力，增强粉丝群体的组织力和行动力，提高成员之间的互动程度。有效的激励机制需要在保证虚拟社区秩序不被打破，并且保持粉丝对网络社区喜爱度的同时，将一些激励办法引入社区，以网络社区建设为目标，寻求粉丝群体黏性与活跃度的最大化，与虚拟社区形成长久良性的互动生态。

微博超话社区针对不同成员需求，使用多种激励方式和激励手段，具体有：A.建立用户等级制度，对用户进行分层，对不同层级的用户赋予不同的权益；B.建立超话社区签到制度，培养重复行为习惯，提升用户对社区的依赖度；C.赋予超话社区主持人一定权力，通过制定社区规则，约束粉丝行为；D. 建立超话排行榜，提升粉丝在超话社区的参与度、积极性和活跃度。

（三）与微博紧密相连的社区信息传播平台

超话社区将微博公共频道与圈层内容进行了区隔，为微博母平台搭建了"坊市"，构建了兴趣圈层社区。因此，超话社区的正常运营与微博母平台有不可分割的关系，可以说微博母平台就是超话社区的基础与根基，微博母平台就是超话社区的源头。首先，微博母平台为超话社区提供具有相同兴趣爱好的用户群体；其次，是微博母平台为超话社区提供宣传推广渠道；再次，微博母平台为超话社区提供有价值的信息内容。

（四）精心设计的话题矩阵

提供给粉丝可以进行生产、交流及分享的内容是维持超话粉丝群活跃度的关键，也是超话运营的核心任务。而要做到这一点，不能被动地依靠粉丝自发行为来实现，而要通过精心设计信息话题矩阵来为粉丝们提供自主创造、参与、分享的内容舞台。

精心设计的话题矩阵不仅可以为超话社区吸引越来越多的用户，而且能增加用户的黏性；不仅能提高社区内用户的互动积极性，而且会互相影响，形成传播的规模效应。精心设计的话题矩阵需要超话运营方判断自身与粉丝情感互动所处的实际层次，再按照与粉丝情感互动的发展规律来设计。

（五）分工协作的管理团队

分工协作的管理团队对于超话社区的高效运营具有不可或缺的作用，它可以发挥整体效能、提高工作效率、弥补个人不足、充分发挥每个人的优势特长，而团队精神和团队氛围则能产生强大的动力。

分工协作的管理团队要求超话社区不仅要有管理社区内部的团队，而且要有管理对外宣传推广的团队；不仅要有管理数据运营的团队，还要有管理不当发帖的团队等。功能多元的团队才能群策群力把超话社区运营好。

三、明星超话社区案例研究

目前在新浪微博超话社区中最热门的超级话题就是明星类超话，其用户由明星粉丝构成，包含有一定的商业目的。前期的超话社区在大部分用户看来是粉丝追星的聚集地，是"饭圈"讨论和交流的地方，这也使超话社区排行榜中明星类别的榜单做得最详细。[①] 除了"明星"榜单外，根据明星榜单还衍生出了"饭圈"榜单以及粉丝为自己爱豆组的"CP"榜单。明星榜单上都是根据影响力排名的娱乐明星，例如#蔡徐坤#、#王一博#和#肖战#等，吸引有共同"爱豆"的粉丝们进行讨论交流，分享明星信息。除此之外，"明星"榜单还有非常详细的排行规则，榜单被细分为了潜力超话榜和上升超话榜；榜单展示一周的实时排名情况，每周一清零重算；粉丝主要通过打榜、完成任务等方式来增加明星影响力。

本章研究内容是微博超话社区的运营机制，通过研究明星超话，以期为健全和完善科普类微博超话社区的运营提供参考借鉴。研究在选择个案的过程中之所以将研究对象锁定为#蔡徐坤#超话，一方面因为蔡徐坤在国内拥有着较高人气，另一方面，在微博超话社区明星版块，以"IKUN"活动为主的"蔡徐坤"超级话题长期排行第一，通过该案例分析可以总结明星类微博超话社区的运行机制。

（一）#蔡徐坤#超话社区基本情况介绍

#蔡徐坤#超话的简介内容主要分为艺人综合简介、影响力、音乐、代言品牌、奖项及其他、杂志、影视和综艺等几项。截至 2020 年 8 月 2 日21:00 的数据统计，#蔡徐坤#超话粉丝数为 1073.3 万，发帖数为 1216.5 万，阅读量为 1820.9 亿。#蔡徐坤#管理人员为 12 名，其置顶帖主要是关于蔡徐坤的音乐、杂志、影视等相关内容的宣传图片和视频资料，浏览其置顶帖

---

① 2021 年，中央网信办加强"饭圈"乱象问题治理，要求取消所有涉明星艺人榜单，之后微博超话社区规则有所修改。本研究中呈现的是在中央网信办治理之前的微博超话运营规则。

内容后，可以看出其微博超话粉丝凝聚力很强，在宣传蔡徐坤近期活动、代言品牌上很用心，目的是为了打造艺人形象和增加艺人曝光率。

（二）#蔡徐坤#超话社区运营效果

1. 有效聚集忠实用户，使用户沉淀成形

与其他社交平台相比，微博超话平台的最大优势是能有效沉淀一定数量的忠实用户，用户的积极性、参与度和辐射力也非常强大。#蔡徐坤#超话的粉丝数量虽然没有其个人微博的粉丝数量多，但是超话用户的发帖、阅读及互动频次远超个人微博。在这些忠实超话用户的支持下，#蔡徐坤#新浪微博超话长期位居榜首。这和以下几方面原因密不可分：首先，由于超话开通的必要条件是拥有大量不仅对话题感兴趣而且愿意长期参与话题互动的粉丝，因此一定数量忠实活跃的用户是超话天然就有的发展基础；其次，由于超话有新浪微博母平台这个强大的后方支持，因此超话不需要转换平台就能流入大量粉丝；最后，由于粉丝之间拥有共同兴趣和特点，因此超话的粉丝基本上都是要么对话题本身具有浓厚兴趣，要么是对话题具有较强情感认同的用户，不相干的用户一般不会主动加入。

2. 催生商业价值变现

微博超话作为虚拟社交平台，通过粉丝交互可以催生商业价值。在明星影音类超话社区内，明星参演的综艺节目及影视剧、明星的代言广告等信息是粉丝们乐于交流的内容。由于粉丝之间积极交流转发扩散相关信息，可以促进对明星参与作品及代言产品的宣传。例如，粉丝在#蔡徐坤#超话中对#蔡徐坤雀巢咖啡代言人#内容的交流讨论以及转发扩散，催生了对该产品的购买热度。粉丝在#蔡徐坤#超话中号召收看《奔跑吧兄弟·第四季》以及《青春有你2》等蔡徐坤参与的综艺节目，并实时宣传节目内容，也带动了观看热度。超话粉丝频繁的互动和转发可以促进更多的粉丝关注并参与到宣传活动中，从而帮助提升节目收视率。此外，超话粉丝的互动交流还可以刺激明星所代言产品销售氛围的形成。例如，粉丝发布购买渠道、购买福利的行为和买后评论及晒秀等行为很容易刺激并带动更多粉丝购买产品，从而

可促进商品销售。

3. 引导舆论

超话通过两种方式发挥舆论引导作用：一种是对内净化舆论，另 种是对外开展正面信息的积极传播。超话管理人员对不实信息及争议性内容进行实时动态监测与识别跟踪，就有关内容与超话社区内的粉丝开展进一步交流，并进行有效引导和主动管理，从而可以对内实现舆论净化。粉丝大 V 也会针对争议性话题，通过摆事实、讲道理等方式及时引导舆论。此外，超话粉丝还通过积极对外开展主动传播，发布与话题有关的正面信息，引导公众舆论。例如，粉丝通过微博、论坛、贴吧等渠道积极传播在超话社区被大家讨论后认可的观点，帮助明星进行宣传。在明星面对外部攻击的时候，粉丝还会自告奋勇主动争辩。

（三）#蔡徐坤#超话社区运营关键影响要素分析

通过分析可以看出，#蔡徐坤#超话社区好的运营效果与如下几方面关键要素密不可分。

1. 兴趣相投的情感群体

兴趣相投使用户之间的情感纽带更坚固，群体归属感和认同感使用户彼此可以进行更深层次的交流讨论，进行信息的分享及传播。在信息的传播过程中，微博超话的传播者和受众身份可以转换，他们既是信息接收者，也是内容的发布者。以明星超话为例，粉丝可以在话题内进行发帖、签到、关注等。微博超话平台的特殊性也可让明星话题聚集到一定数量的忠实粉丝。他们会对自己感兴趣的话题进行精准搜索，或者根据自己的喜好开设新的超级话题，可以在感兴趣的圈子里看到和他们兴趣相投的人发布的相关内容，同时自己发布的内容也可以同步到自己微博页面，从而扩大阅读和传播量。超级话题的开通使得这些明星的粉丝们更集中，由原来的多向单线向多向多线传播转变，扩大了传播面。明星类超级话题运营充分利用了群体的心理需求效应，将兴趣相投的群体聚集在一起，增加话题热度，从而引来更多的关注量。

2. 与微博紧密连接的传播平台

在超话社区中，超级话题阅读量的计数等于该超级话题的阅读数加上关联的子话题的阅读数。简单解释为，超话内发帖的阅读量与帖子同步到微博的阅读量都会计算到超话阅读量中，子话题新增阅读数同步计入所关联的主超话阅读数中，带钻石超话发微博的阅读数计算到超话阅读数中。一个主超话可以被多个子话题关联，所以在一定程度上子话题的关联转发可以加速帖子的曝光及引流。此外，明星微博账号或工作室微博账号和明星微博超话也可以互通关联。在#蔡徐坤#超话中，蔡徐坤工作室官方微博在该钻石超话中发帖宣传新单曲《情人》时，同时@了蔡徐坤个人微博账号并加入了普通话题#蔡徐坤情人改编版舞台#、#想魂穿蔡徐坤伴舞#，通过这种方式增加阅读量，提高#蔡徐坤#超话的热度。

3. 有效的激励制度

微博超话排行榜的激励制度之所以成功，首先是由于激励的对象具有竞争意识。从某种意义上来说，明星的曝光度可以作为衡量其商业价值的指标之一，粉丝们需要通过流量来增加偶像的曝光度，所以粉丝们通常具有很强的竞争意识。其次是激励政策对于粉丝个人来说也有显示意义。微博超话将粉丝汇聚在一起，通过一些日常"任务"来增加粉丝之间的互动，粉丝可以通过"签到"来增加话题的热度，由"刷新"来增加话题中帖子的浏览量，用"互动"的方式即"转发""点赞""评论"来增加帖子的曝光率。除此之外，通过每日"签到"以及其他常规操作可以增加粉丝的积分，粉丝增加积分后可以申请成为话题"主持人"来管理话题平台。

4. 有效的管理运营团队

每个超话都有自己的主持人即管理者来维持管理整个超级话题，删除负面的内容信息或者带动粉丝进行话题互动。松散的社区管理与模糊的等级关系为超话的稳定运营提供了可能性，这对于维持整个超话的平稳运行有重要意义。此外，管理者们的位置也不是一直不变的，而是根据用户活跃度处于动态变化中，每个普通粉丝都有可能由于积极主动参与日常任务和运营话题使自己成为话题主持人。

#蔡徐坤#超话有 3 个主持人团队，还有 10 个分工协作的小主持人团队。其中，"蔡徐坤数据站"团队主要负责与蔡徐坤相关的排行榜的各种数据统计分析工作；"蔡徐坤后援会网投组"负责组织汇总与蔡徐坤相关的各种网络投票；"菜籽油反黑组"和"蔡徐坤反黑净化站"负责对有关蔡徐坤的各种负面评价、造谣及侵权等内容进行反黑举报。此外，还有几个小主持人负责其他工作，例如"蔡徐坤超话管理站""蔡徐坤贴吧官博"等。

5. 精心设计的话题矩阵

明星类超话管理团队根据粉丝交流互动内容的不同发展阶段设计超级话题序列，按照从认知到认可、从认可到认同的情感互动发展规律构建话题矩阵。在有设计的话题中，用户积极参与交流，同时激发用户生产更有价值的新内容。在超话空间里，粉丝通过影音制作等方式开展创作与互动，进一步丰富了话题矩阵新内容。

以上对明星超话社区运营案例的分析，可以为科学传播类微博超话的运营提供相关方法借鉴与参考。

第六章　微博平台科学传播特点

本章根据前面的内容，总结分析微博平台科学传播的特点，具体包括传播主体、传播内容、传播时间、传播地域等方面。

一、经过十余年发展，微博在科学传播方面逐渐发挥了重要作用

总体来说，经过十多年的发展，微博平台的科学传播用户在总数量、发帖量、分布地域广度和传播主体性质属性多元化方面，都已经有了很大的发展，成为了我国科学传播的重要载体。阶段统计分析显示，新浪微博平台上已有 2768 个科学传播微博，自 2009 年 8 月至 2020 年 4 月，这些微博共发布信息 7721511 条。

按照微博用户的属性划分，机构用户有 1342 个，个人微博 1426 个。在机构微博中，社团组织微博 418 个，企业微博 264 个，媒体微博 210 个，事业单位微博 158 个，教育机构微博 127 个，政府微博 89 个，科研机构微博 34 个，其他微博 42 个。

按照各微博主体的注册属地数量排序，分为五档，第一档为北京市，有 796 个微博，占微博总数的 29%；第二档为广东省和上海市，分别有 261 个和 201 个；第三档为浙江省和江苏省，分别有 118 个和 107 个；第四档为微博主体数量在 50—100 个之间的地区，有湖北省、四川省、山东省、河南省、云南省、海外、福建省、安徽省、湖南省；其余为微博主体量在 50 个以下的省级行政区，有 21 个，约占全国总数的 58.3%，具体包括重庆市、甘肃省、河北省、陕西省、辽宁省、山西省、江西省、天津市、广西壮族自治区、内蒙古自治区、吉林省、黑龙江省、香港特别行政区、贵州省、新疆维吾尔自治区、海南省、青海省、宁夏回族自治区、西藏自治区、台湾地

区、澳门特别行政区。

二、微博平台科学传播相关内容发展趋势与微博本身的发展轨迹基本一致

从 2009 年 8 月至 2020 年 4 月这十年期间数据来看，历年科学传播微博用户数量变化趋势、微博发布内容数量变化趋势、科学传播微博用户互动发展趋势、微博传播形式发展趋势等与微博平台本身的发展轨迹基本一致，科学传播微博发展历史分为三个阶段，分别是建设期、调整期和稳步发展期。

科学传播微博建设期（2009—2013 年）：这是科学传播微博的概念形成阶段，也是科学传播微博用户注册的初始期与快速增长期。在此期间，微博信息发布数量大幅增长；微博传播形式主要是图片；微博传播话题偏重科普类；微博互动情况以转发为主；互动话题一部分围绕微博本身用途展开。

科学传播微博调整期（2014—2016 年）是科学传播微博用户跟随微博平台进行整体战略调整、主动适应行业监管和垂直深耕、开展优质原创内容创作、进行专业积累和能力建设的阶段。在此期间，微博用户注册数量增速放缓；微博信息发布数量平稳缓慢增加；微博传播形式更加丰富，新增文章类微博内容；微博传播话题偏重科普类；微博互动形式以点赞为主；互动话题偏重于科普内容。

科学传播微博稳步发展期（2017 年至今）是在经历过第一阶段的大规模建设阶段和第二阶段的调整后科学传播微博的重新复兴阶段。在此期间，微博用户注册数量新增幅度加大；微博信息发布数量稳步增长；微博传播形式趋向以视频居多；微博内容以科普类话题为主；微博互动以点赞形式最多；互动话题以爱国抗疫为主。

三、微博科学传播多元主体格局已经形成

从微博用户的注册主体来说，政府微博主要由地震、气象、消防、应急

等灾害应急处置管理部门主办；媒体微博主要由杂志社、出版社、网站、电视台等主办；科研机构微博主要由公立科研机构主办；社团组织微博主要由各地科学技术协会、民间社会团体等主办；企业微博大多数由服务业企业主办；个人微博主要由科学传播爱好者和相关领域的研究人员等为用户；事业单位微博主要由政府部门和科研院所下属事业单位主办；教育机构微博主要由高校院系或者高校的某个组成部门主办。除此之外，注册主体还有科技馆、实践团（队）等。

从微博发布的信息数量来看，科学传播爱好者个人发布信息数量最多，达到 4632501 条；机构类微博中发布信息数量最多的是媒体微博，达到 715657 条；其次是政府微博发布 700671 条；社团组织微博发布 568442 条；事业单位微博发布 484986 条；企业微博发布 346720 条；发布信息最少的是科研机构微博，共发布信息 56851 条。政府部门微博虽然数量少，但是发布信息数量多，原因是气象、消防、灾害管理部门是政府微博的主要注册部门，这些政府部门已经把微博作为与公众进行灾害沟通、开展应急传播的主要平台。个人微博发布信息数量远大于机构微博，在微博平台的科学传播更为活跃。

四、未来微博平台的科学传播用户还会继续稳步增长

作为移动化科学传播媒体 + 社交平台，未来科学传播微博用户及发布的信息量还会持续增长。科学传播微博在越来越多优质内容的充实下，内容生态会变得更有价值，更能吸引和集聚科学传播用户。

在内容主题方面，由于微博本身正在致力于在垂直领域建立每个领域的流量生态和变现生态，未来科学传播微博也会形成更加细分的科学传播方向话题。另外，科学传播类微博的话题内容会根据国家科普政策指引和社会发展需求在稳定中有动态调整，突发性热点事件仍然是科学传播微博重点传播的话题内容之一，爱国主题的内容也是科学传播微博未来将持续传播的重要内容之一。

在微博传播形式上，科学传播微博的表现形式会越来越多样化，图文类微博仍然是未来主要的科学传播形式，与此同时，包含链接、视频以及音乐等多种形式的微博内容占比将得到大幅提升，视频微博和头条文章也是未来发展的主要形式之一。

五、科学传播微博超话社区已吸引大量粉丝入驻

目前，科学传播微博超话社区已吸引大量粉丝入驻，并在交流互动方面显现出一定价值。科普类超话主要吸引那些对科技感兴趣的用户和希望将自己的知识分享到超话平台的人。经过近几年发展，从开通的超话数量可见超话已经吸引大量科学传播领域的粉丝入驻。科普类超话主要分为六类，分别为动物植物、天文地理、心理健康、生活百科、冷门知识和人文社科，以每类最少显示的 Top200 个话题来计算，最少也有 800 个左右科普类超话。在这些超话中，据 2020 年 6 月 18 日采集的数据，有 32 个科学传播类超话的粉丝数量在 1 万以上，粉丝数最多的是 # 心理学 # 拥有 8.6 万，然后依次是 # 天文 #7.2 万粉丝，# 技能小百科 #5.5 万粉丝，# 中国本土植物 #5.5 万粉丝，# 植物 #4.2 万粉丝。有 14 个超话的发帖数量在 1 万条以上，最多的是 # 中国本土植物 # 发帖数量为 2.7 万，其次是 # 植物 #2.5 万，# 天文 #2.2 万，# 科协 #2.2 万，# 心理学 #1.8 万，# 消防知识 #1.8 万。11% 的超话阅读量在 1 亿次以上，其中阅读量最多的超话是 # 科普大作战 #83.7 亿阅读量，然后是 # 技能小百科 #23.2 亿阅读量，# 蜀黍说安全 #22.8 亿阅读量，# 动物奇遇记 #20.1 亿阅读量，# 天文 #8.8 亿阅读量，# 涨知识 #8.1 亿阅读量。

第七章 微博科学传播效果优化策略分析

一、加强受众思维，贴近公众生活与理解程度开展科学传播

科学传播微博为科学共同体之间、科学共同体与政府、科学共同体与媒体、科学共同体与公众提供了一个交流互动平台。科学共同体、政府以及媒体微博应当努力贴近公众的生活需求、生活经验与认知范围，有针对性开展科学传播，同时注重向公众传输科学精神、科学思想、科学方法，实现科学与人文的融通，真正实现微博在科学传播中的对话沟通互动功能。通过微博实现科学共同体、政府和公众之间广泛的沟通对话，实现公众常识认知结构与科学认知结构的融通，引导公众用科学的认知思维分析、对待与社会生活息息相关的科学问题。

科学传播的受众思维指的是科学信息的编写要站在受众角度，以受众易于接受与理解的方式来呈现。由于科学技术的专业性和复杂性，如果媒体传播时不做"翻译"工作，容易导致科学传播内容中出现艰涩与难懂的信息，让受众对科学内容"望而生畏"、不感兴趣，或者对内容产生错误的认知与理解。加强科学传播的受众思维，就是要求媒体科学传播微博以受众为中心，重视受众对科学信息、专业科技知识的理解能力，在科学信息内容的选择、科学内容的表述与科学争议或者科学事件的报道上，根据受众的接受能力积极解释，减少由于"信息不对称"产生的误解。

二、鼓励科学传播共同体发挥优势，提升传播效果

从本质上讲，科学传播有着天然的公益性质，需要国家和社会合理配置

必要的社会资源保障其良好运行。在科学传播工作中，政府可以采用一定的激励机制，吸引更多科研机构和科技工作者加入到微博科学传播中来。可以考虑建立由科研机构、科技工作者、媒体从业者、专业科普工作者和民间科普力量等组成的科学传播团队，丰富微博科学传播内容存量，提高微博科学传播的内容质量。

当前，有些科学传播类微博发表的内容存在事实错误、观点错误等现象，甚至有些直接是伪科学的内容。这些内容不仅不能发挥科学传播的作用，甚至会误导公众，引起不良后果。在科学传播类微博内容建设中，要充分考虑内容的科学性与权威性，要充分发挥政府部门微博、传统媒体微博、教育科研机构微博和自然科学类社团组织微博等具有公信力和舆论引领力的特点，鼓励这些微博更加积极主动地开展科学传播，就公众关注的问题和社会热点科学议题发表正向观点、传播科学知识，对不准确的观点进行澄清或者辟谣，引导网络舆论，让科学传播类微博既能起到科学引领的作用，也能起到政治引领的作用。

三、加强日常科普工作对公众理性思维的培养

多年来，国家对科普工作的重视与各方面投入都对公众科学素质的提升起到了重要作用。但是，面对当前日新月异的新技术发展、新社会形势以及一些突发社会事件，尤其在一些与科学认识、科学知识密切相关的社会突发事件中，公众具有相信科学的理性思维显得至关重要，这样才能让公众不致轻易陷入慌乱与盲从，从而维持社会的稳定有序。科普工作在引导和培养公众具有理性思维能力方面还有很长的一段路要走。科普工作者要通过多种多样的传播渠道、传播技巧与传播方法让公众拥有相信科学的基本观念，具备获取科学知识、探索科学真理的精神、途径与技巧，运用每一次社会科学事件开展科学传播，拓宽公众认识科学世界的视野，培养公众科学看待客观世界的思维习惯。

科学共同体要打造和建立科学权威的微博科普渠道和科普工作流程，并

采用各种方式汇聚公众到渠道平台上来阅读，从而潜移默化地实现涵养公众理性思维的目的和培养公众辨别科学内容的能力。

四、健全科学传播超话社区运营机制

（一）科学传播超话社区存在的问题

1. 粉丝数量少

科学传播类超话与其他热门超话相比，其粉丝数量有很大差距。最热门的明星类超话的粉丝数量大多数都是百万数量级，少的也有几十万粉丝，多的达到上千万级别。例如，#蔡徐坤#的超话粉丝数多达1073.3万，#肖战#的超话粉丝数达到728万。而科学传播类超话的粉丝数量大多位于几千到几万之间，极个别的例如#心理学#达到8.6万粉丝，#天文#达到7.2万粉丝，#植物#达到4.2万粉丝。

2. 发帖数量少

科学传播类超话与其他热门超话相比，其发帖数量有很大差距。明星超话的发帖数量基本上都位于几百万和几千万之间。例如，#蔡徐坤#发帖数为1216.5万，#有匪#发帖数为11.1万。而科学传播类超话的发帖数量基本上都在几万徘徊，例如，#中国本土植物#超话的发帖数为2.7万，#天文#超话发帖数为2.2万，#心理学#超话发帖数为1.8万。

3. 话题热度低

科学传播类超话的话题内容传播力度弱，传播范围有限。从选择的案例数据来看，微博超话社区中对科普类超话感兴趣的人较少，粉丝数、发帖数和互动数远远低于明星影音类热点超话。#蔡徐坤#阅读量为1820.9亿次，#有匪#阅读量为13.5亿次，#植物#超话的阅读量为1.5亿次，#天文#超话的阅读量为8.8亿次。

4. 话题类型少且缺乏吸引力

从科普类超话话题类型分布来看，只有六类话题，分别是动物植物、天文地理、心理健康、生活百科、冷门知识和人文社科，类别相对简单，且没有从当今科技发展趋势的视角进行考量设计。从 Top200 话题分布来看，传播话题的吸引力还不强，没有根据科学传播内容特点形成独特的传播内容思路和角度。此外，还存在分类模糊问题，例如以追星为主要目的的超话＃四叶草＃不属于科普类范畴，却仍旧被归为科普类话题。

5. 话题与传播形式单一

科学传播类超话内容有的相对单一，并不能从内容上吸引大多数受众群体，例如超级话题＃植物＃大多数文字内容是以表达对植物的赞美为主，从内容方面不能很好地做到科学知识的传播。科学传播超话里的帖子主要是以分享为主，所分享内容的形式有的也较为单一，例如超级话题＃植物＃内的帖子内容主要是以图片和文字形式为主，其他传播形式的数量偏少，传播形式单一，不能抓住受众的目光。

（二）科学传播超话社区运营机制优化策略

1. 培养"官方"粉丝大 V 主导、科学传播爱好者个人参与的超话管理团队

科学传播超话需要建立由"官方"粉丝大 V 主导、个人爱好者参与的管理团队。可以借鉴明星类超话，分别从发布一手科技信息、转发分享二手信息、相关数据管理、组织社区活动及举报维权等几个方面安排合理分工。针对已经开通的超话，相关组织可以快速遴选自身粉丝大 V 掌握超话的主导权。此外，还可以充分发挥管理团队成员的作用，利用其在业内影响力及号召作用吸引更多用户。

2. 利用各种渠道广泛宣传聚集人气

科学传播主题的超话开通后，为了尽快吸引粉丝并最终凝聚忠实粉丝群体，需要借助各种有效渠道积极开展对外宣传。首先，利用如官方微博、微信、官方网站等媒体平台进行宣传，呼吁粉丝加入超话；其次，策划一些具有创意且有奖励回报的超话社区活动吸引粉丝加入；第三，通过在与科学传播主题超话相关的行业超话或者合作伙伴超话等进行发帖，进一步扩大科学传播主题超话的知名度并吸引粉丝。

3. 精心设计话题，打造优质科学传播矩阵

微博吸引粉丝的关键在于内容符合受众的喜好。为了保证科学传播主题超话社区的活跃度，管理团队要精心策划，根据粉丝交流互动的不同发展阶段设计超级话题序列，根据粉丝的情感需求、粉丝的群体特征以及与粉丝的情感互动规律设计话题矩阵，按照从认知到认可，从认可到认同的情感互动发展规律构建话题矩阵。

4. 积极回应粉丝，激发粉丝持续参与

首先，科学传播超话管理团队要认识到粉丝的价值和重要性，对于粉丝发布的信息不能爱答不理，要及时反馈答复；其次，与粉丝积极互动，通过对粉丝发布的优质信息进行置顶、推荐、加精、奖励等，让粉丝产生认同感和情感共鸣；最后，要协同其他官方渠道，如官方微博或者论坛、贴吧等与粉丝进行互动。

5. 探索建立适用于科学传播超话社区的激励机制

科学传播超话社区没有根据科学传播的专业性以及科学传播用户特点去探索建立一种激励用户参与互动的机制。明星超话社区的激励机制中有的制度可以搬过来直接用，有的制度在科学传播社区还需要进一步斟酌。与明星超话相比，科学传播超话的主题专业性更强，更需要政府部门、媒体、科研机构、社会组织、企业、科学传播爱好者等不同类型科学传播主体的协同配合，这就需要建立适用于多元主体协同的激励机制。同时在内容传播形式上，可以在原有基础上，重视图表和短视频等多元化传播形式的使用，增强可视化效果。

参考文献

[1] [澳]T.W. 伯恩斯，[澳]D.J. 奥康纳，[澳]S.M. 斯托克麦耶，李曦 . 科学传播的一种当代定义 [J]. 科普研究，2007(06):19-33.

[2] [英]J.D. 贝尔纳 . 科学的社会功能 [M]. 陈体芳，译 . 北京：商务印书馆，1982.

[3] 鲍中义，陈俊 . 微博的思想政治教育功能及实现路径研究——以在校大学生为例 [M]. 北京：中国社会科学出版社，2019.

[4] 卞梦婷 . 论网络分众化时代下社交媒体竞争力的打造——以微博超话为例 [J]. 传媒论坛，2020,3(15):141+143.

[5] 柴玥，金保德，杨中楷 .《中国国家地理》新浪微博传播效应分析 [J]. 中国科技期刊研究，2015,26(05):493-498.

[6] 陈江洪 . 国外国立科研机构的科学文化传播模式分析 [J]. 科学学研究，2008,26(S1):46-53.

[7] 崔彬 . 数据挖掘中多维数据可视化的研究 [D]. 武汉理工大学，2006.

[8] 大数据分析之多维数据分析入门 [OL]. 邦格科技 [2018-06-13]. https://baijiahao.baidu.com/s?id=1603126472857650604&wfr=spider&for=pc.

[9] 戴歆紫，郁志珍 . 科普微博的发展现状及传播特点分析——基于 14 个主流科普博主数据的实证研究 [J]. 科普研究，2018,13(05):12-20+67+106-107.

[10] 翟杰全 . 再论科学传播 [C]//. 科技传播与社会发展——中国科技新闻学会第七次学术年会暨第五届全国科技传播研讨会论文集，2002:24-34.

[11] 翟杰全 . 科学传播学 [J]. 科学学研究，1986(03):11-18.

[12] 方爱华，张解放 . 环境群体性事件中政府、媒体、民众在微博场域的话语表达——以 "余杭中泰垃圾焚烧事件" 为例 [J]. 科普研究，2015,10(03):19-28.

[13] 韩雨坤 . 微博场域下明星超话社区的话语表达特征 [J]. 采写编，2020(01):

168-169.

[14] 侯庆玮 . 微博科学传播中的不确定性研究 [D]. 中共中央党校 , 2018.

[15] 侯斯玮 . 科学传播视野下"博物杂志"官方微博研究 [D]. 南宁 : 广西大学 , 2019.

[16] 胡晓梅 . 科学传播与网络 [J]. 河北工程大学学报 (社会科学版), 2008(1).

[17] 贾鹤鹏 , 刘立 , 王大鹏 , 任安波 . 科学传播的科学——科学传播研究的新阶段 [J]. 科学学研究 , 2015,33(03):330-336.

[18] 贾鹤鹏 , 王大鹏 . 作为建设性新闻的科学报道——以网红科学家的科普实践为例 [J]. 当代传播 , 2020(02):50-55.

[19] 金兼斌 , 徐雅兰 . 科学家网络公共参与行为模式及其公共协商程度 [J]. 中国地质大学学报 (社会科学版), 2017,17(03):97-108.

[20] 匡文波 . 新媒体舆论模型：实证、热点及展望 [M]. 北京 : 中国人民大学出版社 , 2014.

[21] 黎星佩 . 浅析《博物》杂志新浪微博传播策略 [J]. 今传媒 , 2018,26(02): 126-128.

[22] 李浩鸣 , 张曼芝 , 童声杨 . 科技型企业科技传播形态与科技信息传播 [J]. 科技传播 , 2014,6(02):30-32.

[23] 李凯 . 新媒体下的科学传播效果研究——以新浪微博为例 [D]. 济南 : 山东师范大学 , 2018.

[24] 李延芳 . 科普类微博传播影响力及传播策略研究 [D]. 山西大学 , 2019.

[25] 刘丹 . 新浪微博中的科学传播研究 [D]. 湘潭大学 , 2018.

[26] 刘华杰 . 整合两大传统：兼谈我们所理解的科学传播 [J]. 南京社会科学 , 2002(10):15-20.

[27] 刘娟 , 朱慧英 . 新浪微博平台下科学传播内容与媒体显著性研究——基于"人民日报"和"头条新闻"号的内容分析 [J]. 重庆广播电视大学学报 , 2020,32 (01): 64-74.

[28] 刘茜 , 尹焰寅 , 刘颖杰 , 刘燕 . 不同气象政务微博影响力的评价研究 [C]//. 第 33 届中国气象学会年会 S13"互联网 +"与气象服务——第六届气象服务发展

论坛，中国气象学会，2016:195-202.

[29] 刘晓娟，尤斌，张爱芸. 基于微博数据的应用研究综述 [J]. 情报杂志，2013,32(09):39-45.

[30] 齐娜，宋立荣. 医疗健康领域微博信息传播中的信息质量问题 [J]. 科技导报，2012,30(17):60-65.

[31] 首都互联网协会. 中国微博发展报告 (2015—2016)[M]. 北京：人民出版社，2017.

[32] 宋同舟. 科研机构新媒体科学传播工作效果评价研究——以中国科学院为例 [J]. 新媒体研究，2021,7(15):1-5.

[33] 王大鹏，贾鹤鹏，吴欧，钟琦. 网络自媒体时代的科学传播新动能——以"网红"科学家为例 [J]. 新闻记者，2018(10):47-56.

[34] 王梦迪. 新浪微博用户中的知识生产沟与观念沟研究——以日本震后核电站建设问题为例 [D]. 杭州：浙江大学，2011.

[35] 王钦. 微博空间下粉丝的生产及身份认同研究 [D]. 西北大学，2019.

[36] 王蕊. 科学传播视野下媒体微博对突发性事件的舆情响应研究——以"首例基因编辑婴儿诞生"事件中"新京报"为例 [J]. 新媒体研究，2019,5(24):1-5.

[37] 王童. 网络社区中热点话题的生成与影响力探究 [D]. 复旦大学，2014.

[38] 王晓萍. 我国网络科普的媒体形式及特征研究 [D]. 大连理工大学，2019.

[39] 王勇安，李雅静. 后真相时代科学传播的困境——关于科学传播民主模型应用的思考 [J]. 渭南师范学院学报，2020,35(02):57-62.

[40] 王玉华，汤书昆. 政府与民间科普组织微博科学传播的比较研究——以"@ 上海科普"与"@ 科学松鼠会"为例 [J]. 科普研究，2014,9(01):32-38.

[41] 谢雨. 基于微博平台的科学传播研究 [D]. 武汉理工大学，2013.

[42] 杨辉，尚智丛. 微博科学传播机制的社会网络分析——以转基因食品议题为例 [J]. 科学学研究，2015,33(03):337-346.

[43] 杨鹏，史丹梦. 真伪博弈：微博空间的科学传播机制——以"谣言粉碎机"微博为例 [J]. 新闻大学，2011(04):145-150.

[44] 杨勇，陈永梅，易斌，卢佳新，张静蓉. 微博在环境科技传播中的应用研

究——以新浪微博 @ 环保董良杰环境科技微博为例 [J]. 科普研究，2012,7(04): 61-66.

[45] 喻国明. 微博：一种蕴含巨大能量的新型传播形态 [J]. 新闻与写作，2010 (02):59-61.

[46] 袁志彬，李猛. 中国国立科研机构网络传播力的实证研究——以中国科学院北京分院所属研究院所为例 [J]. 科普研究，2020,15(03):48-53+110-111.

[47] 岳洋，徐雁龙，马强，刘英楠，熊德，周德进. 国立科研机构科学传播体系建设的实践与思考——以中国科学院为例 [J]. 中国科学院院刊，2021,36(04):456-463.

[48] 詹正茂. 中国科学传播报告 (2012)[M]. 北京：社会科学文献出版社，2012:18.

[49] 张光斌. 科普期刊的微博内容分析及其应用研究——以新浪微博为例 [J]. 科技与出版，2012(6):108-109.

[50] 张丕万，邹贞. 科学公共空间中"理"的争夺与断裂——对方舟子、崔永元转基因微博论争的反思 [J]. 西北大学学报（哲学社会科学版），2019,49(03):141-150.

[51] 赵莉. 新媒体科学传播亲和力的话语建构研究 [D]. 中国科学技术大学，2014.

[52] 郑婕. 科学家微博使用与职业群体社会声望：基于社会网络分析 [J/OL]. 人民网，[2014-12-04]. http://media.people.com.cn/n/2014/1202/c40628-26133800.html.

[53] 郑永春，赵伟方. 新媒体科普号评价指标初步研究 [C]//. 中国科普理论与实践探索——新时代公众科学素质评估评价专题论坛暨第二十五届全国科普理论研讨会论文集，2018:463-475.

[54] 周旋. 论微博客的新媒体特征 [J]. 新闻传播，2010(03):45+47.

[55] 朱智宾，程征. 媒体微博运营策略创新及效果分析——2017 年、2018 年人民日报微博全国两会报道研究 [J]. 中国记者，2018(06):42-46.

[56] [US]Binder A R. Figuring out# Fukushima: An initial look at functions and content of US Twitter commentary about nuclear risk[J]. *Environmental Communication: A Journal of Nature and Culture*, 2012, 6(2): 268-277.

[57] [CAN]Chew C, [CAN]Eysenbach G. Pandemics in the age of Twitter: content analysis of Tweets during the 2009 H1N1 outbreak[J]. *PloS one*, 2010,

5(11): e14118.

[58] [FR]Denis G, [FR]Klein S, Gueguen B. Use of social networks for outreach, education and training on space applications: Know-how and experience of Planete Sciences Midi-Pyrenees and CNES[J]. *Acta Astronautica*, 2014, 94(2): 765-775.

[59] [UK]Elster J. Social mechanisms: An analytical approach to social theory[M]. Cambridge University Press, 1998.

[60] [IL]Forkosh-Baruch A, [IL]Hershkovitz A. A case study of Israeli higher-education institutes sharing scholarly information with the community via social networks[J]. *The Internet and Higher Education*, 2012, 15(1): 58-68.

[61] [US]Ghosh D, [US]Guha R. What are we 'tweeting' about obesity? Mapping tweets with topic modeling and Geographic Information System[J]. *Cartography and geographic information science*, 2013, 40(2): 90-102.

[62] [US]Lee N M, [US]Abitbol A, [US]VanDyke M S. Science communication meets consumer relations: An analysis of twitter use by 23andMe[J]. *Science Communication*, 2020, 42(2): 244-264.

[63] [US]Lee N M, [US]VanDyke M S. Set it and forget it: The one-way use of social media by government agencies communicating science[J]. *Science Communication*, 2015, 37(4): 533-541.

[64] [CHN]Jia H, [CHN]Wang D, [CHN]Miao W, et al. Encountered but not engaged: Examining the use of social media for science communication by Chinese scientists[J]. *Science Communication*, 2017, 39(5): 646-672.

[65] [NL]Kamps J, [NL]Marx M, [NL]Mokken R J, et al. Using WordNet to measure semantic orientations of adjectives[C]//LREC. 2004, 4: 1115-1118.

[66] [AT]Kieslinger B, [AT]Ebner M, [AT]Wiesenhofer H. Microblogging practices of scientists in e-learning: A qualitative approach[J]. *International Journal of Emerging Technologies in Learning (iJET)*, 2011, 6(4): 31-39.

[67] [KR]Kim S M, [US]Hovy E. Determining the sentiment of opinions[C]//

COLING 2004: Proceedings of the 20th International Conference on Computational Linguistics. 2004: 1367-1373.

[68] [UK]Pearce W, [NL]Holmberg K, [NL]Hellsten I, et al. Climate change on Twitter: Topics, communities and conversations about the 2013 IPCC Working Group 1 report[J]. *PloS one*, 2014, 9(4): e94785.

[69] [SE]Roberge J M. Using data from online social networks in conservation science: which species engage people the most on Twitter?[J]. *Biodiversity and conservation*, 2014, 23(3): 715-726.

[70] [US]Runge K K, [US]Yeo S K, [US]Cacciatore M, et al. Tweeting nano: How public discourses about nanotechnology develop in social media environments[J]. *Journal of nanoparticle research*, 2013, 15(1): 1-11.

[71] [US]Thackeray R, [US]Neiger B L, [US]Smith A K, et al. Adoption and use of social media among public health departments[J]. *BMC public health*, 2012, 12(1): 1-6.

[72] [NL]van Velsen L, [NL]van Gemert-Pijnen J E W C, [NL]Beaujean D J M A, et al. Should health organizations use web 2.0 media in times of an infectious disease crisis? An in-depth qualitative study of citizens' information behavior during an EHEC outbreak[J]. *Journal of medical internet research*, 2012, 14(6): e2123.

[73] Vias M J. Why should scientists use Twitter? [EB/OL]. [2011-07-20].http:// blogs.agu.org/sciencecommunication/2011/07/20/why-scientists-use-twitter/.

[74] [GER]Walter S, [GER]Lörcher I, [GER]Brüggemann M. Scientific networks on Twitter: Analyzing scientists' interactions in the climate change debate[J]. *Public Understanding of Science*, 2019, 28(6): 696-712.

[75] [UK]Wilkinson C, [UK]Weitkamp E. A case study in serendipity: environmental researchers use of traditional and social media for dissemination[J]. *PLoS One*, 2013, 8(12): e84339. [6]